Lieblingsplätze für Wanderer

EIFEL

Lieblingsplätze für Wanderer

EIFEL

GMEINER

ANNKATRIN KÖNIG | SILAS LANDECK

Aus Gründen der Lesbarkeit und Sprachästhetik wird in diesem Buch das generische Maskulinum verwendet. Mit der grammatischen Form sind ausdrücklich weibliche sowie alle anderen Geschlechtsidentitäten berücksichtigt, insofern dies durch den Kontext geboten ist.

Für das Buch wurden QR-Codes generiert, die zu der Infoseite und dem Kartenmaterial der jeweiligen Wanderrouten führen. Um sie zu nutzen, öffnen Sie die Kamera-App Ihres Endgeräts und richten den Rahmen für circa drei Sekunden auf den Code. Daraufhin erscheint eine Benachrichtigung. Sollte dies nicht passieren, müssen Sie ggf. das Scannen in den Einstellungen Ihres Gerätes erst aktivieren. Wenn diese Option nicht verfügbar ist, können Sie einen QR-Code-Reader von Drittanbietern in Ihrem App-Store kostenfrei herunterladen.

Alle Informationen wurden geprüft. Gleichwohl verändern sich Gegebenheiten, daher erfolgen alle Angaben ohne Gewähr. Sollte bei einem QR-Code ein Fehler angezeigt werden, sind wir für eine Nachricht dankbar. Auch über Ihr Feedback zum Buch freuen sich Autorin, Autor und Verlag: lieblingsplaetze@gmeiner-verlag.de.

Sofern nicht im Folgenden gelistet, stammen alle Bilder von Silas Landeck:
Annkatrin König 10, 26, 46, 74, 84, 102, 114, 116, 152, 164, 172

QR-Code einscannen und kostenloses E-Book anfordern.

1. Auflage 2024

Im Ehnried 5, 88605 Meßkirch
Telefon 07575 20950
info@gmeiner-verlag.de

Besuchen Sie uns im Internet: www.gmeiner-verlag.de

Lektorat: Ricarda Dück
Herstellung: Julia Franze
Bildbearbeitung/Umschlaggestaltung: Susanne Lutz
unter Verwendung der Illustrationen von © Sylwia Nowik, nasik, Fiedels, SimpLine, lapencia, EH Grafik – stock.adobe.com; © Silas Landeck; © Susanne Lutz
Kartendesign: Printmaps.net
Druck: AZ Druck und Datentechnik GmbH, Kempten
Printed in Germany
ISBN 978-3-8392-0617-1

Nordeifel und Nationalpark Eifel

Westeifel und Südeifel

Moseleifel

Osteifel und Vulkaneifel

Legende:

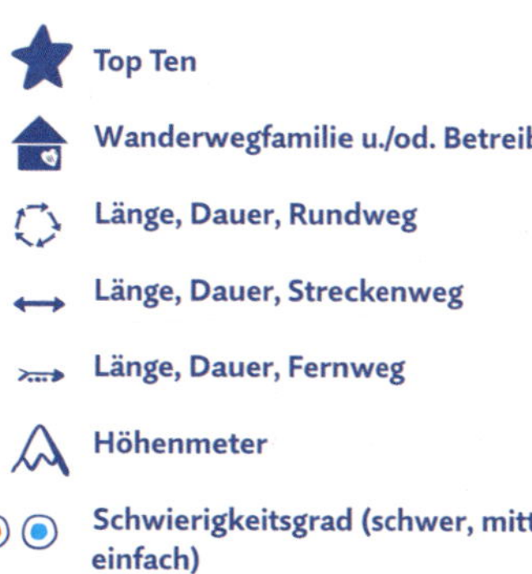

Top Ten
Wanderwegfamilie u./od. Betreiber
Länge, Dauer, Rundweg
Länge, Dauer, Streckenweg
Länge, Dauer, Fernweg
Höhenmeter
Schwierigkeitsgrad (schwer, mittel, einfach)

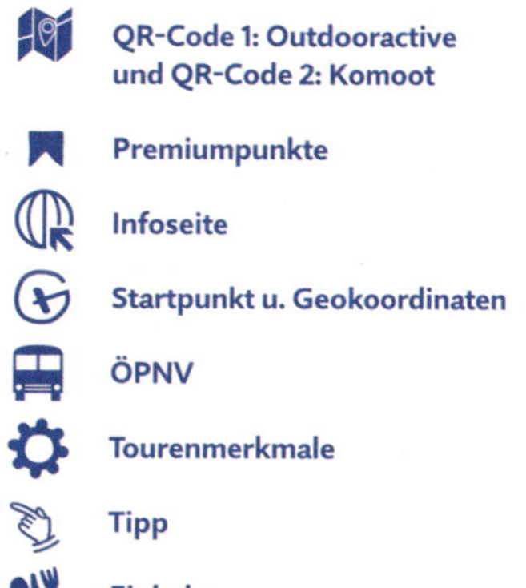

QR-Code 1: Outdooractive und QR-Code 2: Komoot
Premiumpunkte
Infoseite
Startpunkt u. Geokoordinaten
ÖPNV
Tourenmerkmale
Tipp
Einkehr

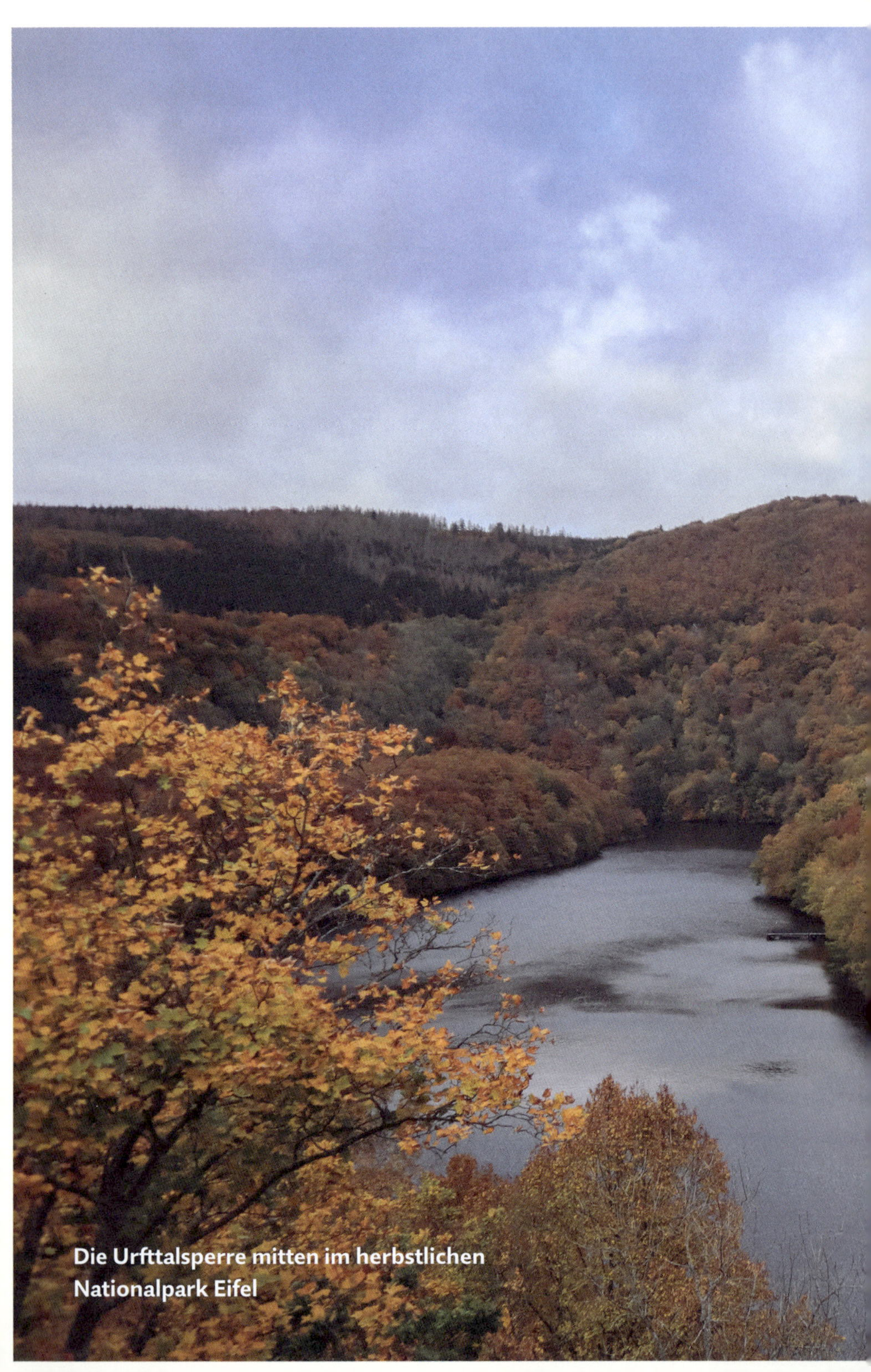

Die Urfttalsperre mitten im herbstlichen Nationalpark Eifel

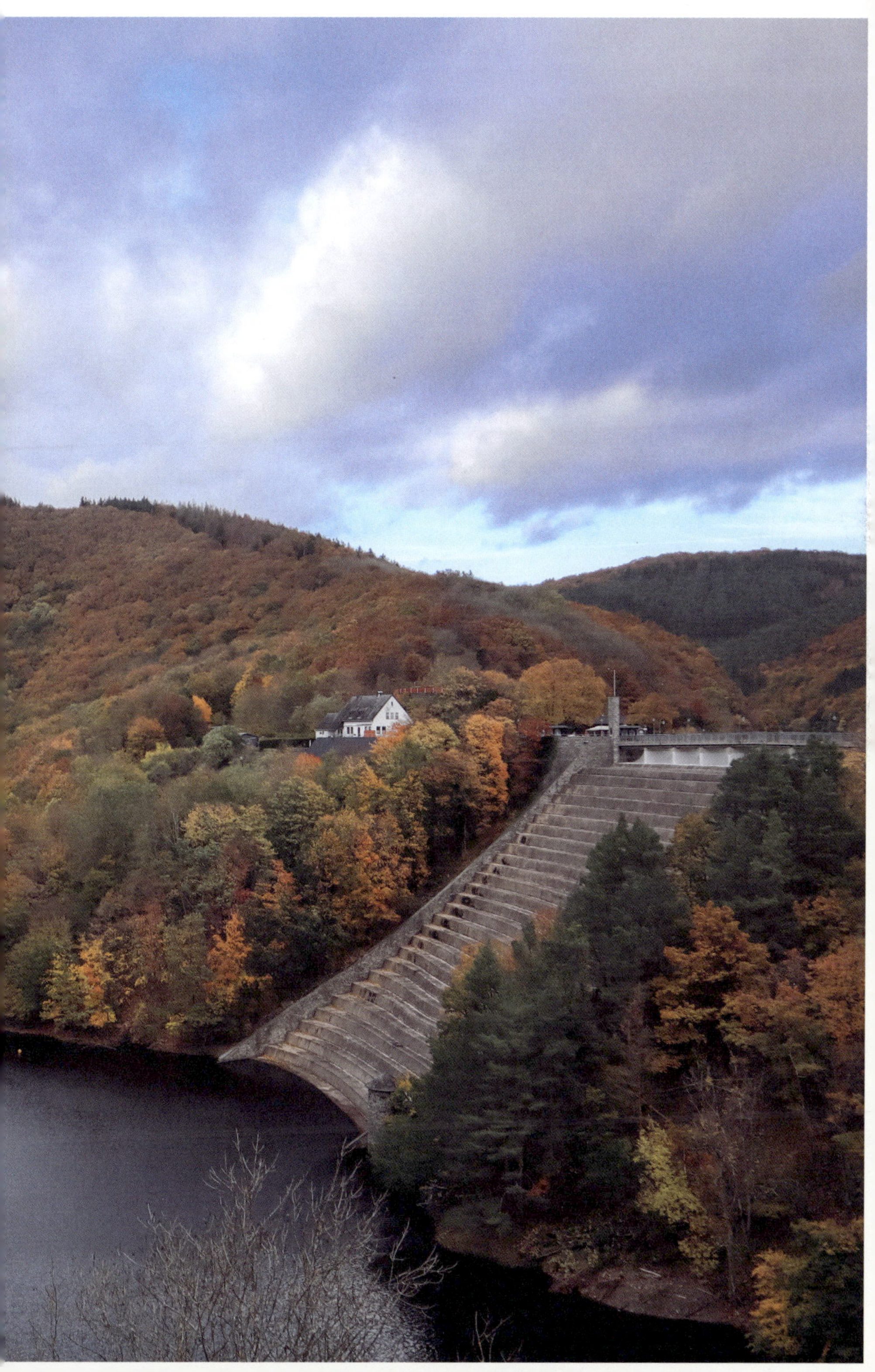

Garantiertes Wanderglück

Was zeichnet Premiumwanderwege und Qualitätswege aus?

Entstanden vor Jahrmillionen hat die Eifel eine vielfältige und kontrastreiche Landschaft zu bieten. Imposante Schluchten und Felsformationen begeistern in der Südeifel. Die Nordeifel wird hingegen von Seen und dem Buchenwald im Nationalpark Eifel geprägt. In der Vulkaneifel schlummert der größte Kaltwassergeysir der Welt und eine für Deutschland einzigartige Vulkanlandschaft. Schon die Römer haben in dieser Gegend gesiedelt und den Weinbau an Ahr und Mosel gebracht. Etliche archäologische Artefakte erzählen aufregende Geschichten einer längst vergangenen Zeit, denen man auch auf den ausgewiesenen Premiumwanderwegen begegnet.

Was sagen die Zertifikate aus?

Neben den zertifizierten Routen existieren in der Eifel zahlreiche weitere Wanderpfade, und diese sind nicht zwingend schlechter. Ist eine Tour mit dem Siegel »Premiumweg« oder »Qualitätsweg« ausgezeichnet, ist gewiss: Wanderglück wird auf naturnahen Strecken geboten und verirren kann man sich dank guter Beschilderung nicht so leicht.

Hinter der Auszeichnung »Premiumwanderweg« steckt das *Deutsche Wanderinstitut*. In diesem Verein kommen unabhängige Experten zusammen, die sich die Zertifizierung von Wanderrouten zur Aufgabe gemacht haben. Auf den Premiumwanderwegen sollen Wanderer mit Fauna und Flora in Kontakt treten und für Themen wie Naturschutz und Biodiversität sensibilisiert werden. Daher zeichnet das *Wanderinstitut* die Pfade anhand von verschiedenen Faktoren aus und vergibt maximal 100 Punkte, wobei es für negative Aspekte Punkte abzieht.

Das Siegel »Qualitätsweg Wanderbares Deutschland«, kurz »Qualitätsweg«, wird vom *Deutschen Wanderverband* vergeben. Die Kriterien seines Bewertungsprozesses ähneln denen des Wanderinstituts. Der Verband veröffentlicht allerdings keine Punktzahl, sodass die Routen schwieriger zu vergleichen sind.

Unabhängig davon, welche Vereinigung die Auszeichnung ausgerufen hat, zeichnen sich alle Premiumwanderwege durch folgende Merkmale aus:

Hohe Qualität: Die Routen sind ausgesprochen gut beschildert und werden regelmäßig kontrolliert und instand gesetzt.
Naturerlebnis und Artenvielfalt: Die Touren führen durch abwechslungsreiche Natur und das auf möglichst naturnahen Wegen. Sie kombinieren kulturelle und/oder historische Stätten mit natürlichen oder geologischen Highlights in der Landschaft.
Infrastruktur und Service: Komfort wird in Form von ausreichend vorhandenen Bänken, Schutzhütten oder der Anbindung von Gastronomie, Wasserquellen oder Ähnlichem entlang der Strecken geboten.

Die Grenzen der Eifel

Wo fängt die Eifel an und wo hört sie auf? Eine eindeutige Definition ist gar nicht so einfach, da die Grenzen oft fließend sind beziehungsweise manches Gebiet zu mehreren Regionen gezählt wird. Hinzu kommt, dass die Eifel geologisch in unterschiedliche Landstriche aufgeteilt ist und diese nicht immer den geografischen Unterteilungen entsprechen. Darüber hinaus sind die Naturparks und touristischen Destinationen zu erwähnen, die mitunter eine eigene, kleinteiligere Differenzierung erfordern.

Wir haben uns bei diesem Buch weitestgehend an der geografischen Eingrenzung orientiert. Damit ersichtlich ist, was euch in den verschiedenen Gebieten erwartet, erfolgt in jedem Kapitel eine kurze Einführung, quasi ein »Einstieg« in die einzelnen Unterregionen, der darüber hinaus den einen oder anderen Tipp abseits der Wanderwege in der Eifel bereithält.

Schwierigkeitsgrad der Routen und die richtige Vorbereitung

Ob ein Wanderweg als leicht, mittel oder schwierig empfunden wird, hängt stark von individuellen Vorerfahrungen und der persönlichen Grundkondition ab. Bei unseren Bewertungen haben wir uns an einem Gelegenheitswanderer beziehungsweise Anfänger orientiert. Daher fallen viele Touren schnell in einen höheren Schwierigkeitsgrad, während nur wenige Premiumwege als leicht eingestuft sind. Ausschlaggebend sind neben der Länge der Strecken die zu überwindenden Höhenmeter und die Beschaffenheit des Untergrunds. Die Eifel ist eben doch ein Mittelgebirge, auch wenn sich die Höhenzüge nur sanft erheben. Viele Touren führen über teils steile Hänge, sodass mancherorts sogar von Wandern mit alpinem Charakter gesprochen werden kann. Daher legen wir ein besonderes Augenmerk auf das Thema Vorbereitung.

Nahezu jeder Weg fordert aufgrund des naturnahen Terrains gutes Schuhwerk. Flip-Flops oder Sandalen sind auf den Strecken in der Eifel ein No-Go. Wer Wert auf seine Gesundheit legt, sollte zudem von Turnschuhen Abstand nehmen und in gute, mindestens halbhohe Wanderschuhe investieren. Deren Schuhprofil ist extra für den Zweck ausgelegt und gibt dem Fuß selbst auf Geröll oder wurzeligen Pfaden guten Halt. Ebenso sollte vor dem Start der aktuelle Wetterbericht beachtet werden. Je nach Saison gehören Sonnencreme und ausreichend Flüssigkeit sowie ein Energieboost in Form eines Müsliriegels genauso ins Wandergepäck wie eine Regenjacke. Ja, in der Eifel kann es oft zu Schauern oder ausgiebigeren Regengüssen kommen, auch wenn der Himmel am Morgen noch strahlend blau war.

Befinden sich alle Sachen im Rucksack, fehlt nur noch die geeignete Tourenapp. Wir empfehlen euch, die App *Outdooractive* oder *Komoot* aufs Smartphone herunterzuladen. Einfach den QR-Code der Touren aus dem Buch einscannen und schon könnt ihr mithilfe der App entlang der Strecke navigieren. Solltet ihr *Komoot* nutzen, könnt ihr sogar in der Kommentarfunktion von euren Erlebnissen berichten und neues Wissen mit allen teilen.

Unser Einkehrtipp

Wir wollen nicht jeden Imbissstand im Ort als Einkehrtipp vermarkten, daher haben wir an diesem Punkt zweimal recherchiert und selbst probiert. Unsere Gastronomieempfehlungen liegen nicht immer direkt entlang der Strecke, aber in deren Nähe und überzeugen mit solider, meist sogar herausragender Küche, oftmals regionaler Kost, und mancher Gastgeber bietet sogar noch das gewisse Extra.

Unser Freizeittipp

Ihr möchtet die Wanderung mit einem Freizeitangebot verknüpfen? Oder ihr seid aufgebrochen, um eine Tour zu unternehmen, aber das Wetter lädt nicht gerade zum Wandern ein? Dann solltet ihr unsere Freizeittipps beachten. Ob Museen, Ausstellungen oder besondere Bauwerke – keine der Empfehlungen liegt weit vom jeweiligen Premiumweg entfernt und sie eröffnen allesamt die Möglichkeit, die Eifel auch abseits der Wanderpfade zu erkunden. Gerade an regnerischen Tagen!

Mit Bus und Bahn ans Ziel?

Die Eifel verbindet Menschen und sie verbindet Regionen, wie etwa zwischen Deutschland, Luxemburg und Belgien. Viele der Wanderwege sind mit Bus und Bahn bequem erreichbar, aber nicht immer kommt man so einfach mit dem öffentlichen Nahverkehr ans Ziel mitten in der Natur. Dennoch haben wir uns bemüht, die vorhandenen Optionen einer nachhaltigen Anreise aufzuzeigen, und die Startpunkte der Touren an einen Ort gelegt, der an das ÖPNV-Netz angebunden ist. Manchmal muss man zum Hörer greifen, um zum Beispiel ein Ruftaxi (Sammeltaxi) zu bestellen, das euch zum Preis des ÖPNV transportiert. Glücklicherweise bietet die Eifel in der Hauptreisesaison darüber hinaus touristische Buslinien, die euch klimafreundlich zu den Wanderwegen bringen. Leider gibt es noch vereinzelte Touren, bei denen ihr für die letzten Kilometer auf ein teureres Taxi zurückgreifen müsst, wenn ihr nicht selbst mit dem Pkw anreisen wollt.

Annkatrin König und Silas Landeck

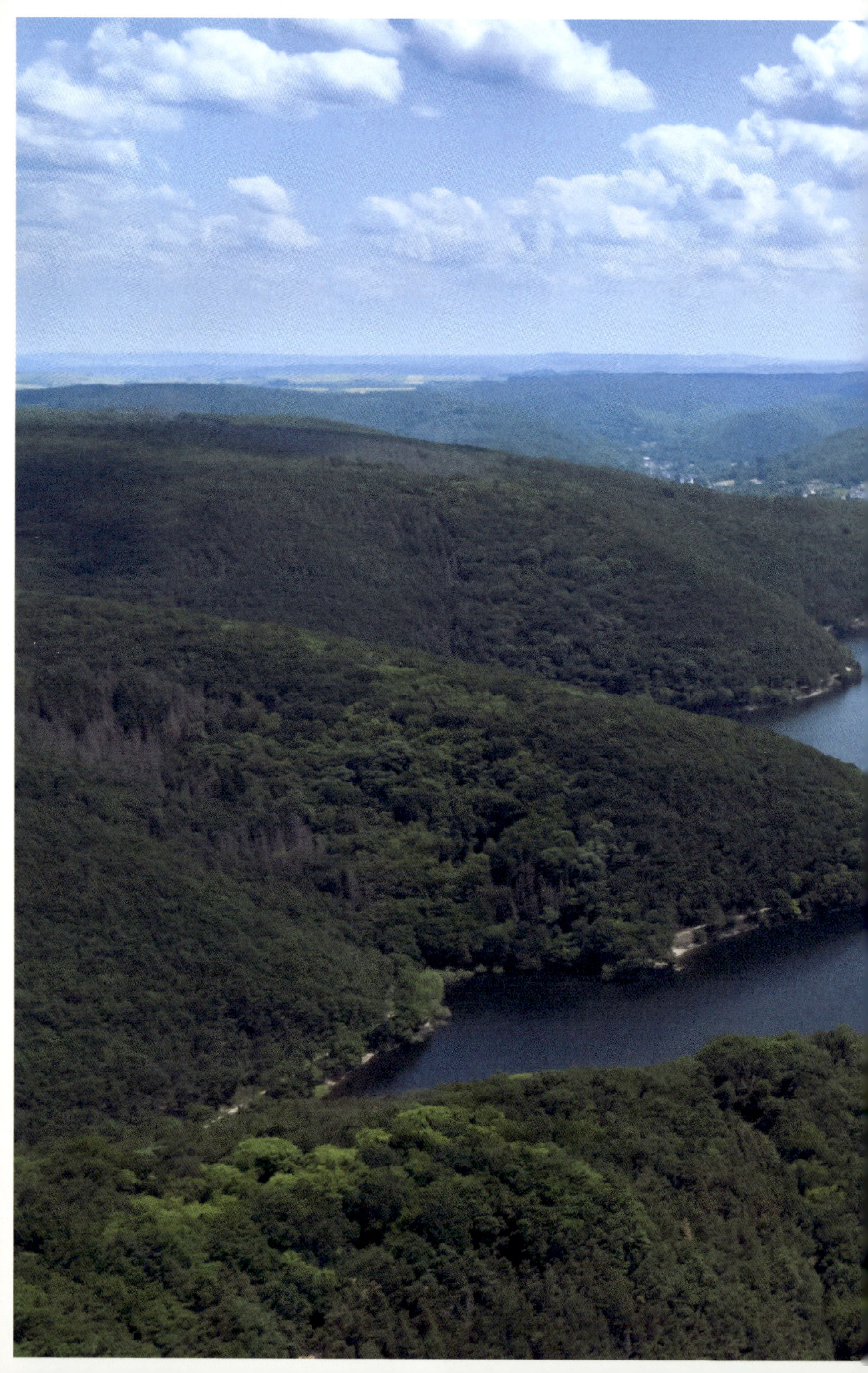

Nordeifel und Nationalpark Eifel

Blick auf den Rursee und die Höhenzüge vom Nationalpark Eifel

Artenvielfalt in Seen und Wäldern

Die Nordeifel mit dem Nationalpark Eifel

Die Nordeifel ist eine faszinierende Region, die größtenteils in Nordrhein-Westfalen liegt. Ihre Grenzen sind nicht genau festgelegt, aber sie umfasst im Allgemeinen die Gebiete rund um die Städte Aachen, Monschau, Euskirchen und Blankenheim. Die Gegend besticht durch eine Fülle an geologischen Besonderheiten sowie eine artenreiche Pflanzen- und Tierwelt. In die Landschaft schmiegen sich malerische Dörfer, mittelalterliche Burgen und römische Relikte als stumme Zeugen einer bedeutenden Kulturlandschaft.

Die Nordeifel ist bekannt für ihre Gesteinsvielfalt, darunter Schiefer, Sandstein und Kalkstein. Sie sind im Laufe von Millionen von Jahren durch geologische Prozesse entstanden und prägen seit jeher die Landschaft der Nordeifel mit ihren weiten Hügeln, tiefen Tälern und imposanten Felsformationen, zu dessen beeindruckendsten Beispielen die Buntsandsteinfelsen rund um Nideggen gehören.

Die Region ist zudem reich an natürlichen Gewässern wie Flüssen, Bächen und Seen. Hervorzuheben ist das Hochmoor Hohes Venn an der Grenze zu Belgien, das als Wasserspeicher für diesen Landstrich dient. Es kann genauso erwandert werden wie die zahlreichen Talsperren, die sich in diesem Areal befinden. Die einzigartige Seenlandschaft rund um den Rursee ist heute ein beliebtes Reiseziel für Naturbegeisterte.

Ebenso kennzeichnet die Nordeifel eine facettenreiche Fauna und Flora. Eine Besonderheit unter den Pflanzen stellt die gelbe Wildnarzisse dar, deren natürliches Vorkommen in den Bachtälern bei Monschau-Höfen und an der Olef bei Hellenthal-Hollerath deutschlandweit am größten ist.

Das Zentrum der Artenvielfalt und zugleich das ökologische Herz der Nordeifel bildet der 110 Quadratkilometer große Nationalpark Eifel. Im Jahr 2004 gegründet, ist er der einzige seiner Art in Nordrhein-Westfalen. Als sogenannter Entwicklungs-Nationalpark wird die Naturlandschaft in ihrer ursprünglichen Entfaltung – wo notwendig – bis 2034 durch Renaturierungen unterstützt, bevor sie sich schließlich weitestgehend selbst überlassen wird. Von Natur aus ist das Schutzgebiet ein Hainsimsen-Buchenwald atlantischer Prägung. Vor allem auf dem Höhenzug Kermeter zwischen dem Rursee, Heimbach und Gemünd herrscht dieser Waldtypus vor. Gemäß dem Motto »Natur Natur sein lassen« dürfen die Bäume in diesem Areal ihr urwüchsiges Lebensalter erreichen, in Würde sterben und als Totholz zahlreichen Arten Lebensraum bieten, darunter auch sehr seltenen. Es entsteht eine Wildnis von Morgen. Bis heute sind bereits über 11.000 Tier-, Pflanzen- und Pilzarten nachgewiesen. Mit Achtsamkeit und etwas Glück können Wanderer viele außergewöhnliche und geschützte Tierarten wie Schwarzstörche, Eisvögel, Rothirsche, Biber und verschiedene Fledermausarten in ihrer natürlichen Umgebung beobachten.

Abseits der Wanderpfade können Gäste das Schutzgebiet in der Ausstellung *Wildnis(t)räume* am Internationalen Platz Vogelsang oder über die verschiedenen Nationalpark-Tore kennenlernen. Als »Sternenpark« ist es in dieser Region nachts besonders dunkel. Während Besucher tagsüber eine einzigartige Kombination aus Natur- und Kulturlandschaft erleben können, lässt sich nach Sonnenuntergang bei klarem Himmel sogar die Milchstraße mit bloßem Auge erspähen. Zur Sternenbeobachtung bieten sich die zehn eingerichteten *SternenBlicke* an.

Nordeifel Tourismus GmbH
Bahnhofstraße 13
53925 Kall
+49 2441 994570
https://nordeifel-tourismus.de

Nationalpark-Zentrum Eifel
Vogelsang 70
53937 Schleiden
+49 2444 915740
www.nationalpark-eifel.de

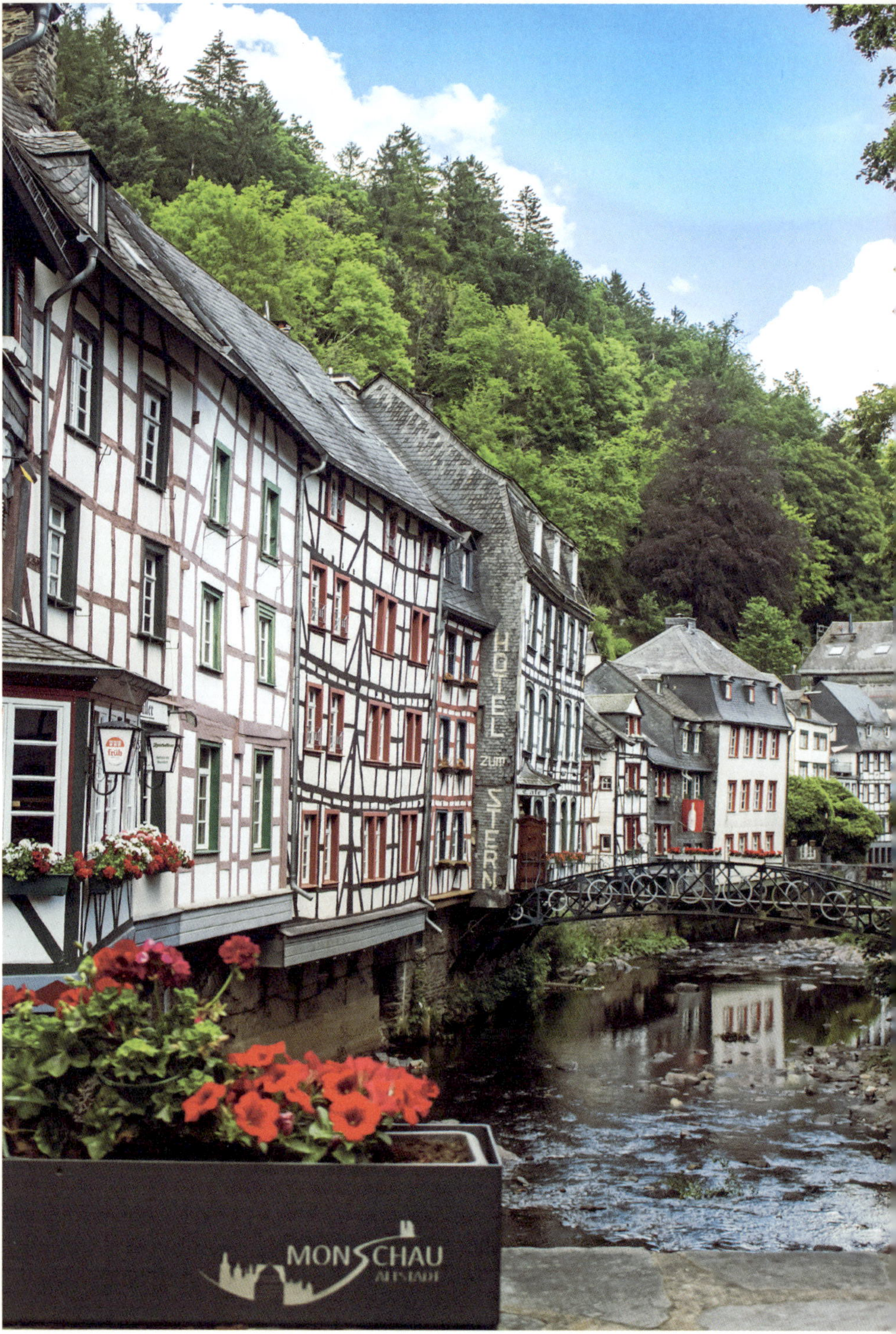

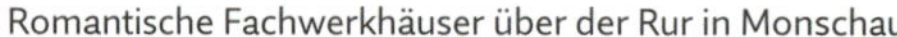

Romantische Fachwerkhäuser über der Rur in Monschau

1 Eifel zum Verlieben

Eifelsteig – Etappe 1 bis 3

Der *Eifelsteig* ist ein beliebter Fernwanderweg, der sich von Kornelimünster bei Aachen bis nach Trier an der Mosel erstreckt. Er verspricht eine faszinierende Reise durch die natürliche Schönheit der Eifel. Die Strecke begeistert mit abwechslungsreichen Landschaften, historischen Highlights und Naturbesonderheiten.

Das Abenteuer beginnt mit der **ersten Etappe** an der imposanten Abtei Kornelimünster, die im 9. Jahrhundert gegründet wurde und in der Folge als Schloss diente. Durch dichte Wälder und sanfte Täler führt uns die Strecke bis zur malerisch gelegenen Dreilägerbachtalsperre, einem Stausee mitten im Grünen. An diesem Platz genießen wir die Idylle und lassen den Blick in Ruhe über das glitzernde Wasser schweifen. Wenig später tauchen vor uns im Wald kuriose Betondreiecke auf. Sie sind Überbleibsel des Westwalls bei Roetgen aus dem Zweiten Weltkrieg. Die Panzersperren werden wegen ihrer spitzen Form »Drachenzähne« genannt. Dieses historische Befestigungssystem macht die Bedeutung der Eifel in jenem dunklen Kapitel der Geschichte deutlich.

Für Eisenbahnfreunde ist die Vennbahn im weiteren Verlauf eine einmalige Attraktion. Entlang der ehemaligen Bahntrasse, die streng genommen auf belgischem Staatsgrund verläuft, können Wanderer und Radfahrer die Landschaft aus einer ungewöhnlichen Perspektive betrachten. Schließlich im Etappenziel Roetgen angekommen, lassen wir es uns bei Kaffee und Printen, einem regionaltypischen Gebäck, gut gehen.

Auf der **zweiten Etappe** von Roetgen nach Monschau begegnen wir weiteren historischen Kulturgütern

Eifelsteig

Et. 1: 15,2 km, 4 h
Et. 2: 17,3 km, 4:30 h
Et. 3: 24,5 km, 6:30 h

Et. 1: 321 Hm ↑/128 Hm ↓
Et. 2: 334 Hm ↑/343 Hm ↓
Et. 3: 786 Hm ↑/903 Hm ↓

mittel/schwer

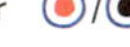

61

Startpunkt:
Kornelimünster Aachen
50°43'43.0"N
6°10'60.0"E (GMS)
Endpunkt:
Nationalpark-Infopunkt
Heilsteinhaus Einruhr
50°35'1.552"N
6°22'51.18"E (GMS)

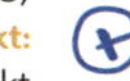

Zug bis Bahnhof Aachen-Rothe Erde à Bus SB 66/55 bis Kornelimünster Napoleonsberg (Eifelsteig), Aachen

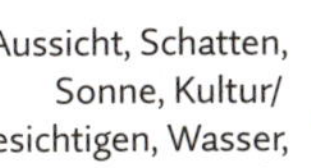

Aussicht, Schatten, Sonne, Kultur/Besichtigen, Wasser, Botanik

Bei einer Schiffstour auf dem Rursee in Einruhr könnt ihr den Nationalpark Eifel vom Wasser aus kennenlernen.

und erleben, wie facettenreich die Nordeifel sein kann. Nachdem wir die Kapelle des ehemaligen Reinartzhofs und den Wald hinter uns gelassen haben, verändert sich die Natur schlagartig. Wir durchqueren das Hohe Venn, eine einzigartige Hochmoorlandschaft mit faszinierender Flora und Fauna. Mal auf Blockbohlen, mal auf etwas matschigem Boden durchstreifen wir die mystische Gegend, bis ein Schild »Kaiser Karls Bettstatt« ankündigt. Der Sage nach soll Karl der Große sich nach einem Jagdausflug in den Weiten des Hohen Venns verirrt und hier entkräftet nach einem Schlafplatz gesucht haben. Dort, wo der Kaiser ruhte, kann man auf einem Quarzitfelsen eine Mulde erkennen. Wie viel Wahres an der Erzählung auch dran sein mag – eine besondere Raststätte ist dies allemal.

Von nun an geht es bergab, und ehe wir uns versehen, liegt die romantische Fachwerkstadt Monschau vor uns. Am gegenüberliegenden Ufer der Rur liegt die Glashütte. Das historische Gebäude beherbergt heute ein Museum über traditionelle Glasherstellung. Über die Burg Monschau leitet uns der *Eifelsteig* weiter zur Altstadt mit ihren malerischen Gassen, Fachwerkhäusern und gemütlichen Cafés.

Zu Beginn der **dritten Etappe** queren wir die Rur und wandern auf einem Höhenzug mit Panorama auf die Stadt weiter. Wir streifen die Hänge, an denen die Tuchmacher der Stadt einst ihre Stoffe zum Trocknen über Rahmen spannten. Einige spektakuläre Felsformationen später erreichen wir die Perlenbachtalsperre, ein weiteres Trinkwasserreservoir der Eifel. Im Frühling findet am Perlenbach ein seltenes Naturschauspiel statt: die Blüte der wilden Narzissen. Dann verwandeln sich die Wiesen in ein zauberhaftes gelbes Blütenmeer. Wer mehr über die wilden Blumen erfahren will, sollte die kostenfreie Ausstellung im Nationalpark-Tor Höfen besuchen.

Nur wenige Meter später stoßen wir auf die Grenze zum Nationalpark Eifel, die an den Informationstafeln zu erkennen ist. In diesem Gebiet gelten besondere Regeln: Die ausgewiesenen Pfade dürfen nicht verlassen und Blumen oder Früchte nicht gepflückt werden, auch wenn es noch so verlockend erscheint. Denn der Lebensraum von seltenen Pflanzen und Kleinstlebewesen kann leicht zerstört werden.

Zwischen Wald und Wiesen öffnen sich immer wieder wunderbare Fernsichten. Die Schönsten werden *Eifel-Blicke* genannt und bieten Zusatzinformationen zur Aussicht. Den Endspurt des dritten Abschnitts markiert die Waldkapelle bei Erkensruhr. Nur noch einmal bergauf und wir erspähen das Etappenziel Einruhr. Das Nationalpark-Dorf ist ein idyllischer Ort, gelegen am Obersee des Rursees, umgeben von dichten Wäldern, der mit seiner malerischen Kulisse und Fachwerkhäusern begeistert.

Wir empfehlen, noch ein paar Meter weiter bis zum Heilsteinhaus zu gehen. Dort findet sich eine öffentlich zugängliche Trinkwasserquelle, die von den Römern entdeckt wurde. Das Wasser mit Heilwirkung enthält natürliche Kohlensäure und schmeckt leicht eisenhaltig. Gerade das tut nach einer langen Wanderung richtig gut.

Etappe 1:

Printen, eine Aachener Spezialität, findet man in der Printenbäckerei Klein. Ob als Souvenir oder für den eigenen Verzehr – hier wird jeder fündig.

Printenbäckerei Klein e.K.
Bundesstraße 18
52159 Roetgen
www.printen.de

Etappe 2:

Urige Einrichtung und qualitätsvolle, geprüfte regionale Küche erwartet euch beim *EIFEL-Gastgeber*-Restaurant Rur-Café.

Restaurant Rur-Café
Stehlings 16
52156 Monschau
www.rur-cafe.de

Etappe 3:

Einfache, aber schmackhafte Gerichte und hausgemachte Kuchen serviert das Restaurant Eifelhaus, perfekter Blick auf den Obersee inklusive. Im Sommer lädt der Biergarten ein.

Restaurant Eifelhaus
Am Obersee 1
52152 Simmerath
www.eifelhaus-einruhr.de

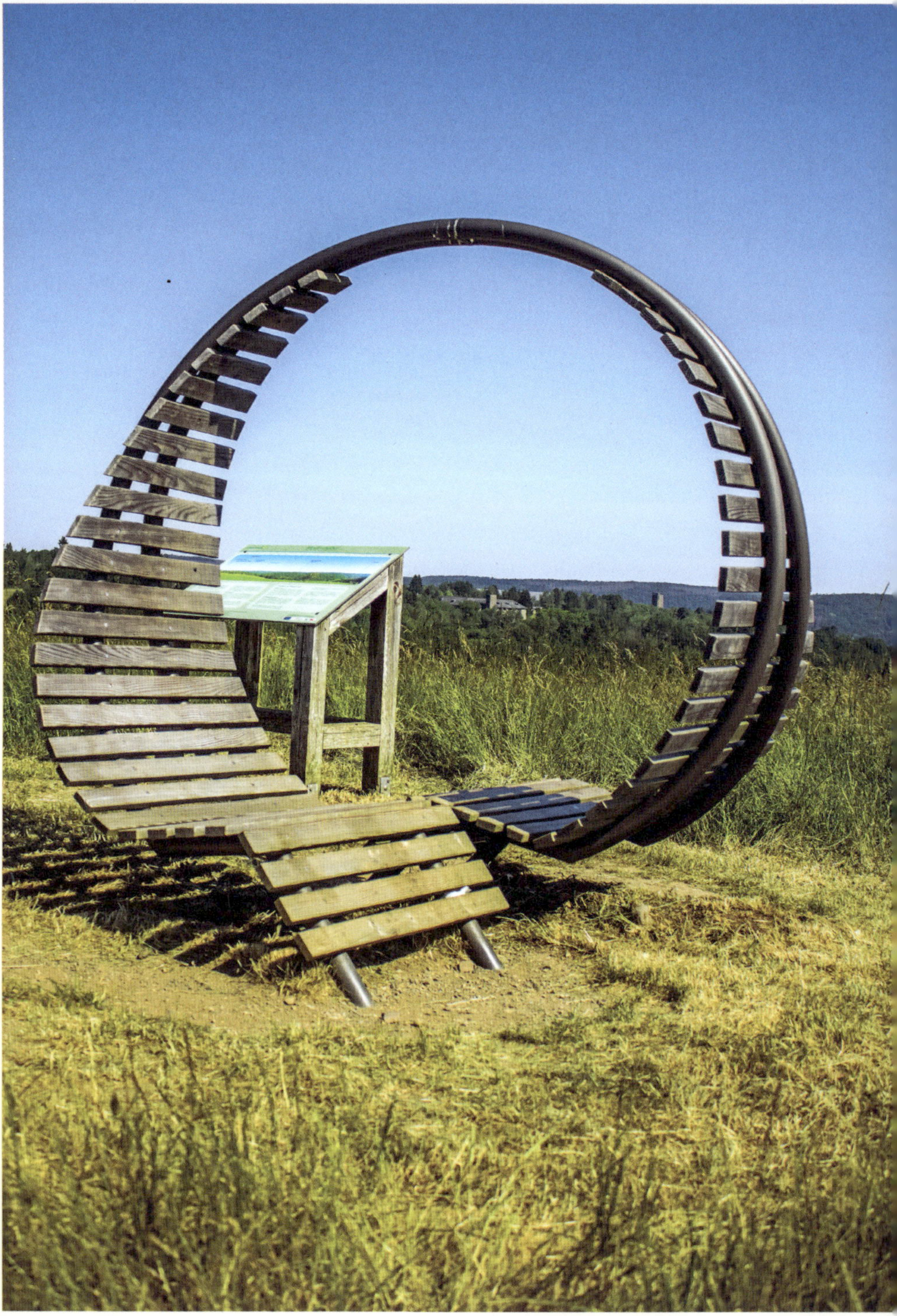

Der Eifel-Loop auf dem Modenhübel

2 Geschichte an Wald und Wasser

Wildnis-Trail Etappe 2

Wer die vielfältige Natur des Nationalparks an einem Tag erleben will, der sollte die zweite Etappe des *Wildnis-Trails* wandern. Vom Heilsteinhaus in Einruhr gehen wir den Obersee unter Schatten spendenden Bäumen entlang. Hinauf zur Urfttalsperre führt die Route kurz, aber knackig an Schieferfelsen vorbei.

An der Staumauer angekommen, bietet sich ein wunderbares Panorama mit dem Urftsee und den bewaldeten Hügeln rundum. Auf einem thront die ehemalige NS-Ordensburg Vogelsang. Wenige Meter weiter bergauf und wir blicken zurück auf die Talsperre. Danach durchstreifen wir die Offenlandschaft der Dreiborner Hochfläche. Im Mai blüht hier der Besenginster, auch Eifelgold genannt, der die kargen Flächen goldgelb färbt. Nachdenklich macht das verlassene Dorf Wollseifen mit der Kirche St. Rochus, das die britischen Streitkräfte nach Ende des Zweiten Weltkrieges räumen ließen und dann vom belgischen Militär als Truppenübungsplatz genutzt wurde. Die ehemalige Schule beheimatet heute eine kleine Ausstellung über das Dorfleben vor jener Zeit. Einen Katzensprung entfernt liegt die einstige NS-Ordensburg Vogelsang, die unter anderem ein Museum zur nationalsozialistischen Geschichte und die Erlebnisausstellung *Wildnis(t)räume* zum Nationalpark Eifel beherbergt.

Die schönste Aussicht auf unser Etappenziel, Annkatrins Heimatort Gemünd, ermöglicht der *Eifel-Blick* Modenhübel. Auf dem Eifel-Loop, einer besonderen Ruhebank, legen wir eine Pause ein, ehe wir steil bergab in den Kneipp-Kurort geführt werden.

Mit herrlichem Seeblick ist das Ausflugslokal Urfttalsperre ein beliebtes Ziel bei Einheimischen wie Touristen.

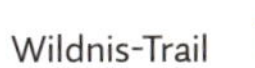

Wildnis-Trail

20 km, 6 h

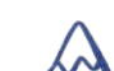

551 Hm ↑ / 510 Hm ↓

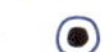

schwer

–

Startpunkt:
Nationalpark-Infopunkt Heilsteinhaus Einruhr
50°35'1.552"N
6°22'51.18"E (GMS)

Endpunkt:
Kurhaus Gemünd
50°34'33.775"N
6°29'48.906"E (GMS)

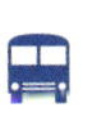

Zug bis Bahnhof Kall → Bus SB82 nach Vogelsang I P Forum, Schleiden → Bus 63 bis Einruhr, Simmerath → 300 m Fußweg

Aussicht, Kultur/Besichtigen, Wasser, Geologie

Die barrierefreie Ausstellung *Wildnis(t)räume* ist eine tolle Ergänzung zum Wanderweg und kann in Begleitung von zertifizierten Waldführern gebucht werden.

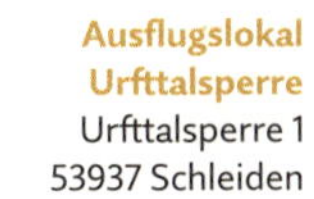

Ausflugslokal Urfttalsperre
Urfttalsperre 1
53937 Schleiden
www.urftseemauer.de

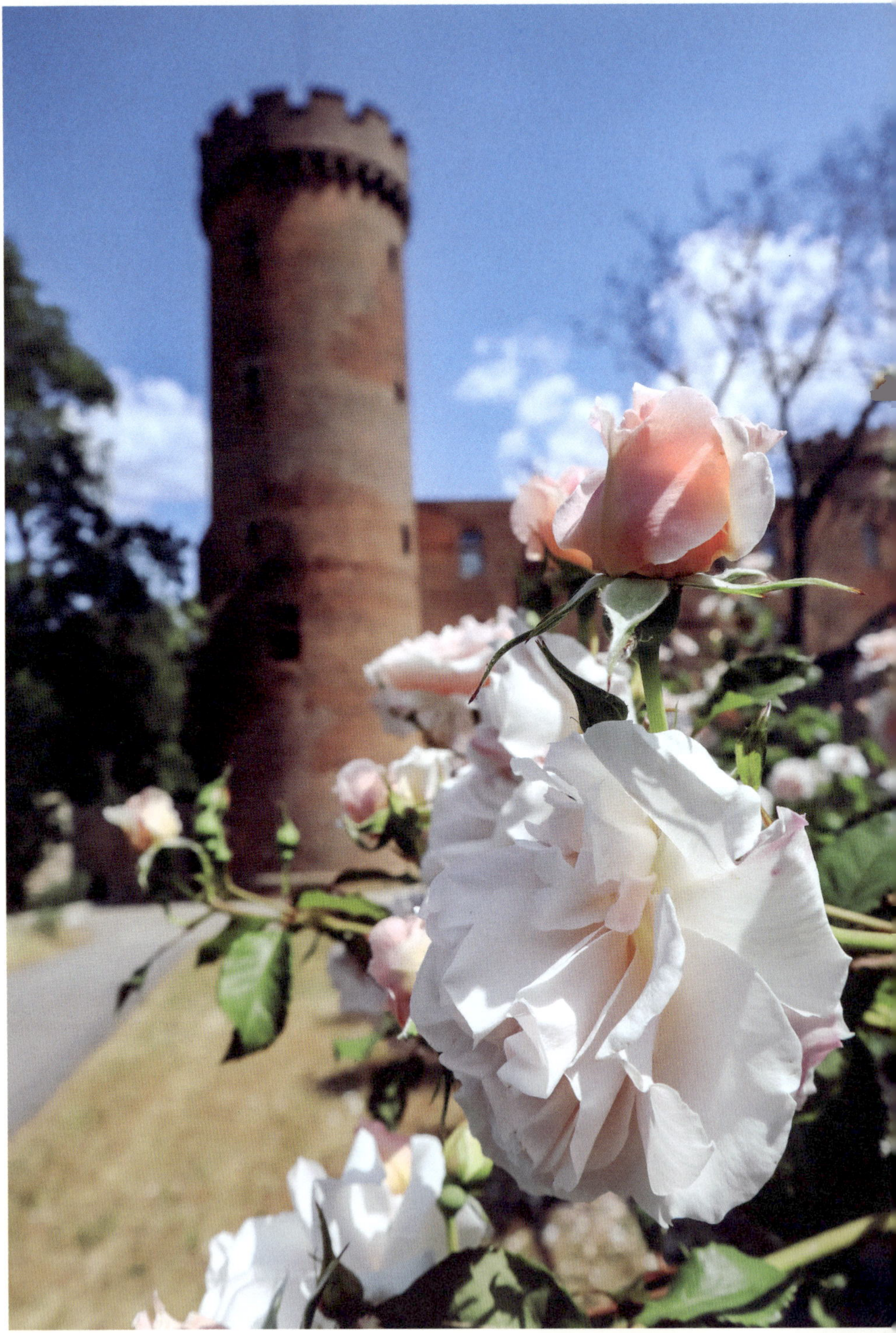

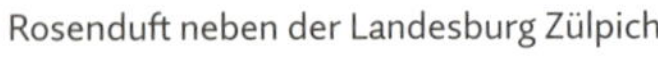
Rosenduft neben der Landesburg Zülpich

3 Stadtgeschichte und Seevergnügen

EifelSpur – Ritter, Römer, Rüben

Was haben Ritter, Römer und Rüben gemeinsam? Sie fangen nicht nur mit dem gleichen Buchstaben an, sondern prägen die Stadt Zülpich seit jeher maßgeblich.

Die gleichnamige *EifelSpur* startet am Seepark Zülpich, der einst zum Tagebau genutzt wurde und 2014 als Kulisse der Landesgartenschau diente. Liebevoll angelegte Gärten laden zu einem Abstecher ein. Adventure-Golf, Tretbootverleih oder der *Flying Fox*-Park bieten (nach der Tour) Spaß für die gesamte Familie. Vom Seepark führt der Weg in die Innenstadt, zu den Anfängen der Stadt. Als Tolbiacum bezeichneten die Römer den Ort. Dass sie auch in Germanien nicht auf Hygiene verzichten wollten, davon zeugen die besterhaltenen Thermenanlagen nördlich der Alpen. Wer mehr über die Geschichte der Badekultur erfahren möchte, sollte Zeit für den Museumsbesuch einplanen. Neueren Datums ist die fast vollständig erhaltene Stadtmauer, die wir durch einen duftenden Rosengarten passieren. Sie stammt, wie die Tore und die Landesburg, aus dem Mittelalter.

Was hat es aber nun mit den Rüben auf sich? Zuckerrüben werden bis heute rund um Zülpich angebaut. Wenn ihr die Tour im Herbst unternehmt, könnt ihr die Ernte beobachten. Da der Rundweg leicht zu bewältigen ist und oft über asphaltierten Untergrund führt, eignet er sich als Spaziergang, vor allem für Familien mit Kinderwagen oder Personen im Rollstuhl.

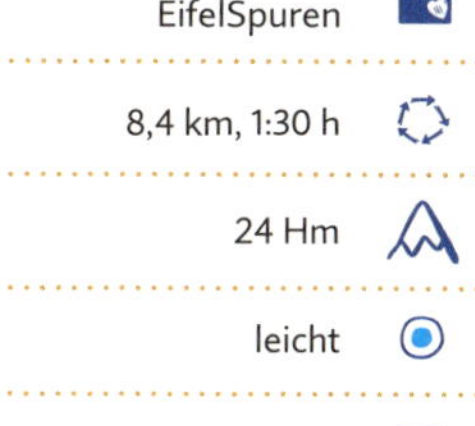

EifelSpuren

8,4 km, 1:30 h

24 Hm

leicht

–

Startpunkt:
Seepark Zülpich
50°40'40.3"N 6°39'19.3"E
(GMS)

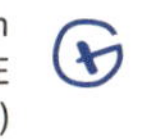

Zug bis Bahnhof Zülpich
→ Bus 774 bis Hoven
Seepark, Zülpich

Kinder, Aussicht, Sonne, Kultur/Besichtigen, Unterhaltung/Event, Wasser

Die römische Thermenanlage mit dem Museum der Badekultur sind einen Besuch wert.

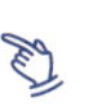

Sandstrand, Palmen und Wasserspaß – Urlaubsfeeling versprüht das Restaurant Lago Beach am Zülpicher See.

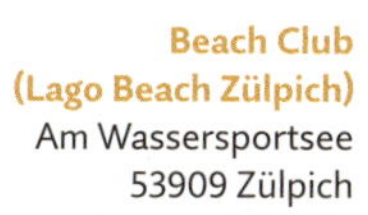

Beach Club
(Lago Beach Zülpich)
Am Wassersportsee
53909 Zülpich
www.lago-zuelpich.de

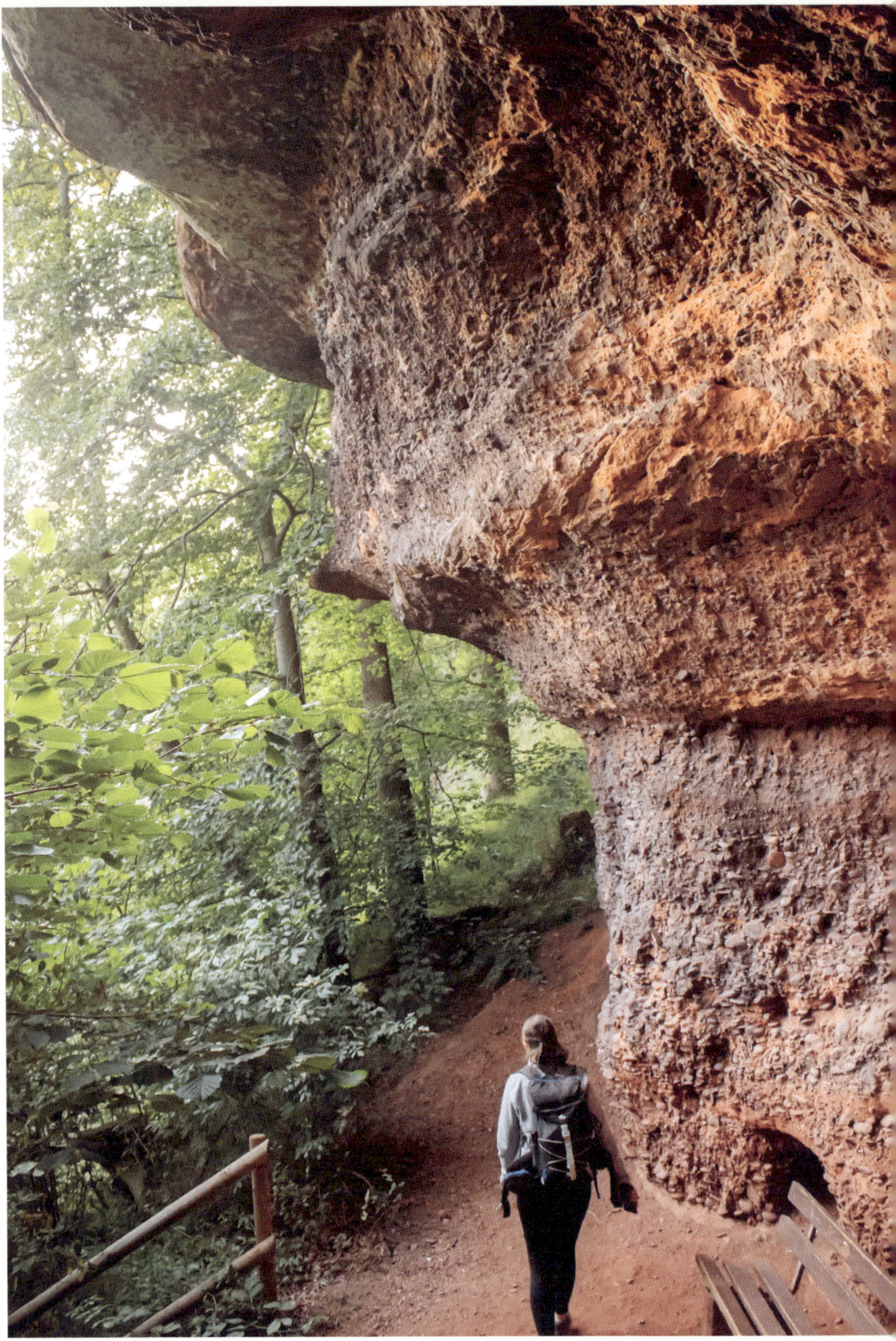

Im Schatten des römischen Steinbruchs

4 Schicht im Schacht

EifelSpur – Pingenwanderweg

Wir tauchen auf diesem Rundweg ab in die Welt des Erzabbaus. Aber nur thematisch, denn in den Untergrund steigen wir (leider) nicht hinunter. Pingen, so werden verlassene Erzgruben bezeichnet, stehen bei dieser *EifelSpur* im Vordergrund. Doch bevor man diese zu Gesicht bekommt, zieht zunächst ein anderes geologisches Highlight die Aufmerksamkeit auf sich.

Nachdem wir Kall verlassen haben, führt ein schmaler Pfad parallel zur Landstraße zu einem ehemaligen römischen Steinbruch. Schon zur damaligen Zeit wurden aus den roten Bundsandsteinfelsen riesige Quader herausgebrochen. Die charakteristischen Abbauspuren von Hammer und Meißel sind noch gut am Gestein zu erkennen. Auf der Kindshardt treffen wir wieder mal auf den *Eifelsteig*, der sich einen Teil der Strecke mit dem Pingenwanderweg teilt.

Auf den höchsten Punkt der Tour folgt auch schon das Grubenfeld Stahlberg. Mitten im Wald lassen trichterförmige Mulden erahnen, wo einst der Bergbau betrieben wurde. Wir schlängeln uns vom einen zum nächsten Pingenloch – an die 2.000 sollen es zu Höchstzeiten gewesen sein. Die Infotafeln des Eifelvereins stellen den Erzabbau in der Region anschaulich dar und lockern die Route auf, die überwiegend auf gleichförmigen Forstwegen verläuft. Nachdem wir das Örtchen Golbach mit seiner kuriosen Wetterstation passiert haben, wandern wir zurück nach Kall.

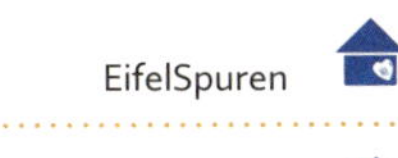

EifelSpuren

10,8 km, 3 h

236 Hm

mittel

–

Startpunkt:
Bahnhofstraße Kall
50°32'23.7"N 6°33'24.1"E
(GMS)

Zug bis Bahnhof Kall →
150 m Fußweg

Schatten, Kultur/
Besichtigen, Geologie

Mit einer Führung im Bergbaumuseum Mechernich taucht man im Besucherbergwerk in die Zeit des Bleierzabbaus ein.

Die Pizzeria Peter Pan bietet allerlei leckere italienische Spezialitäten.

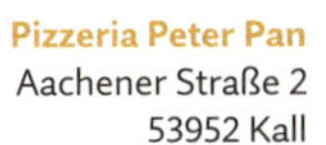

Pizzeria Peter Pan
Aachener Straße 2
53952 Kall

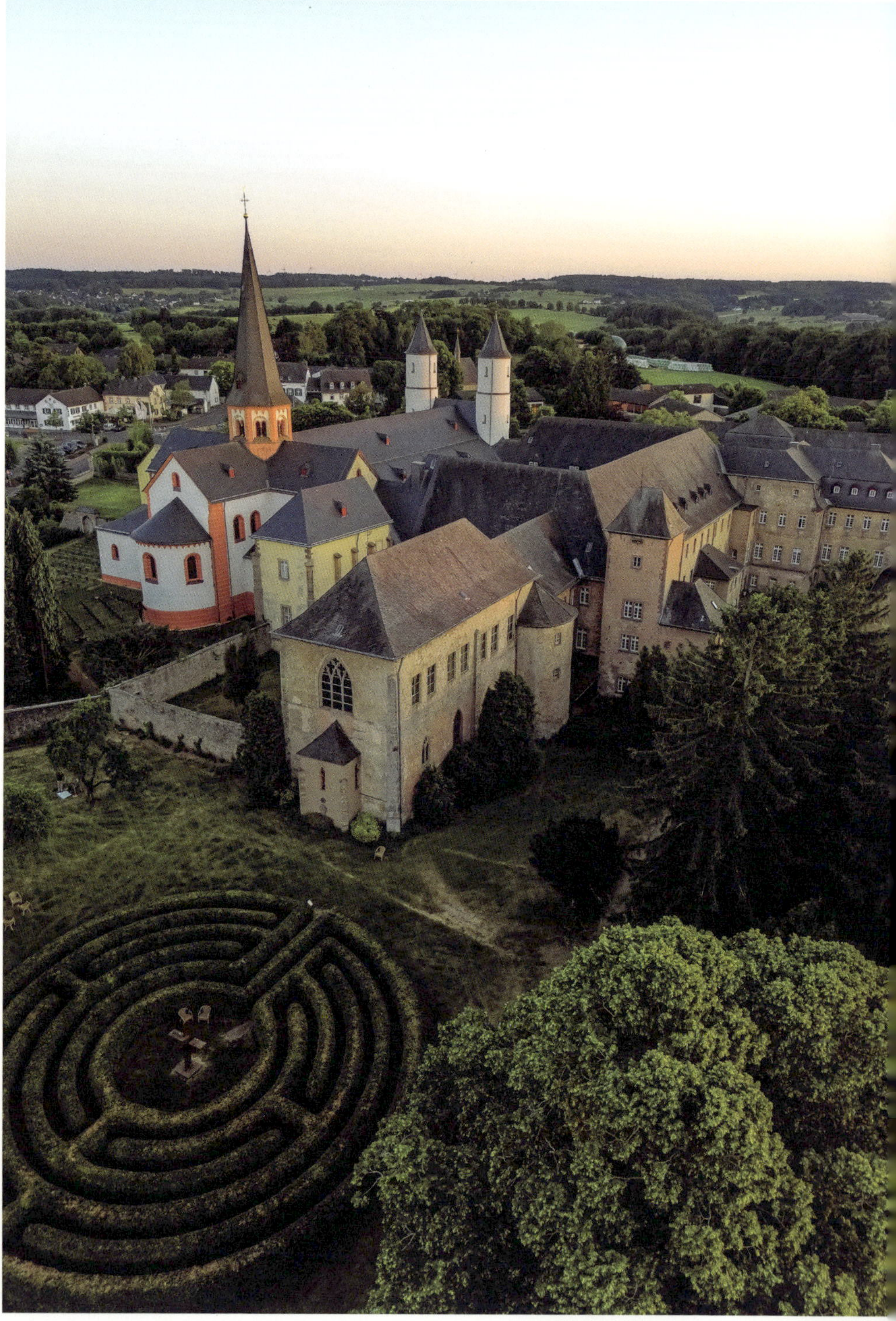

Hinter den Mauern von Kloster Steinfeld im Abendlicht

5 Naturparadies zum Entschleunigen

EifelSpur – Heideheimat

Der Ausgangspunkt dieser *EifelSpur* ist das Kloster Steinfeld, eines der schönsten seiner Art in der Nordeifel. Die Basilika des bekannten Wallfahrtsortes lohnt einen Abstecher, denn im Inneren steht der mit Äpfeln dekorierte Sarkophag des heiligen Hermann-Josefs. Ob er seinerzeit eine Vorliebe für diese Frucht hatte? Laut einer Legende soll ihm die Mutter Gottes einen Apfel überreicht haben und so ist der Brauch entstanden, das Obst auf den Sarg zu legen.

Wir verlassen die Abtei, folgen der Klostermauer und begeben uns auf einem schmalen Pfad durch eine Waldpassage. Ist das Örtchen Steinfelderheistert durchquert, säumen Wiesen und Kuhweiden unseren Weg. Am Eingang in die Sistig-Krekeler-Heide bietet ein Holzrahmen die Möglichkeit für ein besonderes Foto. Die Strecke schlängelt sich durch das Naturschutzgebiet, das zahlreichen seltenen Tier- und Pflanzenarten ein Zuhause bietet, wie etwa dem gefleckten Knabenkraut. Die Geräuschkulisse aus Summen, Brummen und Zirpen sowie der Duft der unterschiedlichsten Wildblumen begleitet uns eine Weile. Eine Schutzhütte, die nicht direkt am Weg liegt, aber von dort gut einsehbar ist, eignet sich für eine kurze Rast. An den Wänden informieren Schilder über die Fauna und Flora, die es während der Tour zu entdecken gibt.

Auf den letzten Kilometern führt diese *EifelSpur* durch Wald wieder zurück zum Kloster Steinfeld. An dieser Stelle laufen einige Wanderwege zusammen, daher die Beschilderung beachten.

EifelSpuren

10 km, 2:30 h

165 Hm

leicht

–

Startpunkt:
Kloster Steinfeld in Kall
50°30'08.5"N 6°33'51.3"E (GMS)

Zug bis Bahnhof Kall → Bus 766 bis Steinfeld Kloster, Kall

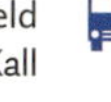

Kinder, Aussicht, Sonne, Kultur/Besichtigen, Botanik

Regionale Produkte wie das schmackhafte Steinfelder Klosterbier gibt es im Klosterladen mit kleinem Café zu kaufen.

Das erste Haus vor den Klostermauern war 1804 die Alte Abtei – heute erwarten die Gäste in den Gemäuern Steinfelder Klosterbier und leckere Gerichte.

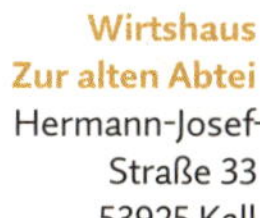
Wirtshaus *Zur alten Abtei*
Hermann-Josef-Straße 33
53925 Kall

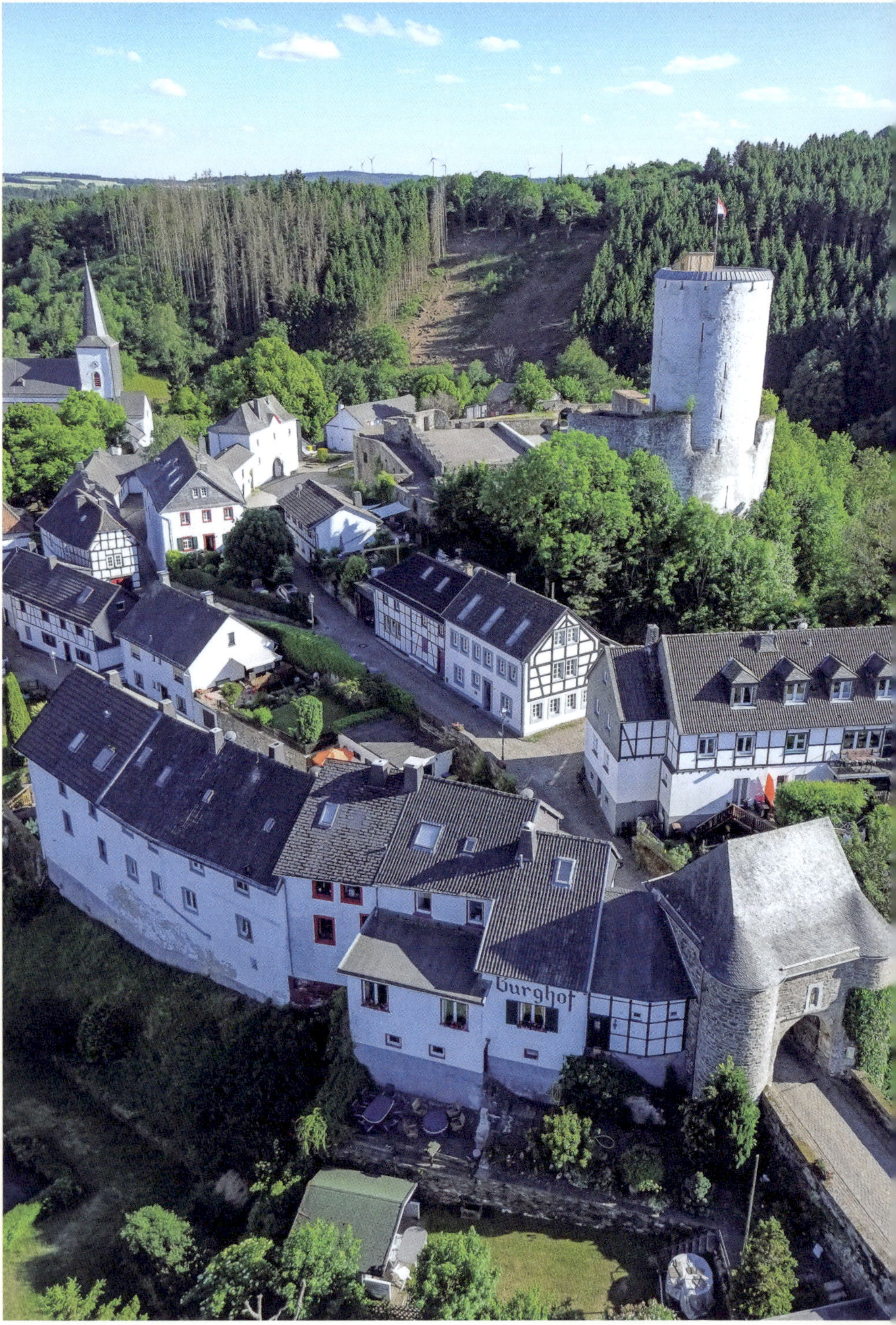

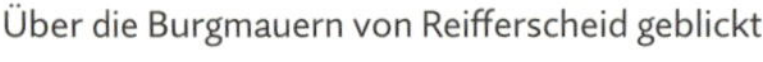

Über die Burgmauern von Reifferscheid geblickt

6 Mittelalterliche Nordeifel

EifelSpur – Auf den Spuren der Raubritter

Die *EifelSpur – Auf den Spuren der Raubritter* startet direkt vor den Toren von Reifferscheid, einem Ort, der teilweise zu einer beeindruckenden mittelalterlichen Höhenburganlage gehört. Zu Beginn oder im Anschluss an die Wanderung empfehlen wir einen Abstecher auf den imposanten Bergfried. Vom *Eifel-Blick* auf dem ehemaligen Wachturm kann die Umgebung perfekt inspiziert werden. Die Häuschen im Burghof strahlen mittelalterlichen Charme aus und versetzen uns unmittelbar in die längst vergangene Zeit. Nur zu gut können wir uns vorstellen, wie hier Raubritter einst ihr Unwesen trieben.

Auf verwunschenen Pfaden windet sich der Weg weiter durch ein kleines Wäldchen zu einem Höhenplateau mit Sinnesbänken und einer herrlichen Fernsicht über die Hügellandschaft der Nordeifel. Kulturell hat die Wanderung ebenfalls viel zu bieten. Die *EifelSpur* passiert unter anderem die Fachwerkhäuser in Hellenthal, den ehemaligen Bahnhof der Oleftalbahn und die historische Kirche St. Brigida mit ihrem Kreuzgewölbe.

Nachdem das Örtchen Blumenthal durchschritten ist, wartet ein langer Anstieg bis auf den 526 Meter hohen Hohleberg, vorbei an einer Burgwüstung bei Wollenberg, wo vermutlich im Hochmittelalter eine weitere Festungsanlage stand. Der Pfad führt durch einen dichten Wald zurück in den Ort, über dem die Burg Reifferscheid thront. Das perfekte Fotomotiv.

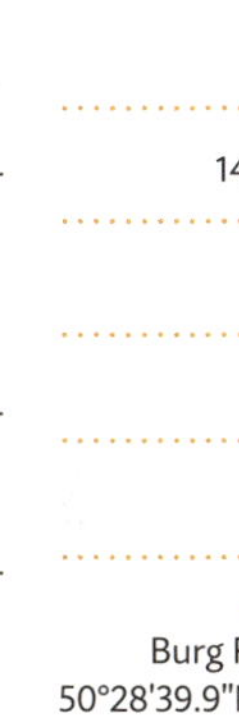

EifelSpuren

14,1 km, 3:30 h

390 Hm

mittel

–

Startpunkt:
Burg Reifferscheid
50°28'39.9"N 6°27'58.3"E
(GMS)

Zug bis Bahnhof Kall → Bus SB 81 bis Blumenthal → AST (Ruftaxi: 02441 99454545) bis Reifferscheid → 400 m Fußweg

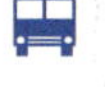

Kinder, Aussicht, Sonne, Kultur/Besichtigen, Botanik

Imposant erhebt sich die Mauer der Oleftalsperre in Hellenthal, ein echtes Idyll zur Vogelbeobachtung.

Ein Abstecher zum Eiscafé Gelato in Hellenthal lohnt sich. Mit einem selbst gemachten italienischen Eis wandert es sich leichter.

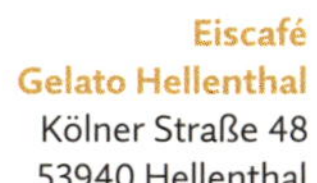

Eiscafé Gelato Hellenthal
Kölner Straße 48
53940 Hellenthal

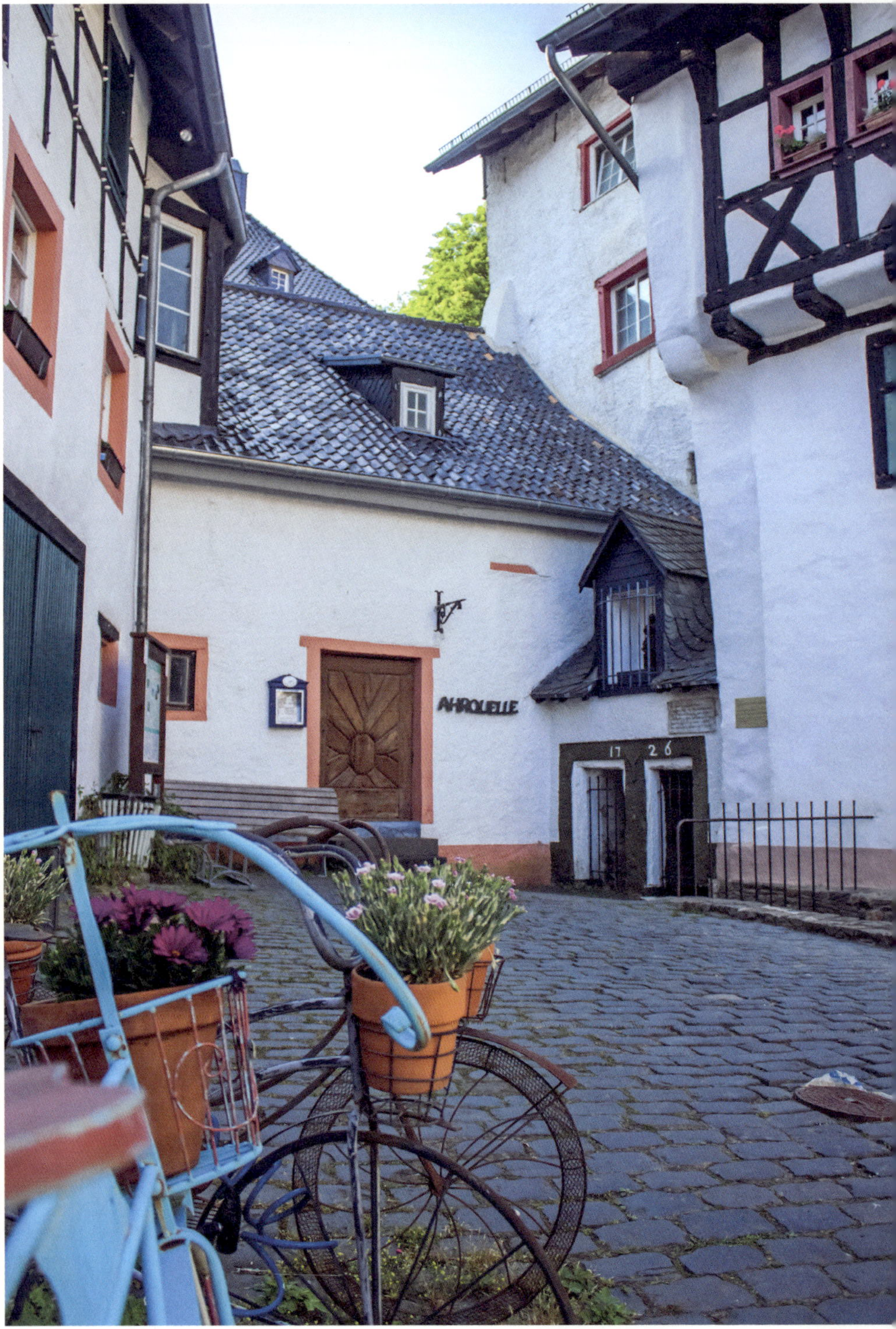

In einer unscheinbaren Ecke versteckt sich die Ahrquelle

7 Vom Ursprung der Ahr

EifelSpur – Wo die Ahr entspringt

Blankenheim hat einige Highlights zu bieten und ist unser persönlicher Tipp für einen Tagesausflug in der Nordeifel. Neben der Burg mit dem einzigartigen Tiergartentunnel – einer historischen Wasserleitung aus dem Mittelalter –, altem Fachwerk und den Überresten einer Römervilla befindet sich in diesem Ort die Quelle der Ahr. Diese ist ziemlich kurios: Aus dem Keller eines alten Hauses aus dem Jahr 1726 sprudelt das Wasser, bevor es sich auf den langen Weg bis nach Sinzig am Rhein macht.

Vom Ursprung der Ahr gehen wir durch den bezaubernden Ortskern entlang des Schwanenweihers und anschließend abwechselnd durch schattige Wälder und vorbei an saftigen grünen Wiesen. Dabei durchstreifen wir das Naturschutzgebiet Obere Ahr. Diese *EifelSpur* führt vor allem auf der ersten Hälfte entlang oder vielmehr in der Nähe des Flusses Ahr und ist auf diesem Abschnitt mit dem Prädikatsweg *AhrSteig* identisch. Die zweite Hälfte der Route zeichnet sich durch einen mäßigen Anstieg und einen Mix aus Wald und Feldern aus.

Kurz vor dem Ende der Tour legen wir an einer Wegkreuzung eine letzte Rast in der Brotpfad-Hütte ein. Sie erinnert an ein Hexenhäuschen aus einem berühmten Märchen der Gebrüder Grimm. Mit einer Bank, Tisch und Wanderkarte ist sie top ausgestattet. Von der Hütte aus verläuft die Route identisch mit dem *Eifelsteig* zurück nach Blankenheim.

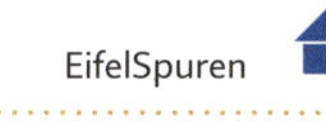

15,8 km, 4:30 h

390 Hm

mittel

\-

Startpunkt:
Curtius-Schulten-Platz
in Blankenheim
50°26'15.2"N 6°39'00.3"E
(GMS)

Zug bis Bahnhof
Blankenheim (Wald) →
Bus 832 bis Busbahnhof
Blankenheim →
600 m Fußweg

Aussicht, Schatten,
Kultur/Besichtigen,
Wasser, Botanik

Relikte vergangener
Zeit beheimatet das
Eifelmuseum. Auch die
Römervilla und Burg
Blankenheim sind gut
zu Fuß erreichbar.

In bester Lage: Das Bistro Landlust liegt mitten im historischen Ortskern von Blankenheim.

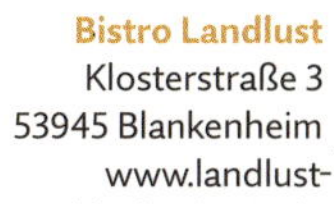
Bistro Landlust
Klosterstraße 3
53945 Blankenheim
www.landlust-blankenheim.de

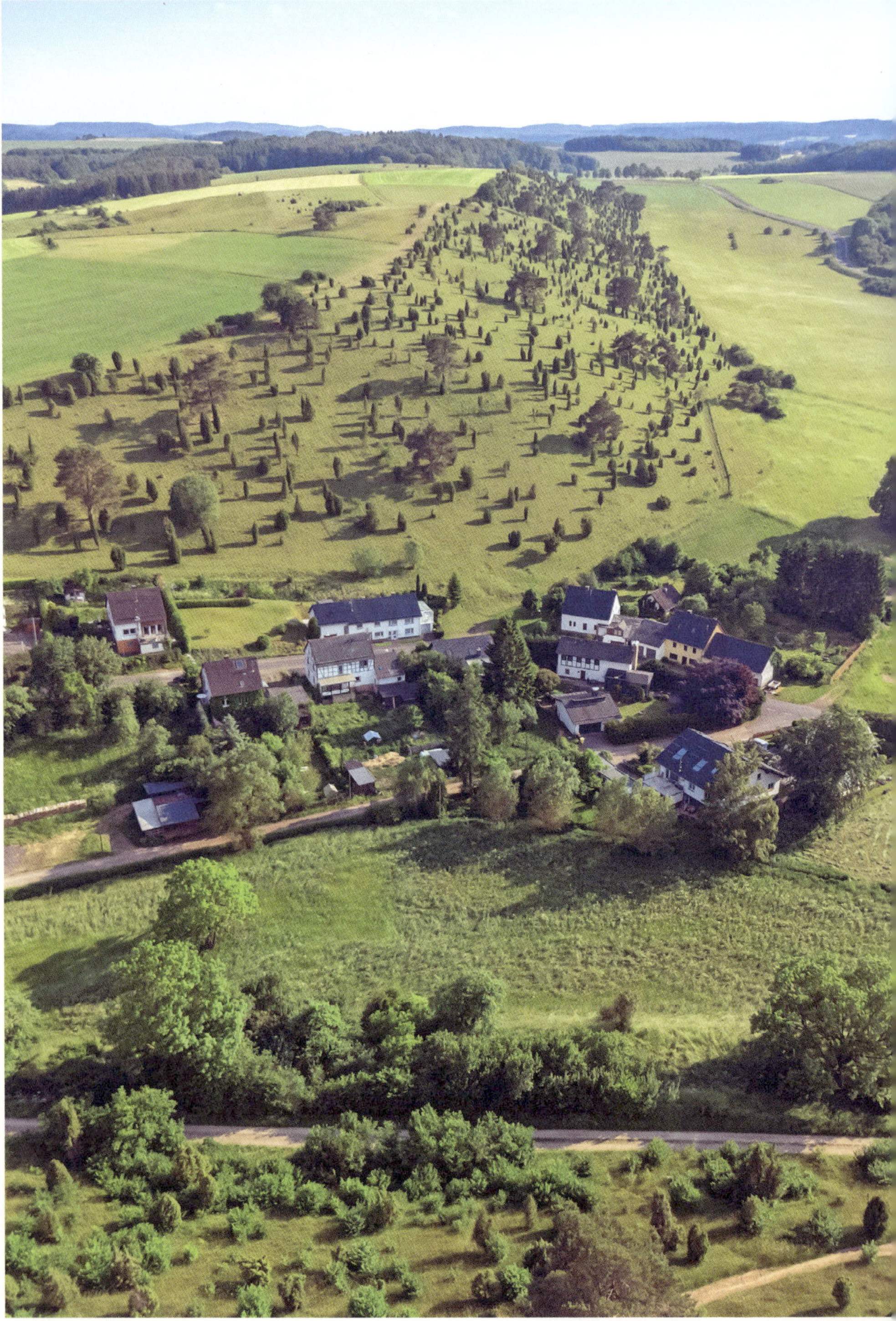

Vom Kalvarienberg geblickt: Wacholder soweit das Auge reicht

8 Zypressen des Nordens

EifelSpur – Toskana der Eifel

Eine außergewöhnliche Landschaft an der Grenze der Nordeifel durchqueren wir auf der *EifelSpur – Toskana der Eifel.* Der Name des Qualitätswegs ist nicht etwa auf Weinhänge oder gar warme Temperaturen zurückzuführen, die man aus der italienischen Region kennt. Vielmehr stammt er von den kargen Wacholderheiden, die ringsum im Naturschutzgebiet Lampertstal wachsen und an Zypressen erinnern. Eine größere Ansammlung an Wachordersträuchern ist in ganz Westdeutschland nicht zu finden.

Nach dem Start in Ripsdorf verläuft die Route eben bis zum Anstieg auf den Kalvarienberg, auf dem sich die beste Sicht auf die Wacholderhänge und den höchsten Berg der Eifel, die Hohe Acht, eröffnet. Auf den Kalvarienberg führt auch ein Kreuzweg, der bereits 1776 angelegt wurde. Die Trockenrasen und Heideflächen entlang der Strecke sind schützens- und sehenswert und wurden durch jahrhundertelange Beweidung mit Schafen und Ziegen geformt. Im Frühsommer könnt ihr zahlreiche wilde Orchideenarten und im Frühjahr Märzenbecher in den Buchenwäldern am Wegesrand entdecken.

Nach einem Waldabschnitt und der Querung einer Brücke über den Lampertsbach gelangen wir ans Schluckloch, wo das Wasser im Karstgestein der Kalkeifel versickert. Auch auf dieser *EifelSpur* verläuft ein Streckenabschnitt identisch mit dem *Eifelsteig.* Nach einer Stippvisite in Rheinland-Pfalz erreichen wir wieder Ripsdorf in Nordrhein-Westfalen.

EifelSpuren

15,8 km, 4:30 h

328 Hm

mittel

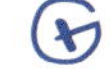

–

Startpunkt:
Parkplatz an der Tränkgasse in Ripsdorf
50°23'12.5"N 6°39'15.2"E (GMS)

Zug bis Blankenheim (Wald) → Bus 832 bis Busbahnhof Blankenheim → AST 833 (Sammeltaxi: 02441 99454545) bis Ripsdorf Kirche

Aussicht, Sonne, Botanik

An warmen Sonnentagen ist der Freilinger See eine willkommene Erfrischung mit Wassersportmöglichkeiten aller Art.

Gemütlich sitzen kann man im Gastraum oder Außenbereich des Hotel-Restaurant Breuer in Ripsdorf, wo bodenständige, große Portionen serviert werden.

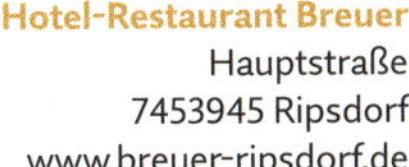

Hotel-Restaurant Breuer
Hauptstraße
7453945 Ripsdorf
www.breuer-ripsdorf.de

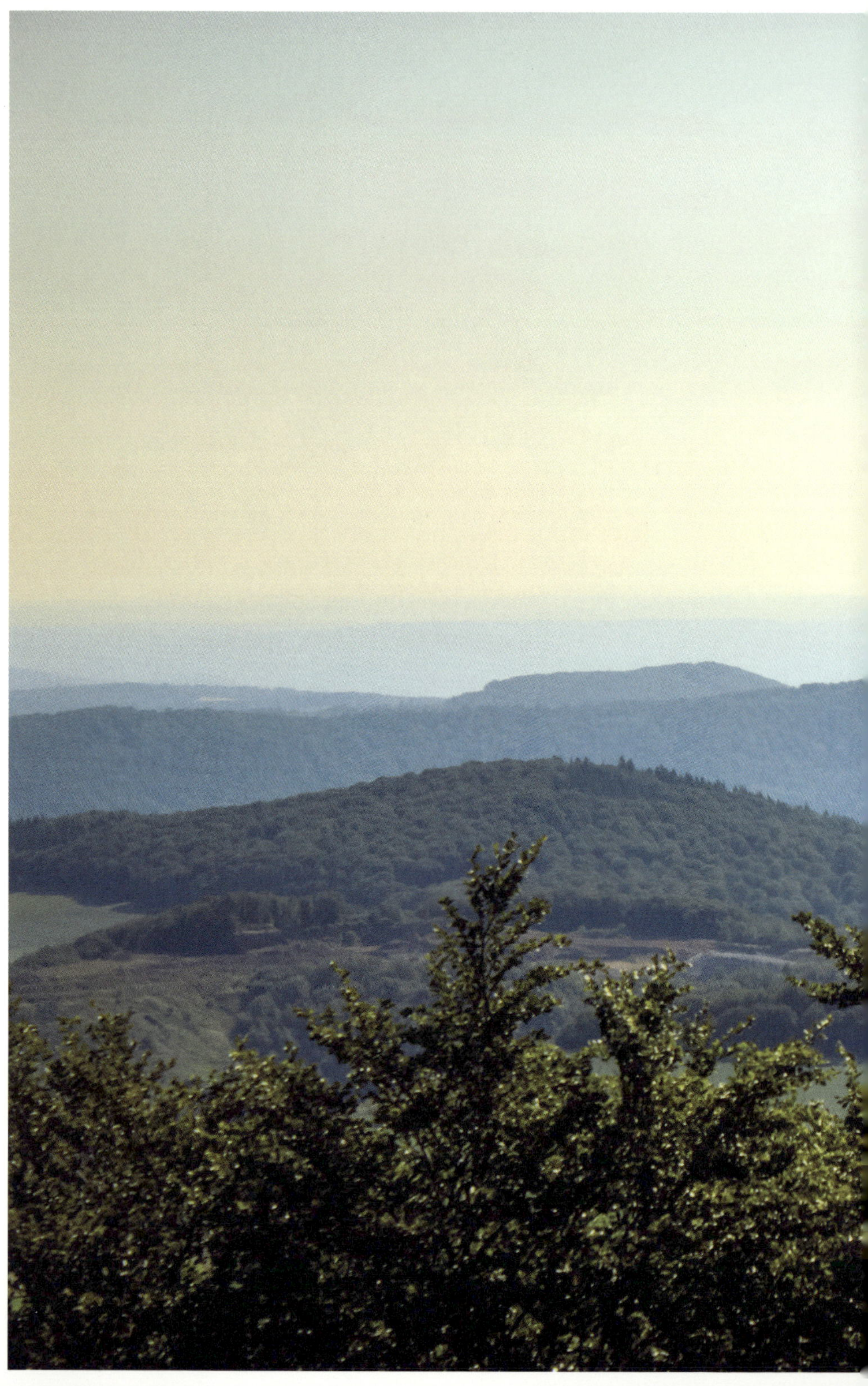

Westeifel und Südeifel

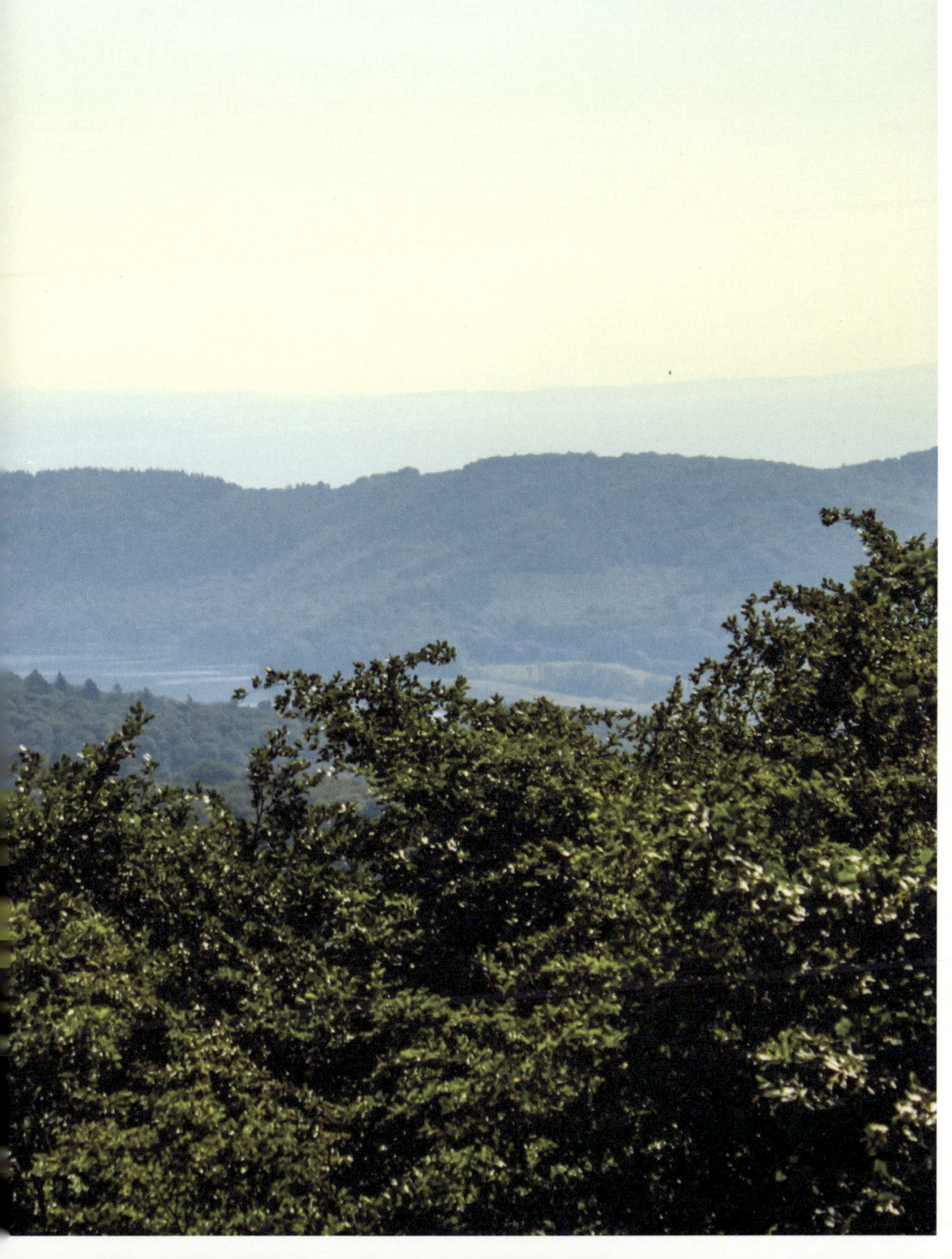

Morgenstimmung über dem Bitburger Stausee

Abenteuerliche Schluchten im Naturidyll

Von der Westeifel in die Südeifel

Die sagenreiche Westeifel schließt, wenn man es geografisch genau nimmt, weite Teile der Nordeifel mit ein. Landläufig (und dieser Auffassung folgen wir) werden erst die Gebiete rund um die Flüsse Our, Prüm und Nims zur Westeifel gezählt. Die Südeifel schließt bis nahe an die Mosel an, und im Osten wird sie von der Vulkaneifel und der Hocheifel begrenzt. Auch die Länder Luxemburg und Belgien werden teils zur West- beziehungsweise Südeifel gerechnet. Daher besticht die Region mit einem unglaublichen Reichtum an Natur und Kultur.

Der deutsch-luxemburgische *NaturWanderPark delux* verwaltet die Wanderwege vom *Natur- und Geopark Mëllerdall* in Luxemburg bis in die bewaldeten Höhen der Schneifel, einem 20 Kilometer langen Gebirgszug, der sich von den Ortschaften Brandscheid bis nach Ormont zieht. Die Strecken zeichnen sich durch ein ausgesprochen naturnahes Profil aus, welches das landschaftliche Erlebnis in den Vordergrund stellt.

Wir bestaunen die beeindruckende Schönheit der Schneifel mit ihrem markanten Quarzitrücken und dem majestätischen Schwarzen Mann, der stolze 697 Meter in den Himmel ragt. Letzterer ist im Winter ein beliebtes Gebiet für Skifahrer und Schneeschuhwanderer. Entlang der grünen Täler der Flüsse Our, Prüm und Irsen, die sich durch die sanften Hügel und landwirtschaftlich genutzten Hochflächen schlängeln, können wir unseren Gedanken freien Lauf lassen. Vor allem in der Region mit dem Namen Islek (Luxemburgisch: Éislek) sind nur wenige Menschen anzutreffen. Auch aus diesem Grund entfaltet sich dort eine beeindruckende Flora und Fauna. Wir können Spuren von Bibern ausfindig machen, und die *Eifelgold Route* führt durch das Tal der Schmetterlinge. Eben aufgrund dieser noch intakten Natur, den weiten Feldern und der dünnen Besiedelung beschreiben wir diese Region gerne als »kleines Skandinavien der Eifel«.

Die Südeifel hingegen lässt mit ihrer einzigartigen Felsenlandschaft ehrfürchtig staunen – ein Naturparadies für Aktivurlauber und

Geologie-Begeisterte im Herzen Europas. Die Überreste eines alten Meeres, das vor Millionen von Jahren existierte, können rund um die Städte Echternach und Bollendorf aufgespürt werden. Die Devon-Kalksteinfelsen erzählen von vergangenen Zeiten und bieten einen einzigartigen Anblick. Die schroffen Felsformationen sind ein einmaliges Fotomotiv. Ob beim Abstieg in die Teufelsschlucht oder auf den Felsenwegen – man kann sich an den Felsformationen kaum sattsehen. In diesem Gebiet ist die Wegeführung von teils alpinen Pfaden und abenteuerlichen Schluchten geprägt, die wir mittels Brücken und Stegen durchqueren. Daher werden auf vielen Strecken Trittsicherheit und eine gute Grundkondition vorausgesetzt.

Aber nicht nur Naturliebhaber kommen auf ihre Kosten, die Region birgt darüber hinaus eine reiche kulturelle Vielfalt. Charmante Dörfer und malerische Städte wie Prüm oder Echternach, die Burgenstadt Vianden oder die Heimat des Bitburger Bieres locken mit historischem Flair und Gastfreundlichkeit. Bereits die Römer haben sich in der Südeifel wohlgefühlt und zahlreiche Spuren in Steinen sowie einige Villen hinterlassen.

Taucht ein in dieses unvergessliche Erlebnis. Wir sind uns sicher: Wenn ihr genauso wanderbegeistert seid wie wir, werdet ihr diesen Teil auf der Deutschlandkarte lieben lernen.

Eifel Tourismus GmbH
Kalvarienbergstraße 1
54595 Prüm
+49 6551 96560
www.naturwanderpark.eu

Felsenland Südeifel Tourismus GmbH
Neuerburger Straße 6
54669 Bollendorf
+49 6525 933930
www.felsenland-suedeifel.de

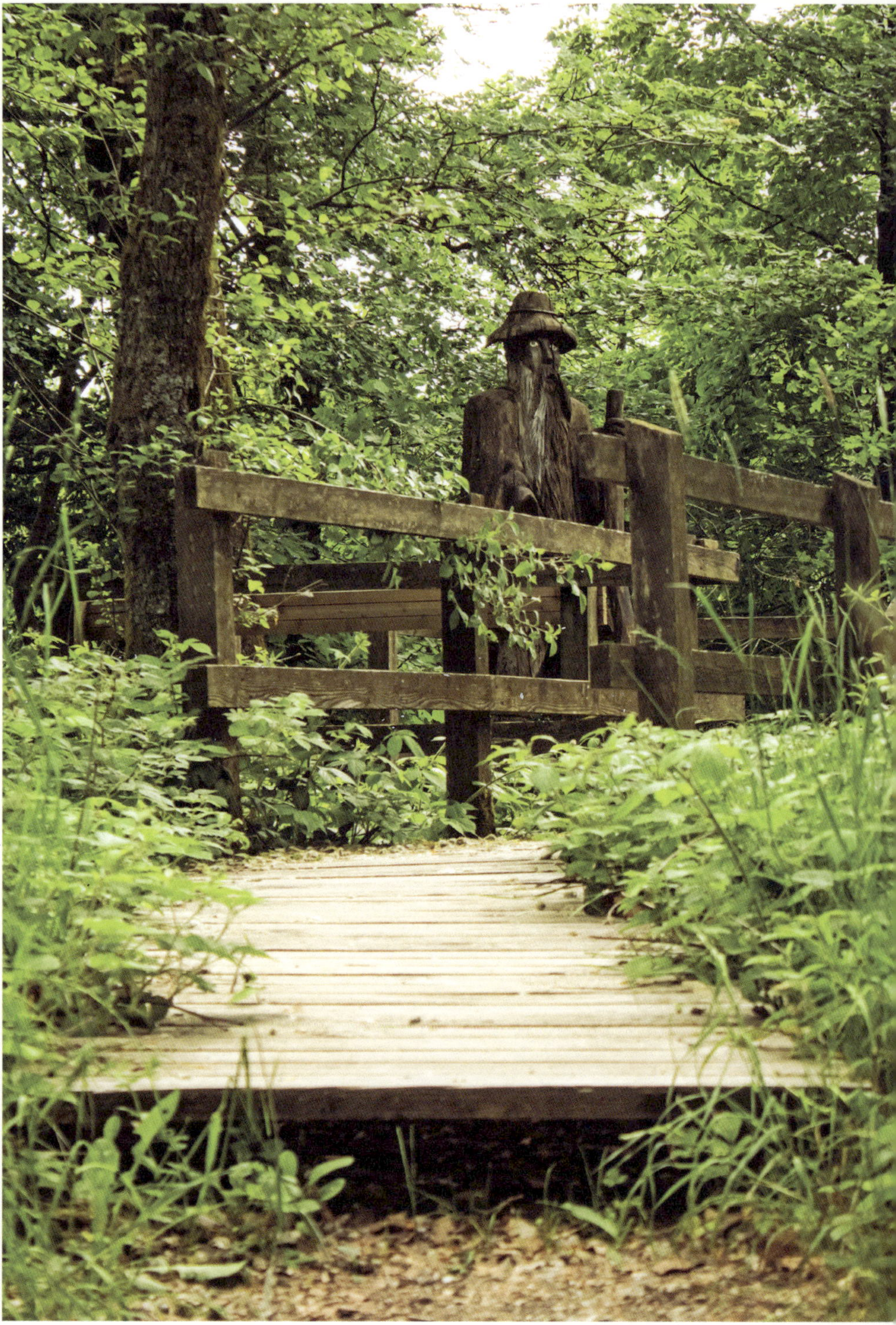

Blockbohlen führen zum Schwarzen Mann

9 Der Schwarze Mann der Eifel

Moore-Pfad Schneifel

Heute durchstreifen wir dichte Nadelwälder auf einem der höchstgelegenen Höhenzüge der Eifel. In dem niederschlagsreichen Landstrich rund um den 697 Meter hohen Gipfel des Schwarzen Manns wird es an bewölkten oder nebeligen Tagen besonders mystisch. Das »Klock, Klock« der Wanderschuhe beim Gehen auf den Holzbohlenstegen untermalt diese geheimnisvolle Stimmung.

Wir versetzen uns in die Männer hinein, die früher in den nahen Erzgruben arbeiteten. Der Name des Bergzuges kommt angeblich von den schwarzen Gesichtern der Bergleute, die von der mühevollen Arbeit unter Tage zeugten. Früh morgens, noch vor dem Sonnenaufgang, verabschiedeten sie sich von der Familie. Mit Hammer und Pickel bewaffnet, pilgerten sie im Morgengrauen gemeinsam zu den Stollen. Im Besucherbergwerk Mühlenberger Stollen bei Bleialf erhalten Gäste noch heute einen Einblick in den Erzabbau der Region. Der Kerschgeroth, wie der Berg früher hieß, war einst kaum bewaldet. Wo heute Nadelbäume Schatten spenden, erstreckten sich vor einem Jahrhundert Moore und Heiden. Die extensive Schaf- und Rinderzucht sowie die Köhlerei begünstigten deren Entwicklung in der regenreichen Region.

Heute führen Stege über die Moorfläche, vorbei an alten Bunkeranlagen aus dem Zweiten Weltkrieg. Die Streckenführung über die Bohlen machen den Wanderweg abwechslungsreich und gut begehbar.

Das Blockhaus Zum Schwarzen Mann verspricht eine urige Atmosphäre am offenen Feuerkamin.

NaturWanderPark delux 

14,9 km, 3:30 h 

226 Hm 

leicht 

56 

Startpunkt: Wanderparkplatz Schwarzer Mann an der L20, Auw bei Prüm 50°15'53.7"N 6°22'22.9"E (GMS) 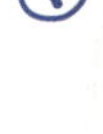

Zug bis Bahnhof Gerolstein → Bus 465 bis Markt, Bleialf → Bus 472 bis Niederlascheid Steinbach, Bleialf → 1 km Fußweg bis Einstieg bei 50°15'01.1"N 6°19'40.0"E (GMS) 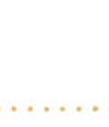

Aussicht, Schatten, Kultur/Besichtigen, Botanik 

Wetterfeste Kleidung sollte am Schwarzen Mann im Gepäck sein. Winterwandern und Skifahren sind auch möglich.

Blockhaus Zum Schwarzer Mann
Schwarzer Mann 1
54595 Gondenbrett
www.blockhaus-schwarzer-mann.de

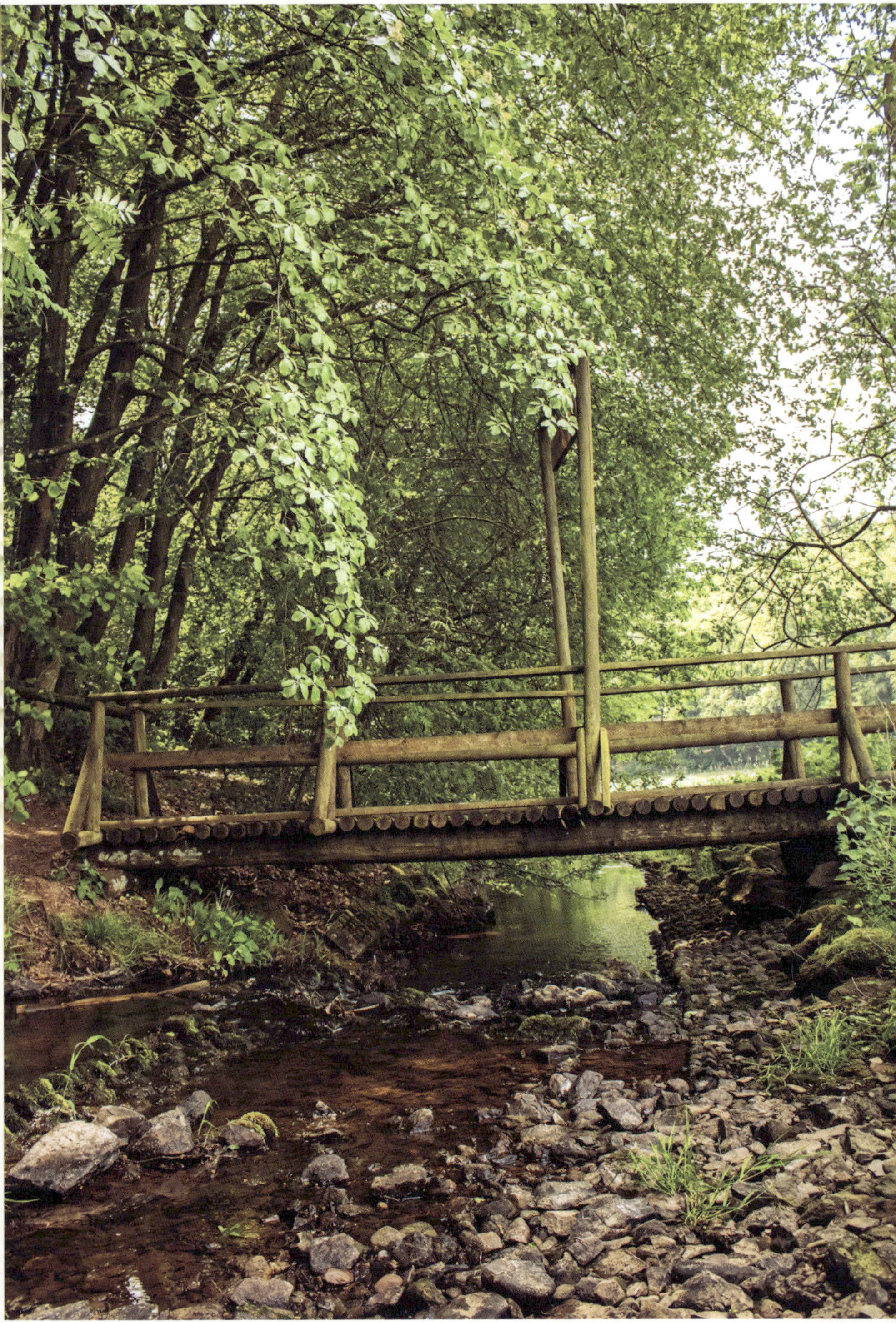

Idyllische Bachlandschaft bei Bleialf

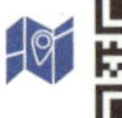

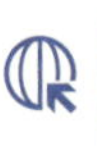

10 Zurück zur Natur

Bach-Pfad

Dieser äußerst naturnahe Premiumweg führt an vier kleinen Bachläufen durch eine grüne Wiesenlandschaft. Unser Tipp: Startet früh am Morgen und erlebt, wie der Tag und die Natur zum Leben erwachen. Die ersten Sonnenstrahlen kämpfen sich zaghaft durch das dichte Blätterdach und zaubern leuchtende Flecken auf das Moos, das wie ein weicher Teppich den Waldboden bedeckt.

Der *Bach-Pfad* verspricht nicht nur ein Naturerlebnis, sondern auch eine Reise in die Geschichte der Region. Auf alten Bergbaupfaden folgen wir dem Alfbach und entdecken Spuren von Bleierzabbau, der bis zur Mitte des 20. Jahrhunderts in Bleialf betrieben wurde.

Die Strecke verläuft über Graswege am Donsbach entlang. Angeknabberte Bäume deuten auf die Biber hin, die den Ihrenbach bewohnen. Zahlreiche Teiche laden zum Beobachten von Libellen ein, während wir über offene Hügelrücken wandern und den Blick weit über die Ardennen bis ins Hohe Venn schweifen lassen.

Der *Bach-Pfad* wurde gleichzeitig als *Muße-Pfad* ausgewiesen, der dazu einlädt, Gelassenheit und Achtsamkeit für die Schönheiten der Landschaft zu finden. An vier sogenannten *Muße-Plätzen* können Wanderer mit einem Augenzwinkern mittels aufgestellter Wunschräder mit den Naturgeistern in Verbindung treten. Genießt die mystische Atmosphäre und lasst euch von der Magie der Natur und Geschichte auf dieser Tour verzaubern.

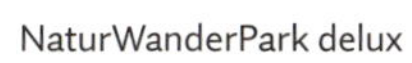
NaturWanderPark delux

14 km, 3 h

223 Hm

leicht

64

Startpunkt:
Parkplatz am Sportplatz in Bleialf
50°14'23.8"N 6°17'50.5"E (GMS)

Zug bis Bahnhof Gerolstein → Bus 460 Gerbergweg, Prüm → Bus 465 bis Markt, Bleialf → 1 km Fußweg

Kinder, Sonne, Kultur/Besichtigen, Wasser, Botanik

Unter Tage geht es ins Besucherbergwerk Mühlenberger Stollen.

Leckere Gerichte aus heimischen Zutaten oder eine Minigolfpartie und ein Getränk im Biergarten? Ab zum Alten Backhaus in Bleialf.

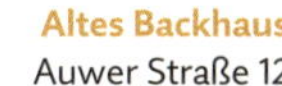
Altes Backhaus
Auwer Straße 12
54608 Bleialf
www.backhaus-bleialf.de

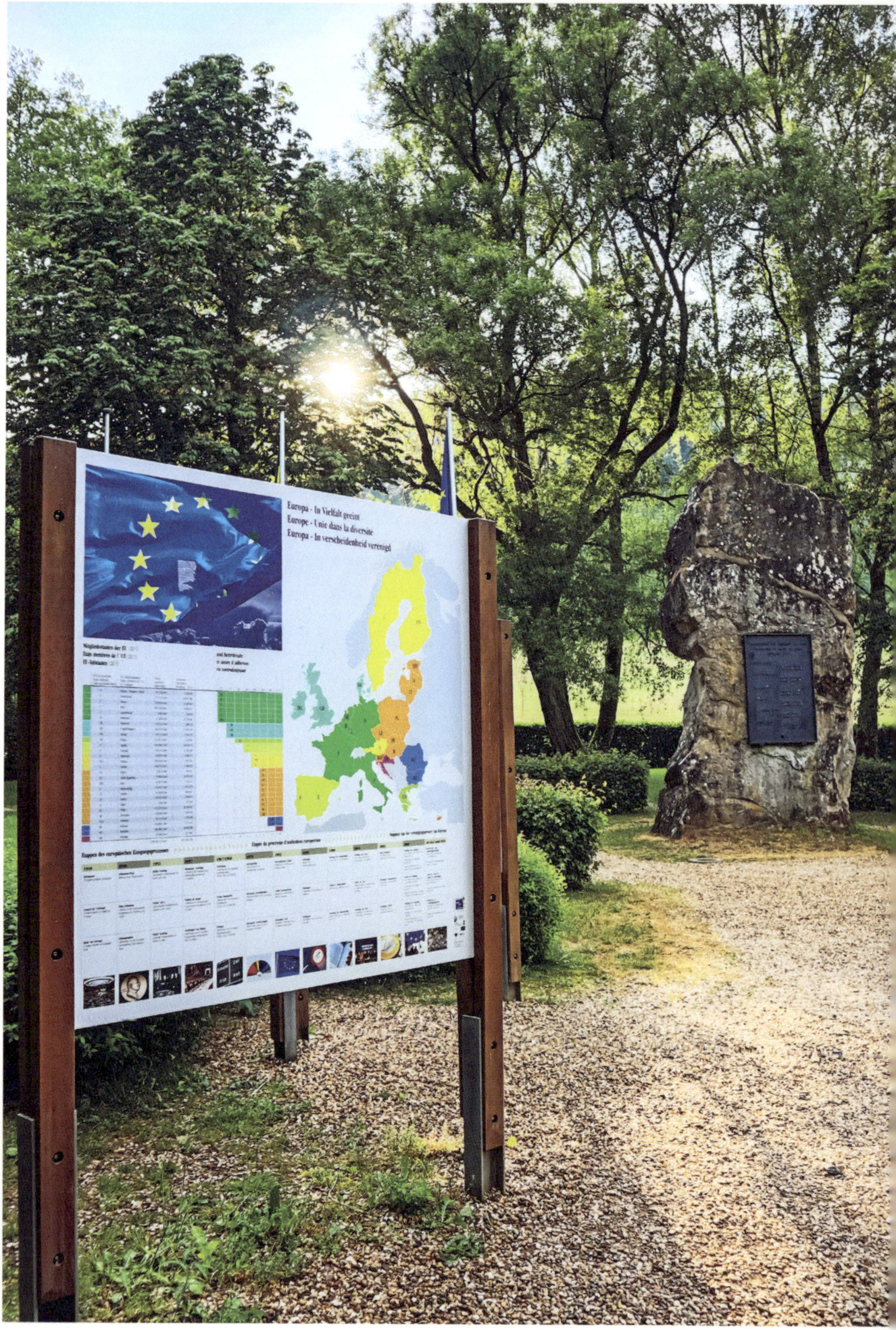

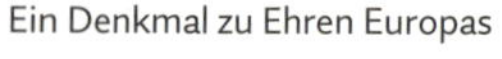

Ein Denkmal zu Ehren Europas

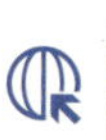

11 Die Perle(n) der Our

Nat'Our Route 1 – Dreiländereck

Das Europadenkmal im Dreiländereck bietet sich wegen der guten Parkmöglichkeiten als Ausgangspunkt für den Rundweg *Nat'Our Route 1* an. Hier, im Herzen Europas, befindet sich eine schön gestaltete Parkanlage mit riesigen Felsbrocken, die jeweils die Gründerländer repräsentieren. Eine Tafel weist auf das genaue Grenzeck zwischen Deutschland, Luxemburg und Belgien hin, das sich mitten im Fluss Our befindet. Die Tour startet auf der luxemburgischen Seite.

Wir wandern einige Zeit flussabwärts durch offene Auenwälder, die regelmäßig Picknickbänke an schattigen Plätzen zur Rast anbieten. Die Our ist die Heimat der seltenen Flussperlmuschel, die einst aufgrund ihres kostbaren Kerns gefangen wurde. In der Kalborner Mühle, die wir passieren, wird sie heute nachgezüchtet und im Fluss wieder freigelassen.

Am Campingplatz Tintesmühle wird deutlich, wie sich der Fluss über Jahrtausende in das Rheinische Schiefergebirge eingeschnitten hat. Auf der deutschen Seite gehen wir zurück, jedoch keineswegs mehr ebenerdig. Die Strecke wird abwechslungsreicher und anspruchsvoller mit schmalen Pfaden, Treppen und Brücken – wie in einer Klamm. Immer wieder schimmert das Wasser der Our durch den Wald. Schon im Tal haben wir die Felsen der *Königslei* gesehen – nun müssen wir sie erklimmen. Oben in der Hütte auf 420 Metern machen wir die letzte Rast mit schönem Blick über das Flusstal, ehe wir den Ausgangspunkt wieder erreichen.

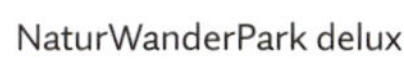

12,9 km, 3 h 

381 Hm 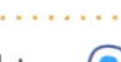

leicht

82

Startpunkt: Parkplatz Europadenkmal am Dreiländereck Ouren 50°07'49.5"N 6°08'11.1"E (GMS) 

Zug bis Bahnhof Gerolstein → Bus 460 bis Clervaux, Gare (LUX) → Bus 163 bis Lieler, Schull (LUX) → 2,4 km Fußweg 

Kinder, Schatten, Wasser, Botanik 

Wer möchte, kann am Campingplatz Tintesmühle *Nat'Our Route 1* und *2* zu einer Wanderschleife verknüpfen. 

Für ein Restaurant auf dem Campingplatz unüblich besticht die Brasserie International mit hoher Qualität. Auf der Terrasse sitzt man direkt am Ufer der Our.

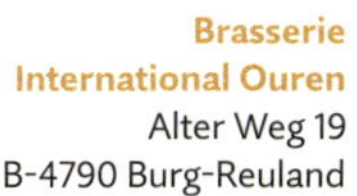

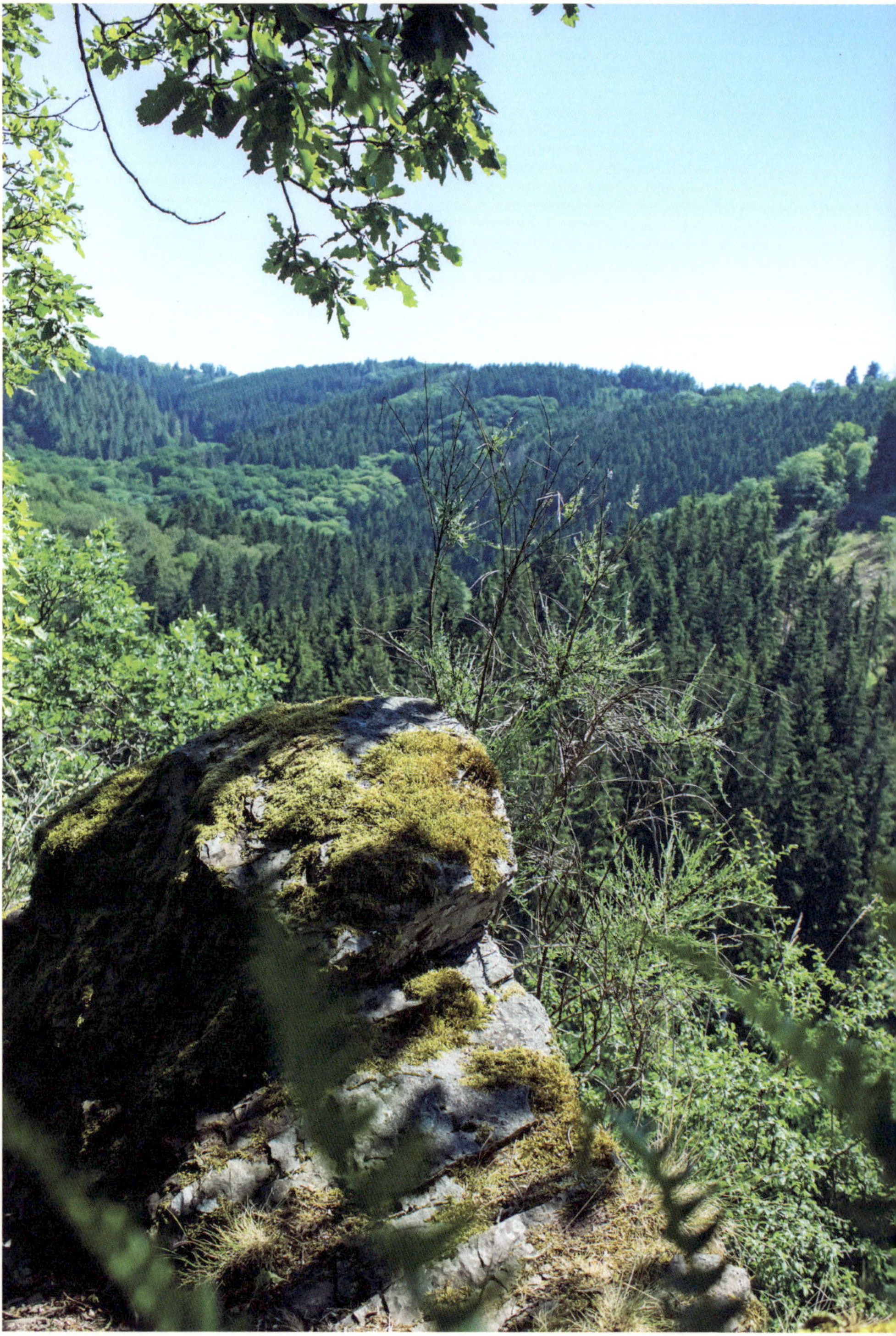

Tiefe Täler zu Füßen des Felssporns Kasselslay

12 Mühlenrunde

Nat'Our Route 2 – Mittleres Ourtal

Vom Wanderparkplatz Dasburgerbrück begeben wir uns auf die *Nat'Our Route 2* und damit auf eine Reise entlang historischer Mühlen am Grenzfluss Our. Wir bestaunen die unberührte Natur im zerklüfteten Tal, das hier zur luxemburgischen Region Éislek gehört.

Über Treppenstufen und schmale Pfade führt die Strecke in Serpentinen vorbei an schroffen Felspassagen. Am steil abfallenden Gelände ist die Muschel als bekanntes Symbol des Jakobswegs zu finden. Ein mühsamer Aufstieg führt zum schönsten Aussichtspunkt: die Kasselslay mit einer kleinen versteckten Mariengrotte in einer Felsnische. Erst nach der Hälfte der Tour erreichen wir die erste von mehreren Mühlen, die Tintesmühle. Das 1853 erbaute Gebäude beherbergt heute ein kleines Café mit Campingplatz und wurde vom luxemburgischen Reiseautor Emile Erpelding einst als »eine der einsamsten Mühlen« Luxemburgs bezeichnet.

Weiter verläuft die Route zwischen Wald und Wiesen bergauf bis zu einem Rastplatz auf 352 Metern Höhe. Eine weite Schleife der Our bringt uns zur Rollesmühle, die einst für die Herstellung von Wolle genutzt wurde und interessante Bunkerreste des ehemaligen Westwalls oberhalb des Gebäudes aufweist. Mehr über die Geschichte dieser Grenzregion verraten die Infotafeln des Geschichtsweges *Von Grau zu Grün*. Nach 18 Kilometern wartet in Dasburgerbrück sicher noch ein kühles Getränk zum Abschluss.

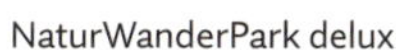
NaturWanderPark delux 

17,9 km, 5:15 h 

537 Hm 

schwer

74

Startpunkt: Wanderparkplatz Dasburgerbrück (LUX) 50°02'57.0"N 6°07'34.4"E (GMS) 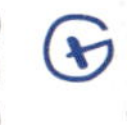

Zug bis Bahnhof Gerolstein → Bus 460 bis Pont, Dasburg 

Aussicht, Schatten, Kultur/Besichtigen, Wasser, Geologie 

Unweit des Wanderparkplatzes findet man die Burgruine von Dasburg. Auf einer kleinen Audiotour spaziert man durch die Geschichte des Grenzortes. 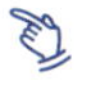

Im Manoir Kasselslay werden Genussmomente nicht nur fürs Auge kreiert. Bei vier bis fünf Gängen sollte genügend Zeit mitgebracht werden.

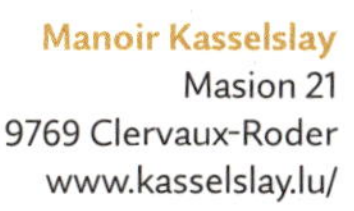
Manoir Kasselslay
Masion 21
9769 Clervaux-Roder
www.kasselslay.lu/restaurant 

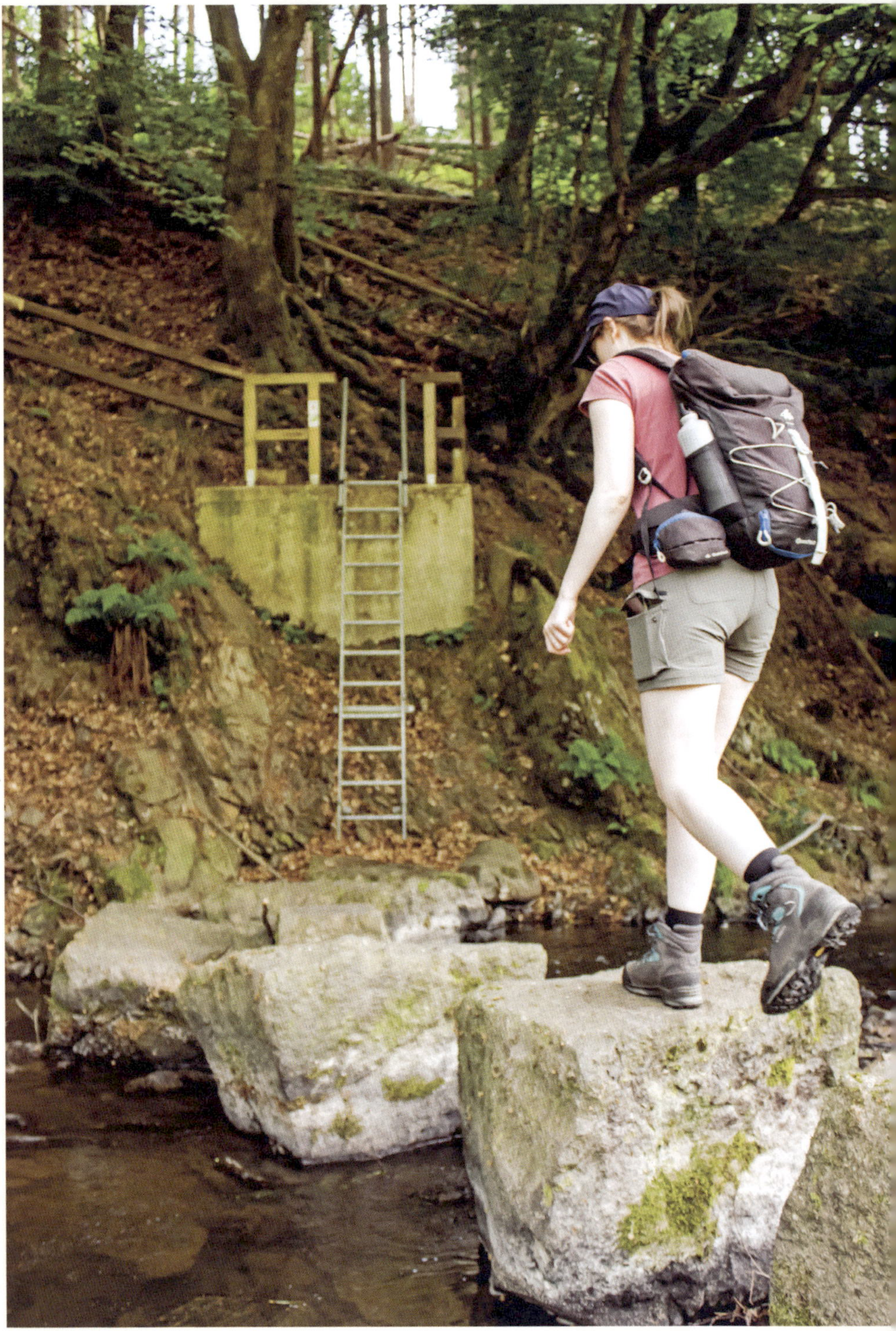

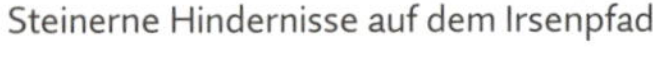

Steinerne Hindernisse auf dem Irsenpfad

13 Mit Ruhe und Biber

Irsenpfad

Der *Irsenpfad* im deutsch-luxemburgischen *NaturWanderPark delux* ist eine sehr naturnahe Strecke, die uns in eines der schönsten Täler der Westeifel entführt. Zwischen stattlichen Bergrücken von über 500 Metern verläuft der Bachlauf der Irsen durch eine friedliche Naturlandschaft. Kaum einem Wanderer begegnet man auf dem Pfad, sodass uns nur das Plätschern des Wassers und Vogelgezwitscher begleitet. Für uns liegt der Reiz dieser Rundtour im abwechselnden Zusammenspiel von schönen Ausblicken und dem verträumt wirkenden Tal.

Ein echtes Naturschauspiel sind auch die emsigen Bewohner dieses Landstrichs, der liebevoll auch »Tal des Bibers« genannt wird. Diese Tiere sind hier wieder heimisch geworden und haben ihre Spuren in der Landschaft hinterlassen. Wir können etliche Biberstaudämme und einige Biberburgen entlang der Strecke entdecken. Die sonst dämmerungs- und nachtaktiven Fellträger sind mit etwas Glück sogar tagsüber zu beobachten. Übrigens leisten sie einen wertvollen Beitrag zur Artenvielfalt, da sie als Landschaftsgestalter Flüsse und Bäche stauen und dadurch Feuchtgebiete schaffen, die Lebensraum für zahlreiche gefährdete Pflanzen und Tieren darstellen.

Kurz bevor wir den Startpunkt wieder erreichen, wartet zum Abschluss noch ein kleines Erlebnis: Eine Leiter am Hang müssen wir hinabsteigen, um die Irsen über Trittsteine im Wasser zu überqueren.

NaturWanderPark delux

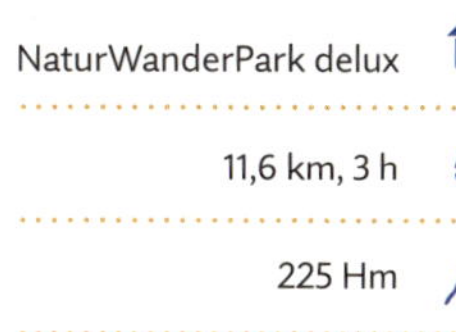

11,6 km, 3 h

225 Hm

leicht

56

Startpunkt:
Wanderparkplatz Gasthaus Waldesruh in Dahnen
50°06'23.2"N 6°09'30.4"E (GMS)

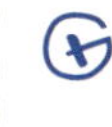

Zug bis Bahnhof Gerolstein → Bus 460 bis Kirche, Daleiden → 6 km mit dem Taxi

Kinder, Aussicht, Sonne, Wasser, Botanik

Wie wäre es mal mit einem ausgedehnten Picknick auf den Wiesen des Bachtals?

Das Restaurant Im Pfenn empfiehlt sich für eine ausgedehnte Einkehr. Den kleinen Hunger oder Durst können wir im Gasthaus Waldesruh stillen.

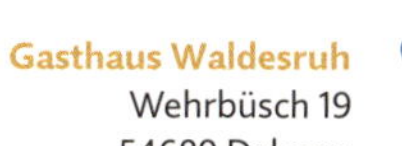

Gasthaus Waldesruh
Wehrbüsch 19
54689 Dahnen

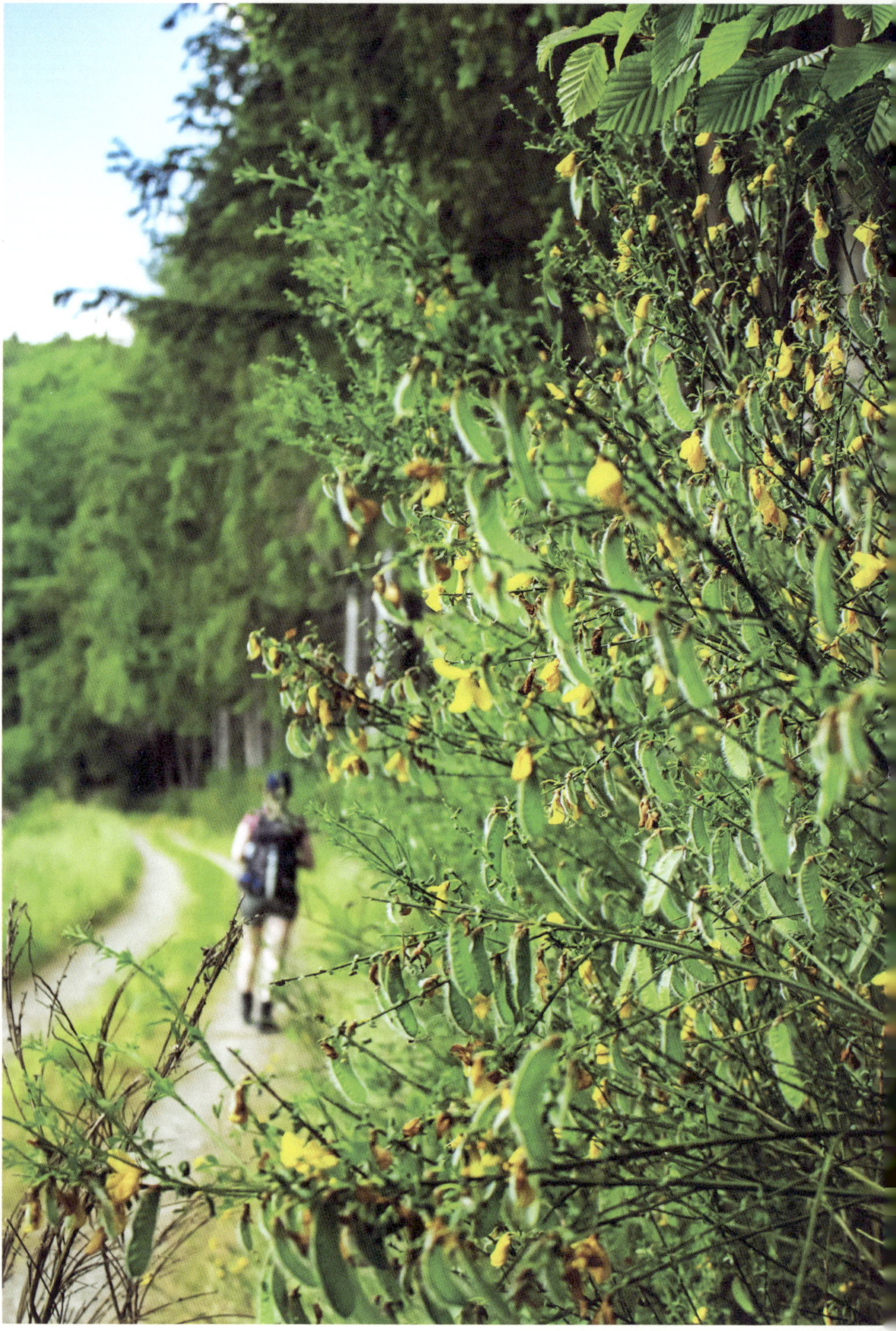

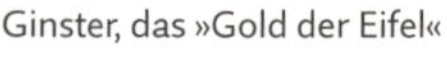

Ginster, das »Gold der Eifel«

14 Eifeler Goldschätze

Eifelgold Route

Unser Geheimtipp für eine der schönsten naturnahen Wanderungen im Spätfrühling ist die *Eifelgold Route* bei Irrhausen. Ein erster Höhepunkt erwartet uns direkt zu Beginn: Ein kleines Erholungsgebiet lädt mit einem Stauweiher, einem Wasserfall und einer Holzbrücke zum Verweilen ein. Biber haben sich an diesem Platz ebenfalls niedergelassen, wovon eine Biberburg nahe der Kaskade zeugt.

Entlang des plätschernden Bachlaufs gehen wir weiter bis zur Karlshausener Mühle und gewinnen auf verschlungenen Waldwegen stetig an Höhe, um schließlich von den offenen Höhen des Bommerts grandiose Aussichten bis in die Ardennen zu genießen.

Schon beim Abstieg macht sich das Naturschutzgebiet Ginsterheiden goldgelb leuchtend aus der Ferne bemerkbar. Das Tal in der Westeifel bietet nicht nur Lebensraum für Weißdornbüsche und natürlich den namensgebenden Ginster, sondern auch für über 550 Schmetterlingsarten und Tausende Käferarten, von denen einige auf der Roten Liste stehen. Die Artenvielfalt in Fauna und Flora ist der echte Goldschatz dieser einsamen Gegend.

Andächtig wird es auf dem Ehrenfriedhof von Daleiden, ehe die *Eifelgold Route* nach fast 20 Kilometern auf die Zielgerade biegt. Kein leichter Wanderweg, aber eines ist gewiss: Wer Ruhe und eine intakte Naturlandschaft sucht, findet sie bei dieser Wanderung.

NaturWanderPark delux

19,6 km, 6 h

645 Hm

schwer

59

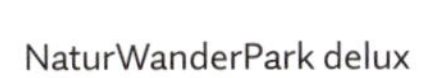

Startpunkt:
Wanderparkplatz am Campingplatz Irsental in Irrhausen
50°04'30.5"N 6°12'20.5"E (GMS)

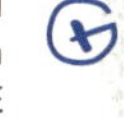

Zug bis Bahnhof Gerolstein → Bus 460 bis Laarberg, Irrhausen → 500 m Fußweg

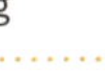

Aussicht, Wasser, Botanik

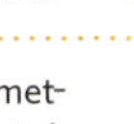

Mit einem Schmetterlingsführer wird die Route zur Entdeckungstour.

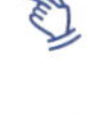

Traditionelle Eifeler Küche mit modernen regionalen Akzenten bietet das Restaurant Im Pfenn, ein Familienbetrieb in Irrhausen.

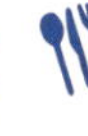

Restaurant-Pension Im Pfenn
Im Pfenn 3
54689 Irrhausen
www.im-pfenn.de

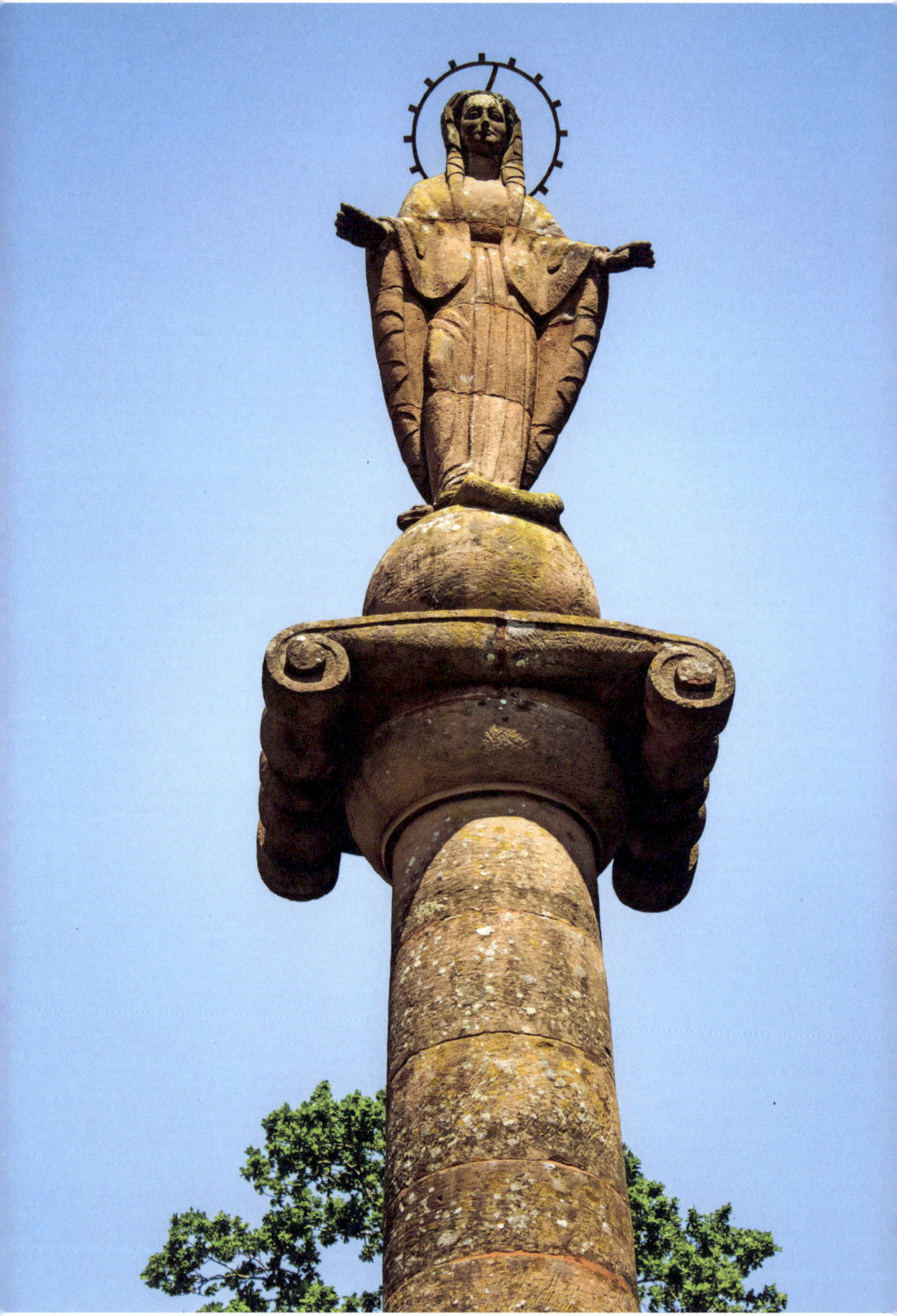

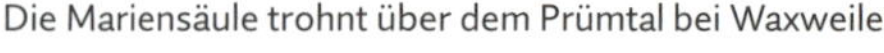
Die Mariensäule trohnt über dem Prümtal bei Waxweiler

15 Im Tal der Prüm

Devon-Pfad

Der *Devon-Pfad* ist ein abwechslungsreicher Premiumweg, der durch die atemberaubende Landschaft des Isleks führt. Auf naturbelassenen Pfaden durchschreiten wir dichte Wälder, vorbei an schroffen Felsen aus dem Zeitalter des Devons und überqueren mehrere Flüsse und Bäche.

Geschichtsinteressierte können nach etwa drei Kilometern einen Abstecher über die K137 zur ehemaligen römischen Villa von Waxweiler unternehmen und am Campingplatz wieder auf den wildromantischen Pfad entlang der Prüm stoßen. Beeindruckend tief hat sich der Fluss in das Tal eingeschnitten. Die Landschaft begeistert uns mit der Kombination aus waldreichen Hängen und saftig grünen Wiesen. Das Wasser plätschert an Bauernhöfen mit Schaf- und Kuhherden, wo die Uhr in einen langsameren Takt zu schlagen scheint als in den Städten. Nachdem wir die letzte Brücke der Tour überquert haben, wartet zum Ende der Anstieg bis zur imposanten Mariensäule. Die Mühe wird mit einem tollen Panoramablick über die Wiesen, das Tal der Prüm und das charmante Dorf Waxweiler belohnt.

Mehrere Picknickbänke laden zu längeren Pausen ein. Zurück in der 1.000-Einwohner-Gemeinde empfehlen wir einen Besuch im *Devonium,* einem Urzeitmuseum, in dem man mit allen Sinnen erfahren kann, wie die Welt vor 400 Millionen Jahren einst aussah. Auch eine kleine Römerausstellung ist zu finden.

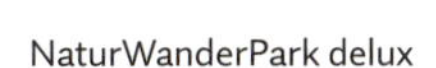

NaturWanderPark delux

16,3 km, 4:15 h

382 Hm

mittel

72

Startpunkt: Wanderparkplatz Waxweiler 50°05'47.0"N 6°21'14.9"E (GMS)

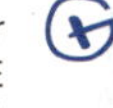

Zug bis Bahnhof Gerolstein → Bus 465 bis Gerberweg, Prüm → Bus 465 bis Post, Waxweiler → 250 m Fußweg

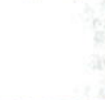

Aussicht, Sonne, Kultur/Besichtigen, Wasser, Geologie

Die Johanneskirche in Waxweiler ist für den imposanten Saalbau und den mittelalterlichen Turm als »Südeifeldom« bekannt.

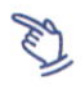

Regionale Landküche in der alten Heilhauser Mühle – im Bier- oder Wintergarten. Besonders die Gourmet-Freitage mit Livemusik bleiben in Erinnerung.

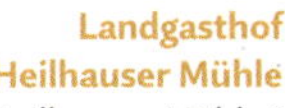

Landgasthof Heilhauser Mühle
Heilhauser Mühle 1
54649 Manderscheid
www.landgasthof-heilhauser-muehle.de

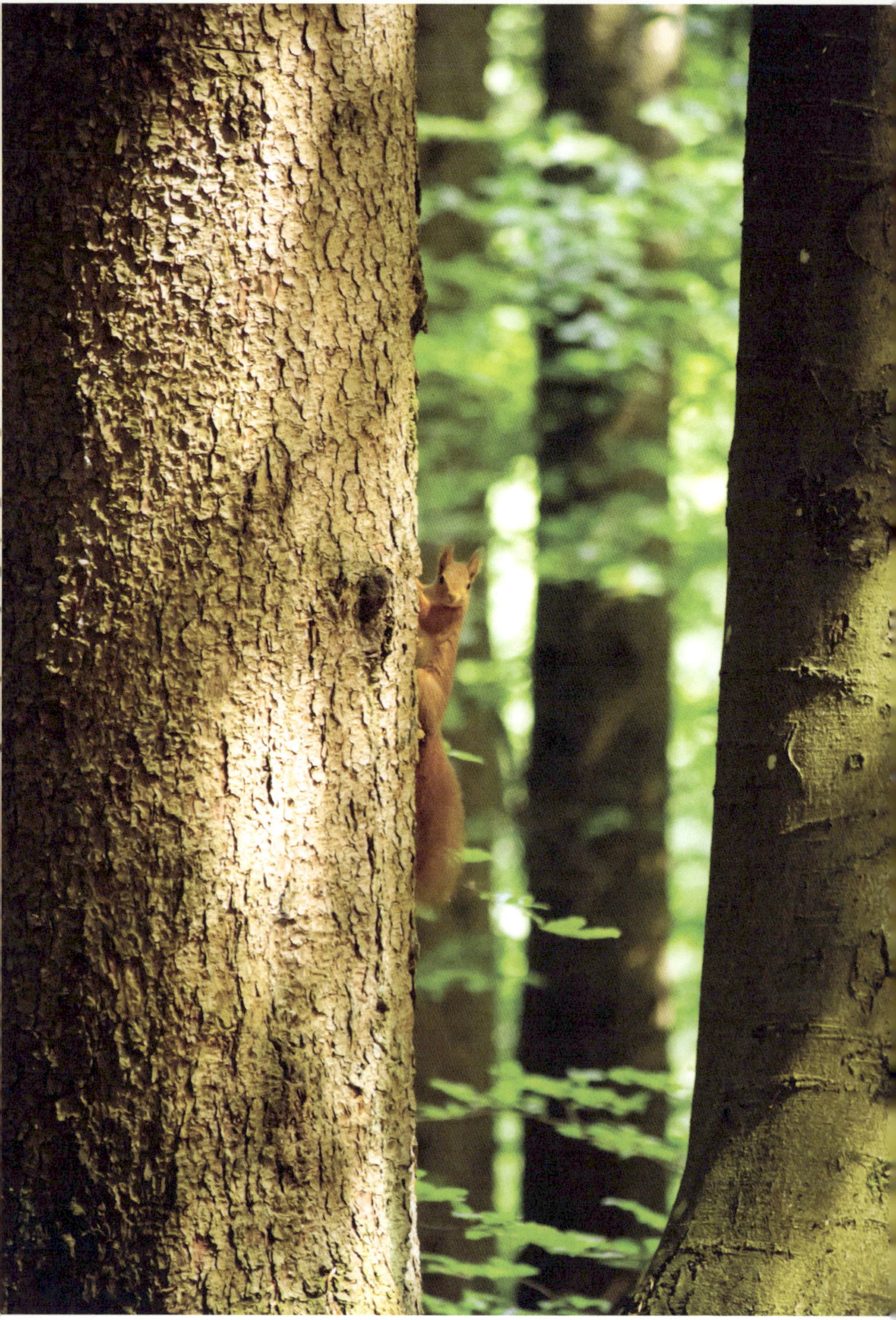

Scheue Waldbewohner am Prümtalweg

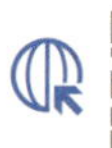

16 Auf Napoleons Spuren

Prümtalweg

Der *Prümtalweg* bei Philippsweiler verläuft auf seinen neun Kilometern hauptsächlich durch den Roßbachwald. Für die Tour empfiehlt sich das Frühjahr, wenn die Vögel die Wipfel nach dem langen Winter wieder für sich erobern. Zu dieser Jahreszeit erwachen die Flora und die Fauna, und ihr könnt mithilfe von Pflanzen- oder Vogelbestimmungsapps auf Entdeckungsreise gehen.

Die Napoleonseiche, ein geschichtsträchtiges Naturdenkmal, ist die herausragende Besonderheit auf dem Weg durch den Forst. Der Baum wurde nach dem französischen Kaiser Napoleon Bonaparte benannt, der angeblich an diesem Standort einmal geschlafen hat. Eine andere Legende besagt, dass Napoleon selbst die Eiche gepflanzt hat. Der Name der Wandertour mag trügerisch sein, da wir nicht auf die Prüm stoßen und Blicke auf den Fluss rar gesät sind. Daher empfiehlt sich ein Abstecher, ehe die Strecke wieder bergauf führt. Wer weiter geradeaus geht, erreicht nach 700 Metern das im Jahre 1892 erbaute Jagdschloss Merkeshausen. 1933 wurde es an die Bitburger Brauerei verkauft und befindet sich bis heute im Privatbesitz. Hier eignen sich die Wiesenflächen entlang der Prüm zum Picknicken und auch der Fluss wird erlebbar. Wieder zurück auf dem eigentlichen Weg folgen wir diesem 300 Höhenmeter bergaufwärts und kehren zurück an den Startpunkt und das Plateau von Philippsweiler.

NaturWanderPark delux 

9 km, 3 h 

359 Hm 

leicht 

61

Startpunkt:
Wanderparkplatz am Sportplatz in Philippsweiler
50°03'08.1"N 6°23'04.6"E (GMS) 

Zug bis Bahnhof Gerolstein → Bus 465 bis Gerberweg, Prüm → Bus 465 bis Post, Waxweiler → 7 km Taxi 

Kinder, Schatten, Botanik 

Entdecke im *Devonium Waxweiler* spielerisch die Welt der Paläontologie und einzigartige Fossilienfunde aus der Region. 

Der ländlich gelegene Krautscheider Hof bietet regionale Gerichte in gemütlichem Ambiente mit Aussicht und Biergarten.

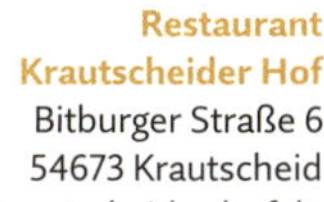

Restaurant Krautscheider Hof
Bitburger Straße 6
54673 Krautscheid
www.krautscheider-hof.de 

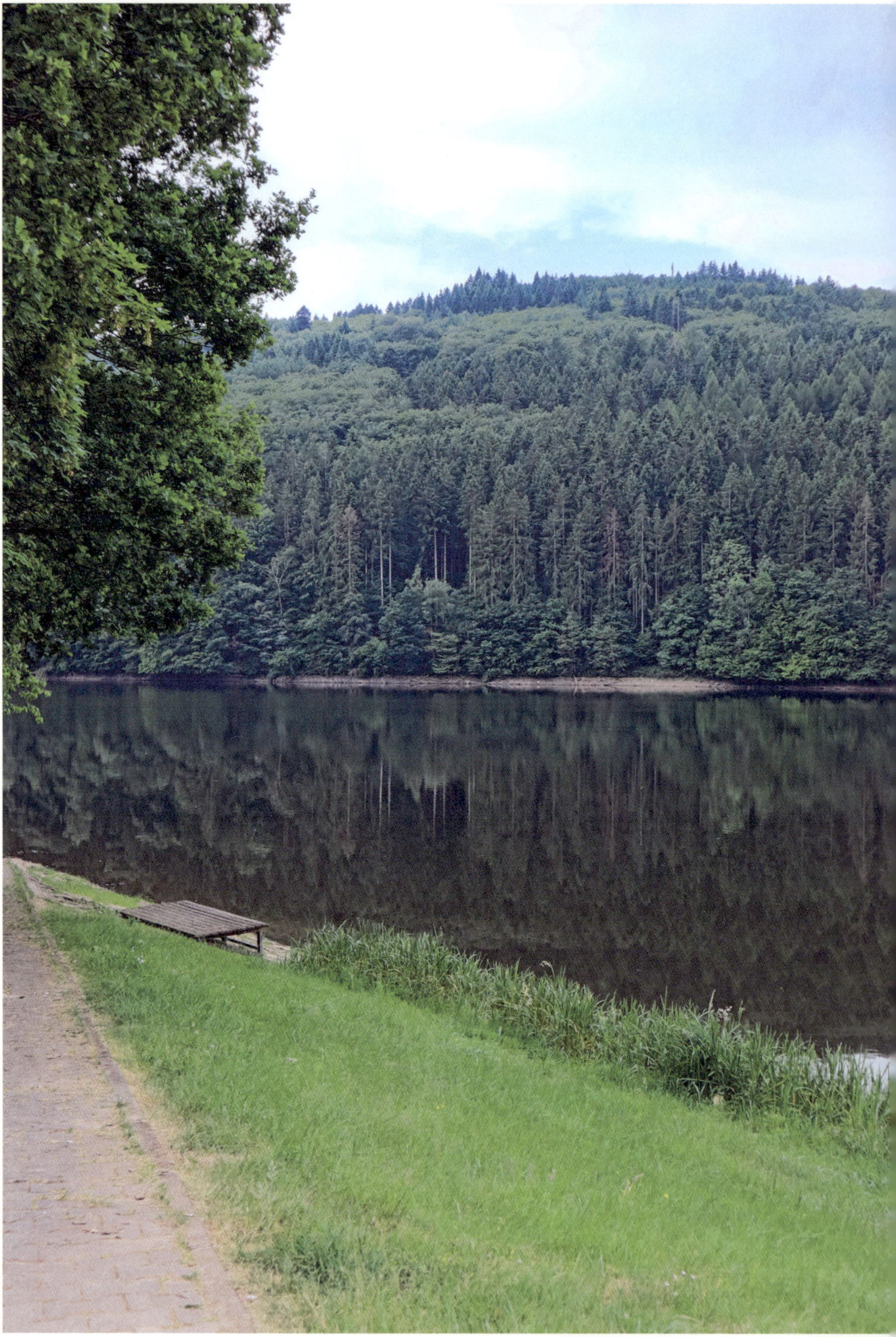

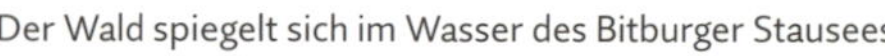
Der Wald spiegelt sich im Wasser des Bitburger Stausees

17 Vom Wasser zum Schlossblick

Stausee-Prümtalroute

Rund um den Stausee Bitburg kann es in den Sommermonaten ganz schön trubelig werden. Kein Wunder: Das Gewässer ist ein wahres Eldorado für Freizeitsportler. Egal ob Wandern, Tretboot- oder Radfahren, an diesem Ausflugsziel kommen alle auf ihre Kosten. So startet auch die *Stausee-Prümtalroute,* seit 2022 ausgewiesener *Muße-Pfad,* direkt am Wasser.

Der Rundweg führt uns anfangs ein Stück am Ufer entlang, das von Buntsandsteinfelsen gesäumt wird. Ist die Staumauer überquert, verläuft die Strecke mäßig bergauf zu einem Ruhepol, der Kapelle Einsiedelei mitten im Wald. Wie der Name schon vermuten lässt, hat Anfang des 20. Jahrhunderts ein Eremit an diesem Ort über mehrere Jahre gelebt und die kleine Kirche errichtet. Was es wohl mit seinem hölzernen *Wunderbuch* auf sich hat? Findet es heraus!

Von Schatten spendenden Bäumen begleitet, erreichen wir einen besonderen Aussichtspunkt mit Blick auf das Schloss Hamm. Von hier oben lässt sich die einstige mittelalterliche Wehranlage bestaunen und gut fotografieren. Wer Proviant eingepackt hat, sollte die Bank mit Tisch für eine Pause nutzen und das Panorama genießen. Weiter verläuft die Route sehr abwechslungsreich durch Wald und Wiesen und das malerische Prümtal. Zwischendurch eröffnen sich immer wieder wunderbare Perspektiven auf die Eifellandschaft, vor allem am Gipfelkreuz Ringelstein.

NaturWanderPark delux 

17,1 km, 4:30 h 

546 Hm 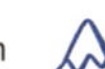

schwer 

60

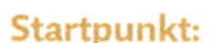

Startpunkt:
Wanderparkplatz Biersdorf am See
50°00'57.7"N 6°26'28.4"E 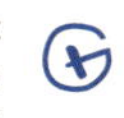

Zug bis Hauptbahnhof Trier → Bus 400 bis ZOB Bitburg → Bus 452 bis Rotlay, Biersdorf am See 

Aussicht, Schatten, Kultur/Besichtigen, Unterhaltung/Event, Wasser, Geologie 

Spielplätze am Seeufer versprechen Spaß bei einem Tagesausflug für Familien. 

Bei Ferdi's Bootshaus genießt man Snacks auf der einladenden Terrasse am Stausee.

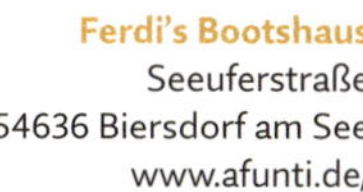

Ferdi's Bootshaus
Seeuferstraße
54636 Biersdorf am See
www.afunti.de/ferdis-bootshaus 

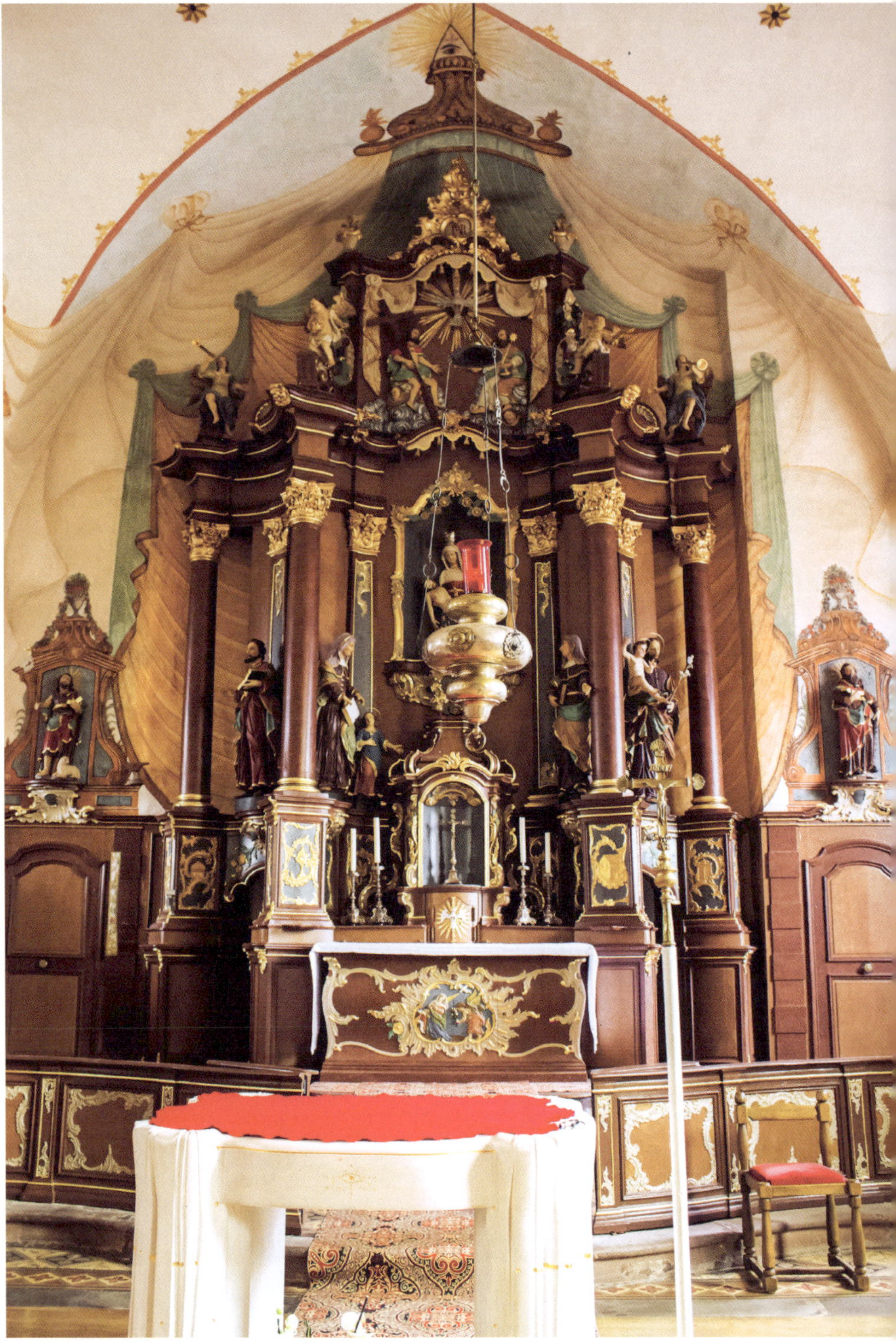

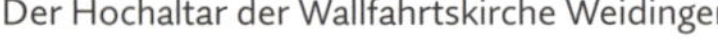

Der Hochaltar der Wallfahrtskirche Weidingen

18 Innehalten

Wallfährte Weidingen

Landschaftlich reizvoll und gespickt mit beeindruckenden Fernblicken, ist die *Wallfährte Weidingen* definitiv die richtige Tour für Ruhesuchende. Mit dem ein oder anderen Anstieg fordert der Weg zwar den Körper, lässt ihn aber auch wieder an besonderen Plätzen Energie tanken.

Innere Einkehr finden wir etwa bei der senfgelben Kapelle St. Karl Borromäus, die imposant auf einem Felsen steht und schon von Weitem zu sehen ist. Dafür muss in Fischbach ein kleiner Abstecher gemacht werden. Einige Kilometer durch Wald und Wiesen und schon folgt das nächste Highlight. Die Wallfahrtskirche in Weidingen ist ebenfalls einen Besuch wert und ein beliebter Pilgerort. Anstelle des Sakralbaus befand sich laut einer Legende einst ein germanisches Heiligtum, das aber vom Heiligen Willibrord, Gründer des Klosters Echternach, zerstört und durch ein katholisches Gotteshaus ersetzt wurde, den Vorbau der heutigen Kirche. Dieser zerfiel mit der Zeit, sodass nur noch ein Bild der Mutter Gottes übrig blieb, zugewachsen von einem Weidenstrauch. Daher rührt der Name des Dorfes Weidingen.

Von außen eher unscheinbar, ist sie von innen reich an künstlerischen Schätzen, darunter zahlreichen Statuen und dem prachtvoll aus Holz geschnitzten Hochaltar. Genau der richtige Ort zum Innehalten. Zum Pausieren lädt ebenfalls der Aussichtspunkt Scheuerdell ein. Bei gutem Wetter können zudem Segelflugzeuge beim Starten und Landen auf dem Utscheider Segelflugplatz beobachtet werden.

Das Landgasthaus Blick ins Tal ist ein uriges, traditionelles Restaurant mit leckerem Frühstücksbüfett.

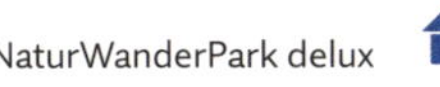

18,7 km, 5 h

707 Hm

schwer

47

Startpunkt:
Parkplatz Segelflugplatz in Utscheid
50°00'04.1"N
6°20'54.2"E (GMS)

Zug bis Hauptbahnhof Trier → Bus 400 bis ZOB Bitburg → Bus 455 bis Kirche Mettendorf → 8 km mit dem Taxi bis Start

Aussicht, Sonne, Kultur/Besichtigen

Für die Übernachtung empfehlen wir den Campingplatz Prümtal-Camping mit Freibad, Kinderspielplatz und modernen Sanitäranlagen.

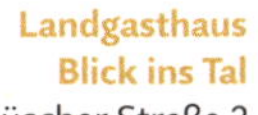

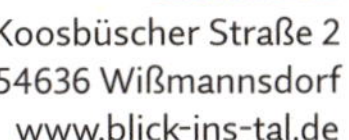

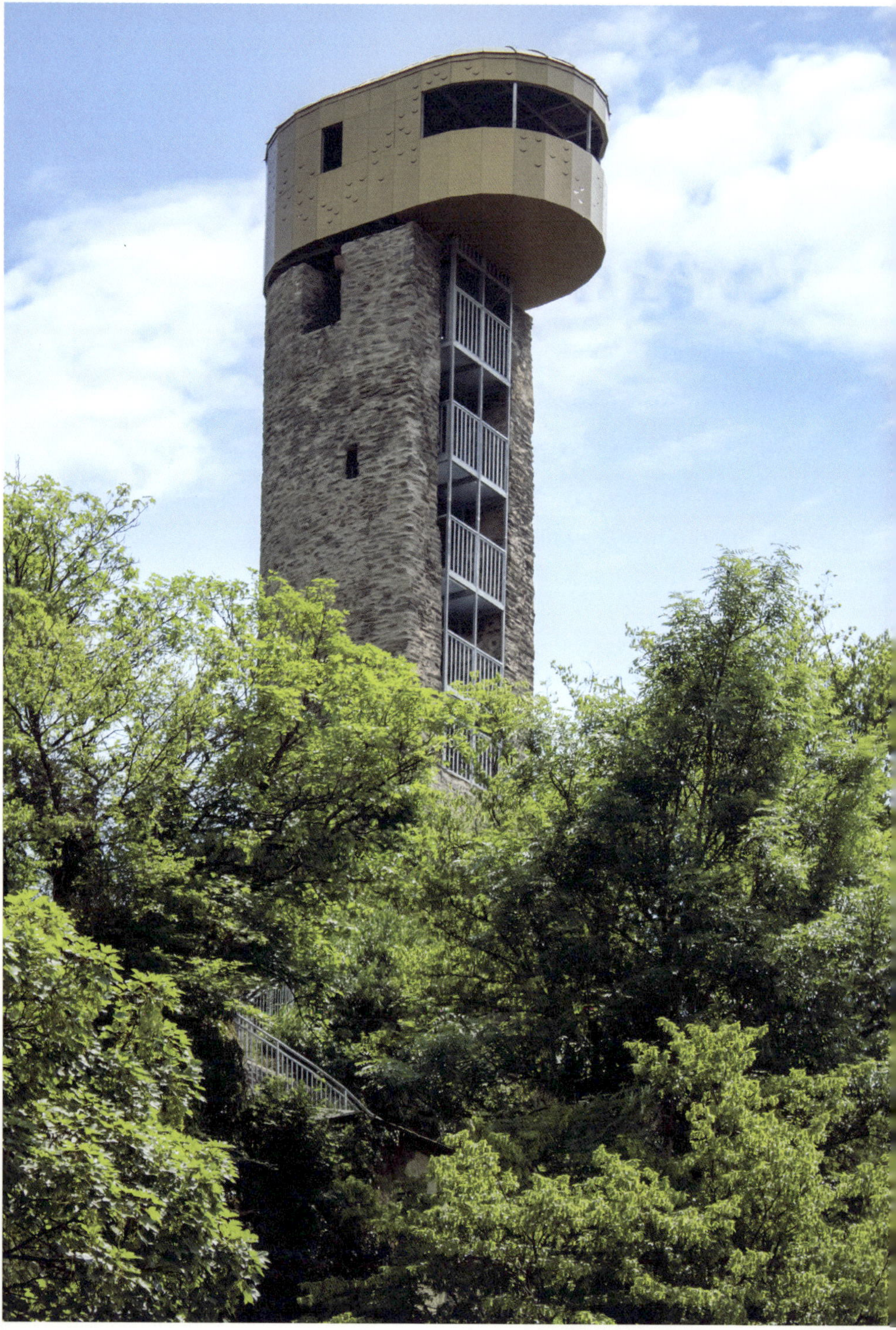

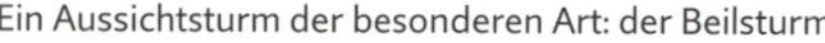

Ein Aussichtsturm der besonderen Art: der Beilsturm

19 Mit Ritter Kuno unterwegs

Neuer-Burg-Weg

Der *Neuer-Burg-Weg* ist perfekt für ÖPNV-Reisende, da Haltestelle und Startpunkt am Marktplatz liegen. Mit einem Eis von *Romeo* gehen wir die Treppen zum Beilsturm beschwingt hinauf. Den besten Blick über die Altstadt und das Neuerburger Land bietet sich an den Aussichtspunkten Kleine Kanzel und Große Kanzel.

Auf der Route lernen wir in vier Akten an ausgewiesenen *Muße-Plätzen* die Liebesgeschichte zwischen Ritter Kuno von Falkenstein und dem Burgfräulein Ida aus Neuerburg kennen. Zur ersten Infostele nahe der Großen Kanzel führt die Tour auf leicht alpinen Pfaden steil bergauf. Flacher verläuft die Strecke zur Kreuzkapelle, einem barocken Kleinod mitten im Wald. Auf Forstwegen durchstreifen wir Wälder, in denen die Natur in den Vordergrund rückt. Am *Schwarzbildchen* treffen wir wieder Ritter Kuno. Sein Nebenbuhler aus Vianden trachtete nach seinem Leben und die Gottesmutter eröffnete ihm einen Zufluchtsort in einer Eiche, weshalb sich heute noch ein Marienbildnis im Baum befindet.

Die mittelalterliche Neuerburg mit Jugendherberge markiert den Zielspurt. Die Zeit der Edelmänner und Burgfräulein wird an diesem Ort wieder lebendig. An der Pfarrkirche St. Nikolaus ist eine Abkürzung möglich, wir empfehlen aber, die letzten Meter durch den Stadtpark zu gehen. Entspannt euch in der Sonne am See und lauscht dem Rauschen der Wasserfälle Neuerburgs. Über die Eligiuskapelle kehren wir schließlich durch enge Gassen zurück zum Ausgangspunkt.

NaturWanderPark delux

12,7 km, 3:45 h

539 Hm

mittel

61

Startpunkt:
Marktplatz Neuerburg
50°00'39.6"N 6°17'42.5"E
(GMS)

Zug bis Hauptbahnhof Trier → Bus 420/423 bis Marktplatz Neuerburg

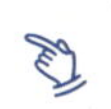

Aussicht, Schatten, Kultur/Besichtigen, Unterhaltung/Event

Übernachten in alten Burgmauern ist in der Jugendburg Neuerburg möglich. Ein Erlebnis für die ganze Familie.

»Pizza e Pasta« – in der Pizzeria bei Gino schlägt das italienische Herz höher.

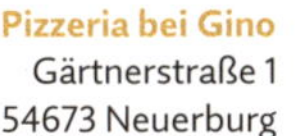

Pizzeria bei Gino
Gärtnerstraße 1
54673 Neuerburg

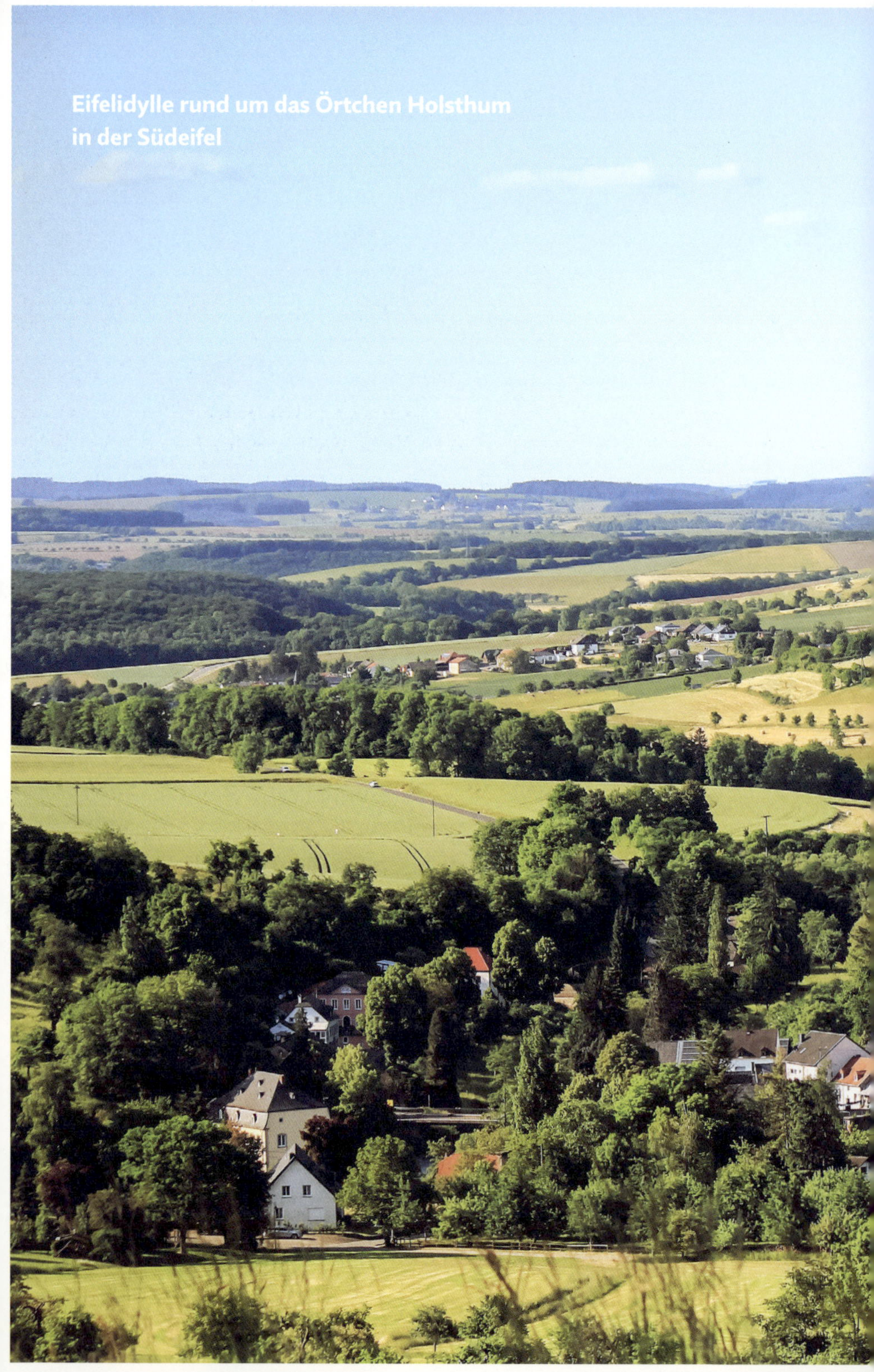
Eifelidylle rund um das Örtchen Holsthum in der Südeifel

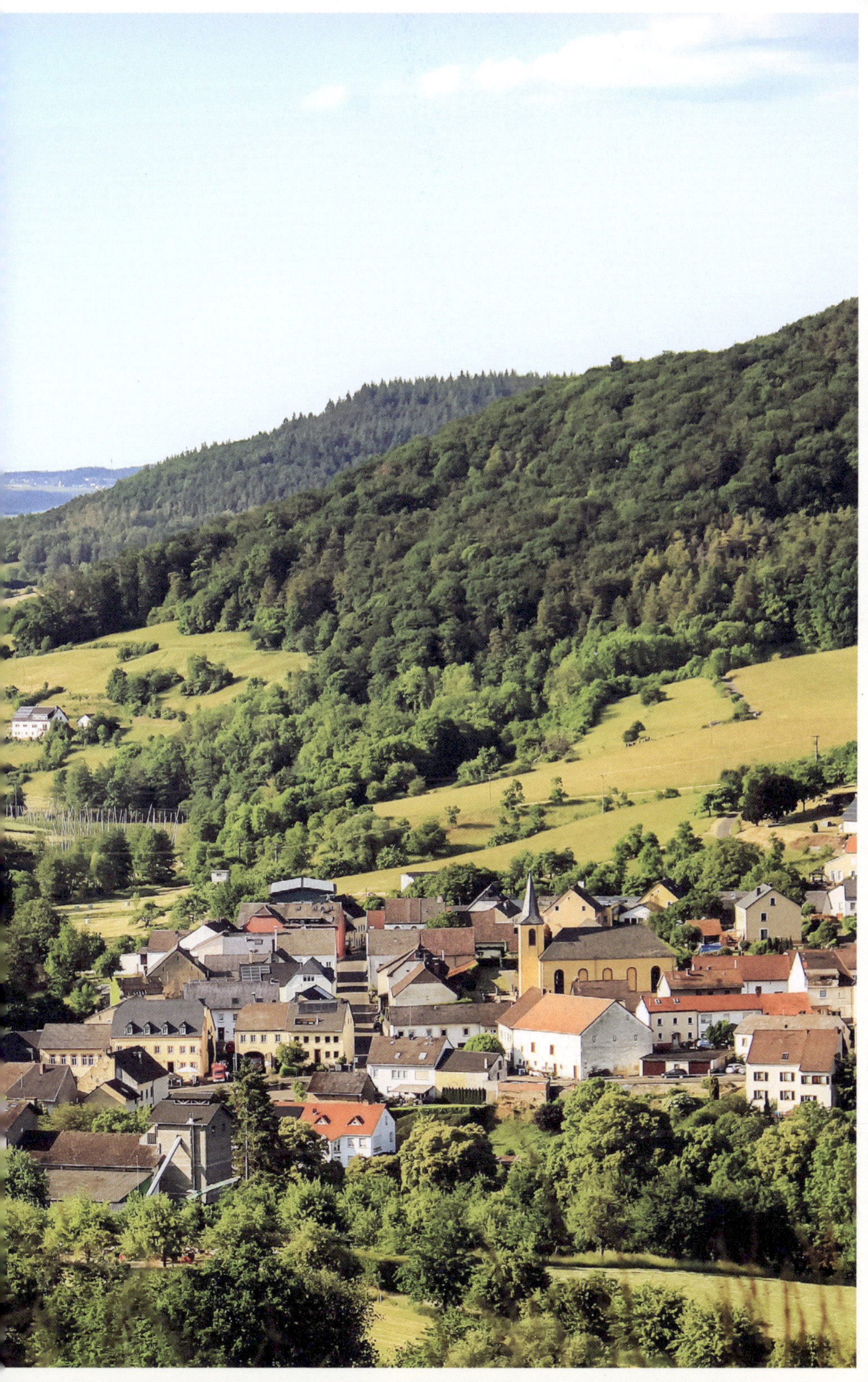

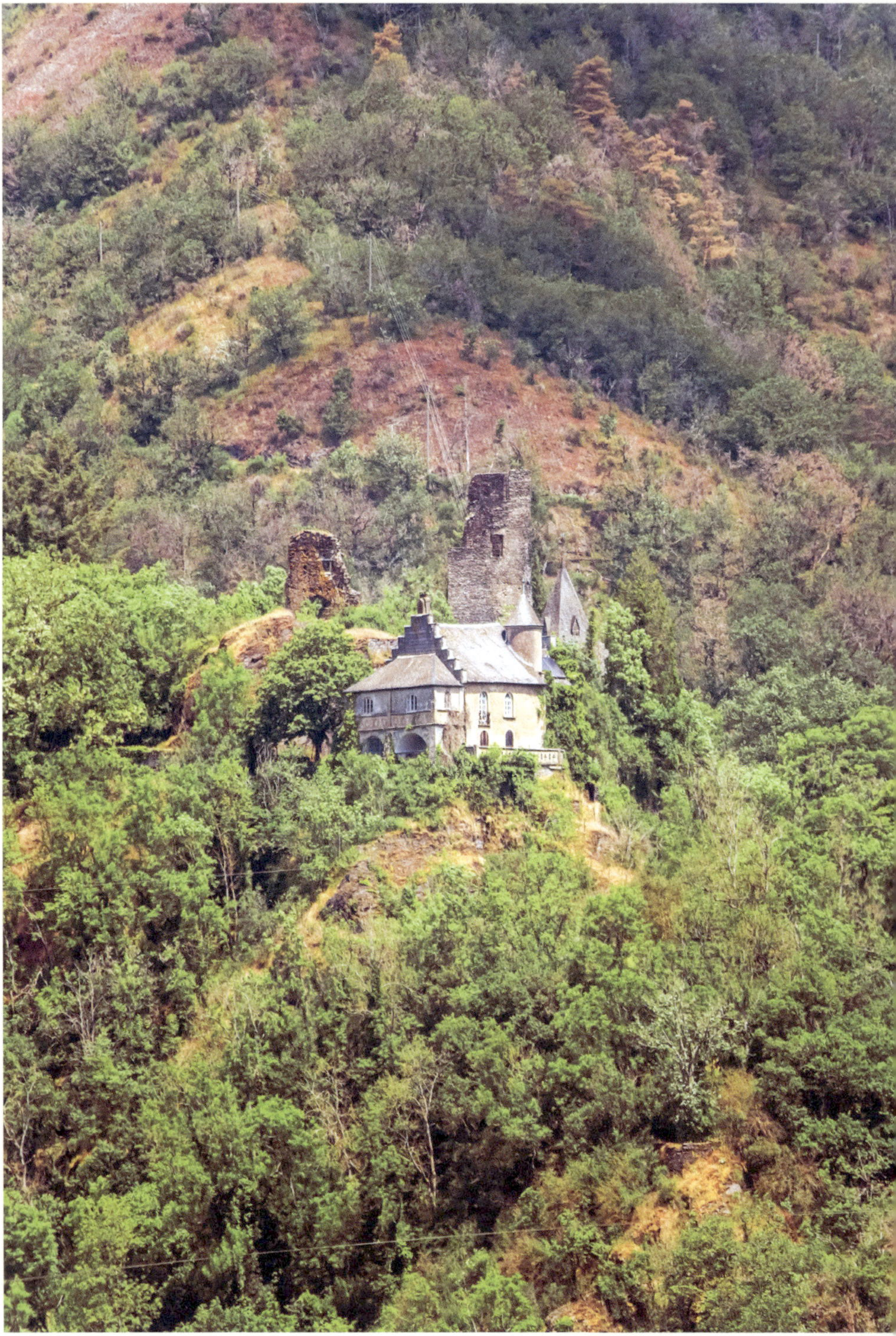

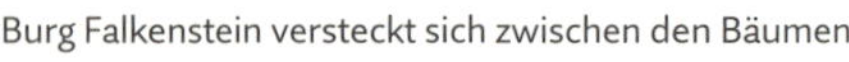

Burg Falkenstein versteckt sich zwischen den Bäumen

20 Mineralien des Ourtals

Nat'Our Route 4 – Ourtalschleife

Die Kirche Sacré-Cœur in Bivels mit ihrem spitzen Turm markiert den Start- und Endpunkt dieses Rundwanderwegs. Gerade an sonnigen Tagen solltet ihr das kühle Gebäude betreten und euch von der Glasmalerei des Künstlers Emile Probst faszinieren lassen.

Den ersten Blick auf die Burgruine Falkenstein könnt ihr im weiteren Verlauf von der Grenzbrücke zwischen Luxemburg und Deutschland erhaschen. Inmitten der grün bewaldeten Hänge sind die graubraunen Gemäuer gut getarnt. Zugleich kündigt sich an diesem Punkt der bevorstehende Anstieg an. Über alte Hohlwege, die an mancher Stelle gar Karrenspuren im Gestein vorweisen, machen wir vor den Burgtoren halt. Bereits 1886 hat sich ein Investor für die hochmittelalterliche Anlage interessiert und sich dort niedergelassen.

Durch den dichten Forst wandert ihr weiter auf teils alpinen Pfaden, entlang des deutschen Ourufers, und kehrt an der Brücke zwischen Keppeshausen und Stolzembourg zurück nach Luxemburg. Wer ausreichend Zeit mitbringt, kann im modern gestalteten Kupferbergwerksmuseum unter Tage abtauchen oder auf einem 1,5 Kilometer langen geologischen Lehrpfad mehr über den regionalen Abbau von Schiefer und Mineralien lernen. Von hier führt die *Ourtalschleife* stetig bergauf, und es eröffnen sich immer wieder Fernsichten ins Tal. Die letzten Kilometer flussaufwärts teilt sich die Wanderstrecke erneut mit dem Radweg zurück nach Bivels.

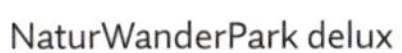

NaturWanderPark delux

15,2 km, 5 h

470 Hm

mittel

71

Startpunkt:
Kirche Parkplatz in Bivels
49°57'32.9"N 6°11'34.5"E

Zug bis Hauptbahnhof Trier → Bus 400 bis ZOB Bitburg → Bus 455 bis Vianden Gare (LUX) → Bus 181/182 bis Kierch, Bivels (LUX)

Aussicht, Schatten, Kultur/Besichtigen, Unterhaltung/Event, Wasser, Geologie

In der Nähe kann das *Société Électrique de l'Our* kostenfrei besichtigt werden, eines der größten Pumpspeicherkraftwerke Europas.

Schweizer und luxemburgische Spezialitäten könnt ihr im Restaurant Hot Stone Chalet mit Blick auf die Burg Vianden genießen.

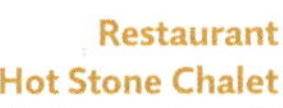

Restaurant Hot Stone Chalet
Rue du Sanatorium 37
L-9425 Vianden
www.chalethotstone.lu

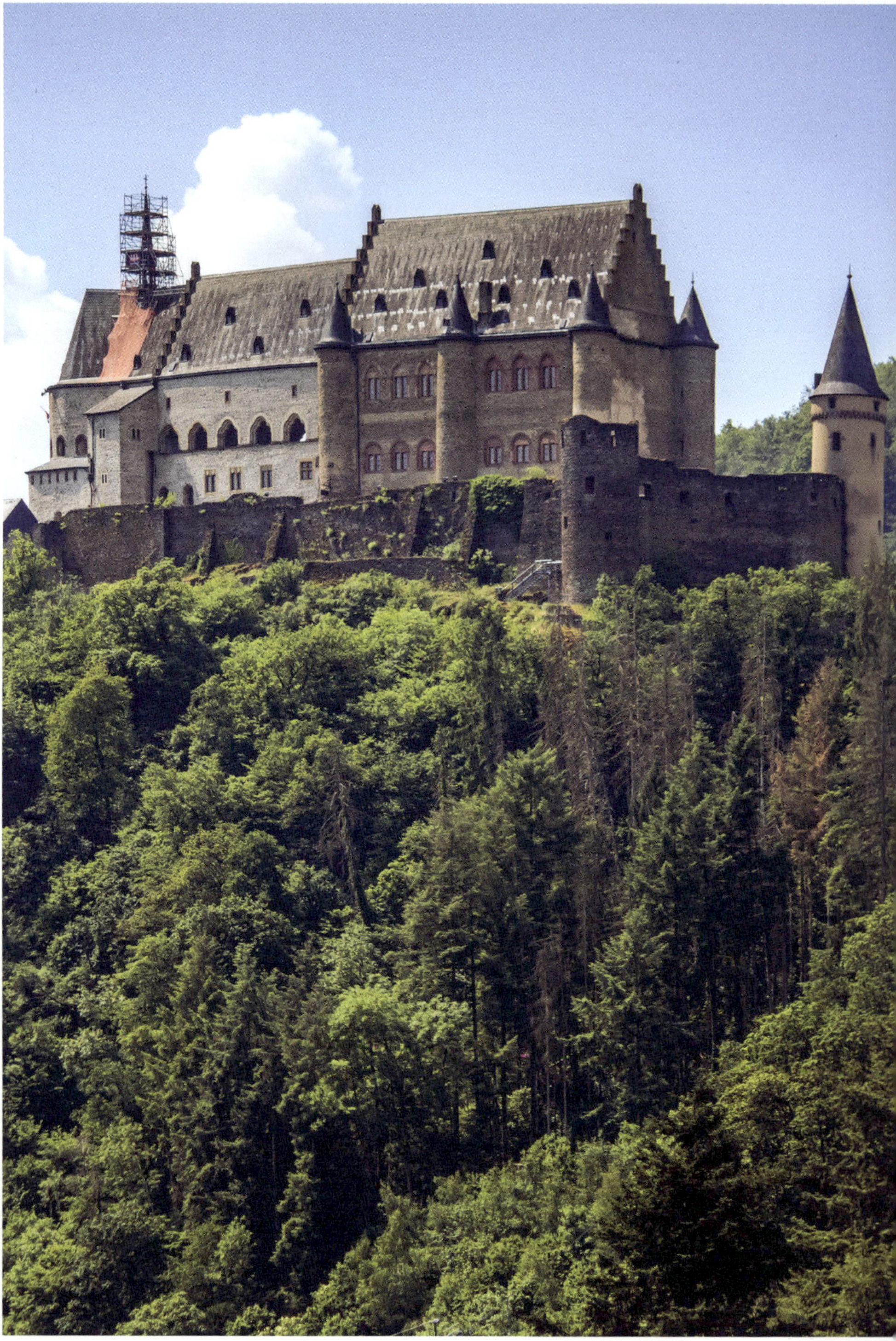

Über Vianden trohnt die Burg schon seit Jahrhunderten

21 Burgenblick aufs Wasser

Nat'Our Route 5 – Vianden-Falkenstein

Für uns ist die *Nat'Our Route 5* eine der schönsten luxemburgisch-deutschen Touren, die gleich zu Beginn mit der Burg Vianden hoch über dem Fluss startet. Die Ursprünge der Anlage, die eine gewisse Ähnlichkeit zu dem Schloss Hogwarts bei *Harry Potter* aufweist, reichen bis in die Antike. Wer sich den schweren Anstieg ersparen möchte: Eine Seilbahn bringt Wanderer schnell in luftiger Höhe hoch zur Bergstation.

Haben wir das majestätische Schloss hinter uns gelassen, führt der Weg zur Bildchenkapelle, die einen herrlichen Blick auf die Our und die hügelige Landschaft ermöglicht. Flach gehen wir gemütlich an der *Ourdall Promenade* entlang bis nach Bivels. Zwischendurch laden Infotafeln und Sinnesliegen zu Pausen ein. So erfahren wir, dass viele der Bewohner aufgrund des Stauseebaus ihre Häuser verlassen mussten. Nach Überquerung der Brücke befinden wir uns wieder auf deutschem Grund, und ein steiler Anstieg über einem Schieferpfad hinauf zur Burg Falkenstein steht an. Da sie sich in Privatbesitz befindet, kann sie leider nicht besichtigt werden. Die schönste Sicht auf das Bauwerk bietet sich aber wenig später durch die Baumkronen hindurch.

Waldpassagen und Kuhweiden wechseln sich im weiteren Verlauf ab und die Strecke führt ein Stück auf der Landesgrenze entlang, die wir kurz vor der Our überqueren. Zurück in Luxemburg gehen wir die letzten Meter ausschließlich am Fluss entlang zurück zum Startpunkt.

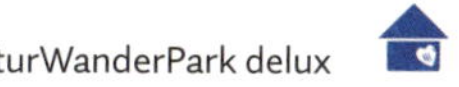

NaturWanderPark delux

12,3 km, 4:30 h

567 Hm

schwer

87

Startpunkt:
Rue du Vieux Marché in Vianden (LUX)
49°56'18.2"N 6°12'14.1"E (GMS)

Zug bis Hauptbahnhof Trier → Bus 400 bis ZOB Bitburg → Bus 455 bis Vianden Gare (LUX) → Bus 181/182 bis Aale Moart, Vianden (LUX)

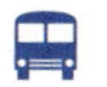

Aussicht, Sonne, Kultur/Besichtigen, Unterhaltung/Event, Wasser, Botanik

Eine Wanderung im Sommer lässt sich gut mit einer der vielen Veranstaltungen auf der Burg verbinden, wie *Portae temporis* oder dem Mittelalterfest.

In der mittelalterlichen Auberge Aal Veinen wird auf echter Holzkohle gegrillt. Die Qualität rechtfertigt das Luxemburger Preisniveau.

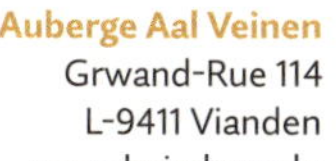

Auberge Aal Veinen
Grwand-Rue 114
L-9411 Vianden
www.beimhunn.lu

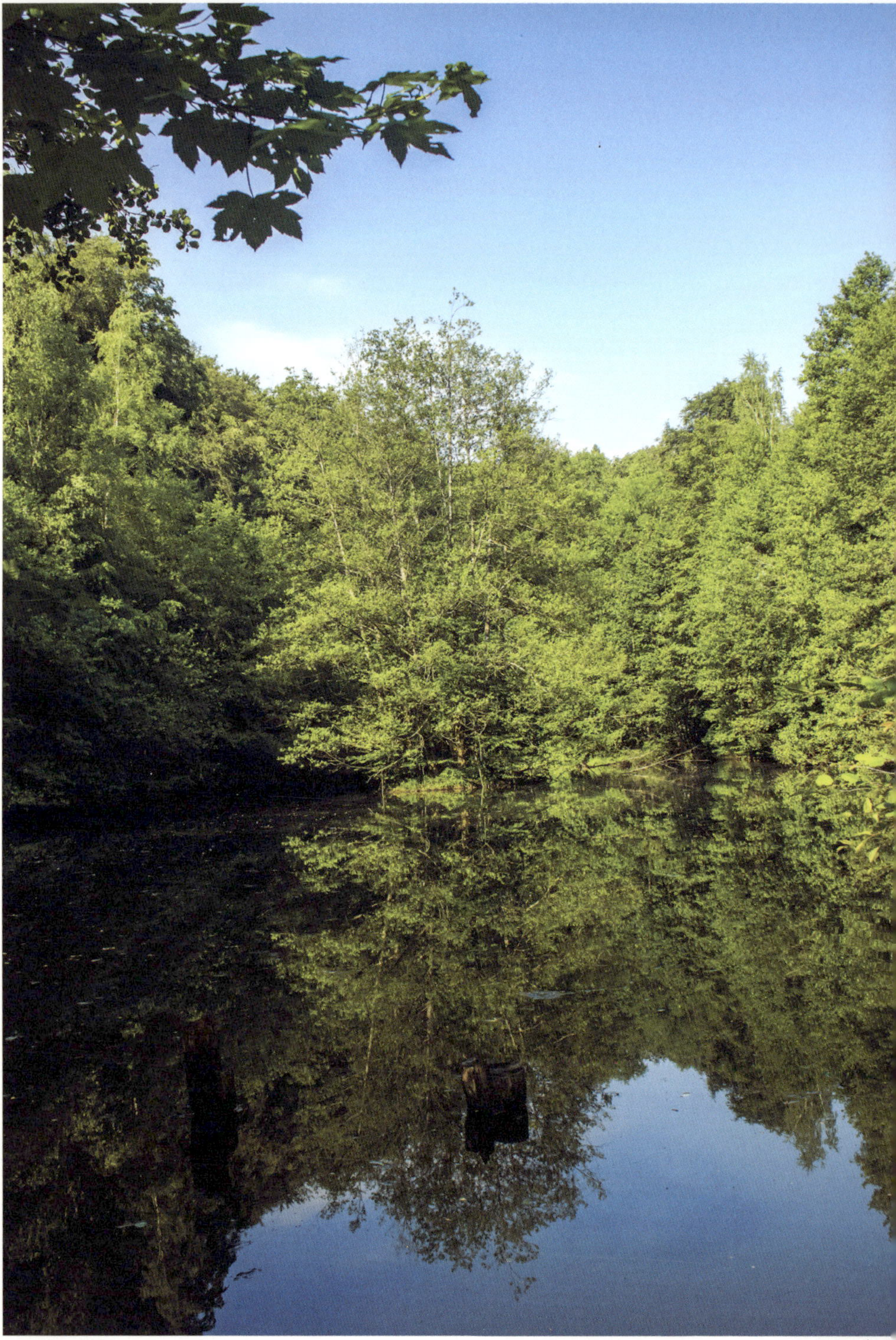

Entspannung für die Seele am ruhigen Weiher im Kammerwald

22 Kaffeeschmuggel an der Grenze

Nat'Our Route 6 – Kammerwald

Auf alten Schmugglerpfaden zwischen der Eifel und Luxemburg bewegen wir uns durch den Kammerwald auf der *Nat'Our Route 6*. Vom Start aus dauert es nicht lang, bis die ersten Bäume auf rotbraunem Untergrund die Strecke säumen. Dort, wo der Wald lichter ist, eröffnen sich wunderbare Blicke auf die gut erhaltene Burg Vianden. Diese gründet auf den Mauern eines römischen Kastells, das sich um 350 n. Chr. an dieser Stelle befand.

Ohne Kontrolle passieren wir die Grenze nach Deutschland, an der einst der Schmuggel florierte, und wandern immer tiefer in den Kammerwald hinein. Schließlich steht die Königseiche vor uns: Mit fast 400 Jahren ist sie einer der ältesten Bäume in der Westeifel. Der Gaytalpark wird von den *Steinernen Wächtern* angekündigt, zwei Büsten auf Betonstelen, die die Stelle markieren, an der Schiefer und Buntsandstein geologisch aufeinandertreffen.

Nach der Hälfte der Strecke erreicht ihr unseren Einkehrtipp, das Genusswerk Eifel. Die Route führt an Kuhweiden vorbei, entlang von Forellenteichen, und langsam wird die Luft feuchter. Im herbstlichen Morgenlicht ziehen Nebelschwaden zwischen den Bäumen hindurch. Nur wenige Wanderer sind so tief im Kammerwald anzutreffen, doch ein Mann mit Schäferhund überrascht uns an diesem Tag. Nur zu gut kann hier der Nervenkitzel der Kaffeeschmuggler nachvollzogen werden, die sich früher vor den Zöllnern verstecken mussten. Ein ehemaliger Grenzposten zeugt von diesen Begegnungen.

NaturWanderPark delux 

15,1 km, 4:30 h 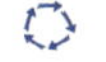

339 Hm 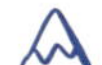

mittel 

53

Startpunkt:
Rue Edouard Wolff in Vianden (LUX)
49°56'28.0"N 6°13'02.3"E (GMS) 

Zug bis Hauptbahnhof Trier → Bus 400 bis ZOB Bitburg → Bus 455 bis Vianden Gare (LUX) → Bus 189 bis Scheierhaff 2, Vianden (LUX) 

Aussicht, Schatten, Kultur/Besichtigen, Botanik 

Ob direkt in Vianden, im Gaytal oder an der Our: Campingplätze bieten naturnahe Übernachtungen an malerischen Plätzen. 

Der Name ist Programm: Im stilvoll eingerichteten Genusswerk Eifel wird mit viel Liebe unter anderem Fleisch und Gemüse vom eigenen Hof zubereitet.

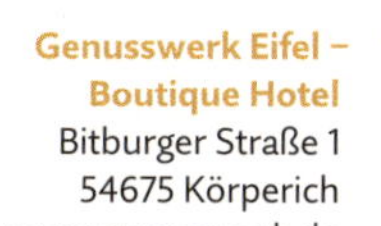

Genusswerk Eifel – Boutique Hotel
Bitburger Straße 1
54675 Körperich
www.genusswerk.de 

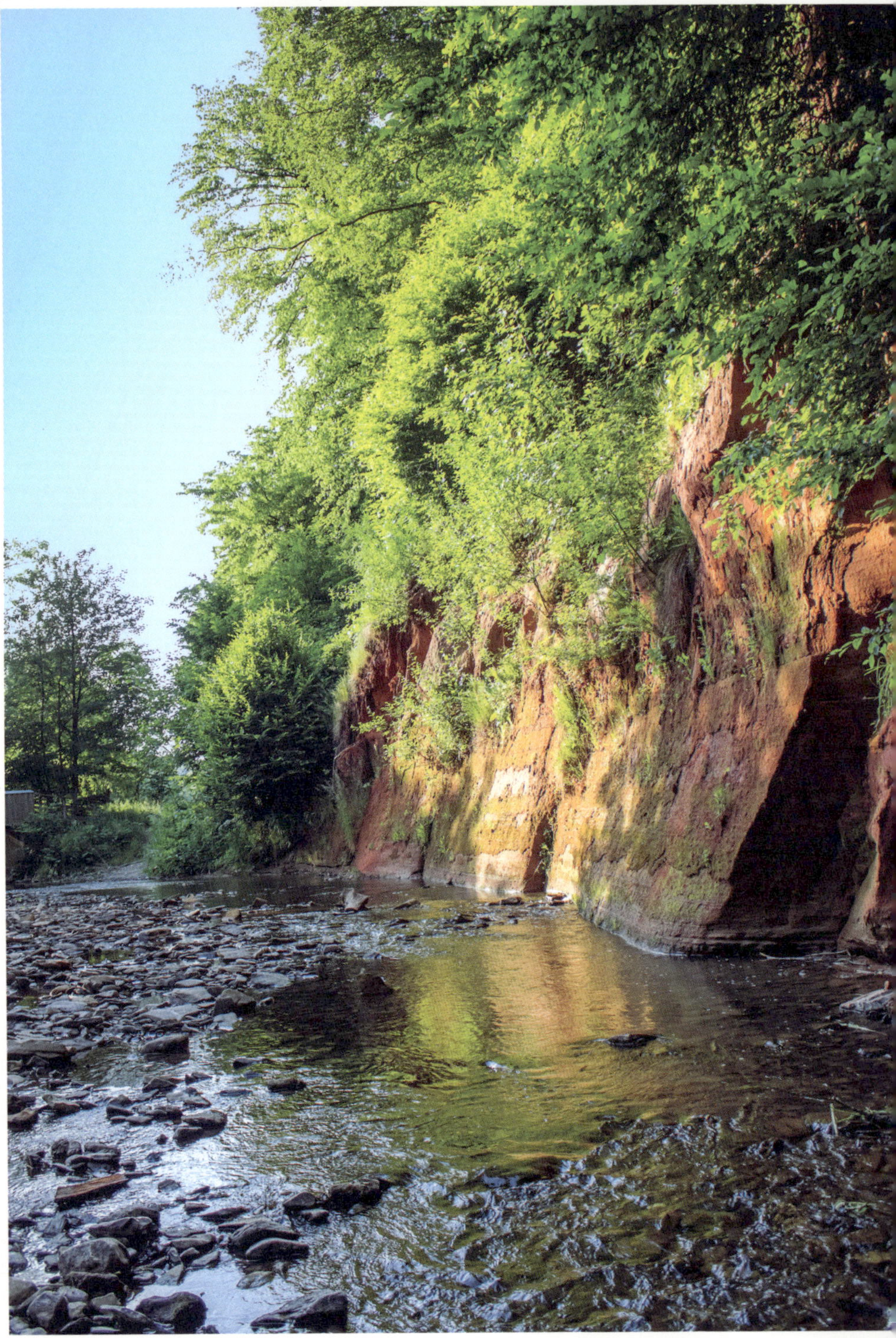

Eine rote Felswand wächst aus dem Wasser: der rote Puhl

23 Zwischen Islek und Bitburger Land

Schluchtenpfad

Die Enz – was für ein wundervoller Begleiter auf dem *Schluchtenpfad*! Ab dem Start begleitet der kristallklare Fluss die Wanderer bis in das kleine Dorf Sinspelt.

Bereits nach wenigen Metern schauen wir auf eine imposante rote Buntsandsteinwand, ein geologisches Highlight: der Rote Puhl. Seit 220 Millionen Jahren gräbt die Enz ihr Bett tief ins Gestein und schlängelt sich durch das Tal, aus dem die rote Wand emporragt. Immer wieder lassen sich Spalten im Fels entdecken, die dem heimischen Eisvogel ein Zuhause geben. Nicht nur in der Natur, sondern auch an den Gebäuden der umliegenden Orte erkennt man die Buntsandsteinregion.

Über den *Rotenweg* gewinnen wir langsam an Höhe und lassen den Blick über die grünen Wiesen und Felder schweifen. Bei gutem Wetter könnt ihr Segelflieger des nahen Flugplatzes in Utscheid beobachten. Ein besonders idyllisches Pausenplätzchen erreichen wir durch einen Abstecher, nachdem wir am Solarfeld rechts statt links abbiegen und dem Weg rund 100 Meter zu einem herrlichen See folgen. Dieser liegt nur wenige Meter unterhalb der alten Tongrube von Utscheid. Heute ein Naturschutzgebiet, bieten die fünf Hektar zahlreichen Amphibien, Reptilien und Insekten Schutz.

Je waldiger, desto mehr Pfadanteil weist die Route auf. Durch mal mehr, mal weniger dichten Nadelwald kommen wir am Fußbach entlang wieder zur Brücke über die Enz.

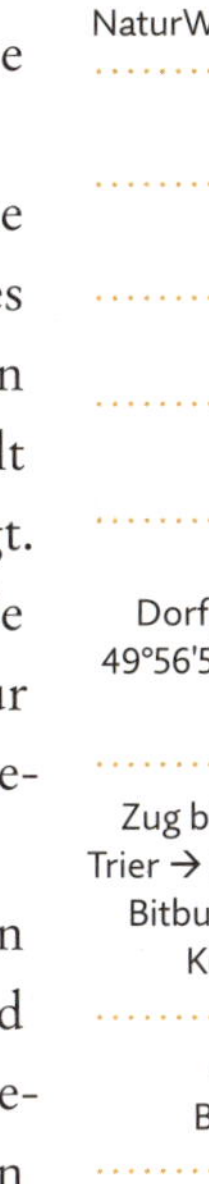

NaturWanderPark delux

16,5 km, 3:45 h

318 Hm

mittel

45

Startpunkt:
Dorfplatz Mettendorf
49°56'53.1"N 6°19'46.3"E
(GMS)

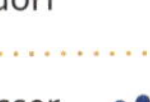

Zug bis Hauptbahnhof Trier → Bus 400 bis ZOB Bitburg → Bus 455 bis Kirche Mettendorf

Aussicht, Wasser, Botanik, Geologie

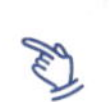

Der Kreuzweg am Kapellenpfad lohnt einen Abstecher. Holzfiguren erzählen die Leidensgeschichte von der Kreuzigung.

Wie ein Landgasthof wirkt die Köhler-Stuben Oberweis. Sie liegen direkt am Prümtal-Camping mit Abenteuerspielplatz, zehn Kilometer vom *Schluchtenpfad* entfernt.

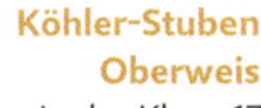

Köhler-Stuben Oberweis
In der Klaus 17
54636 Oberweis
www.pruemtal.de/index.php/koehler-stuben

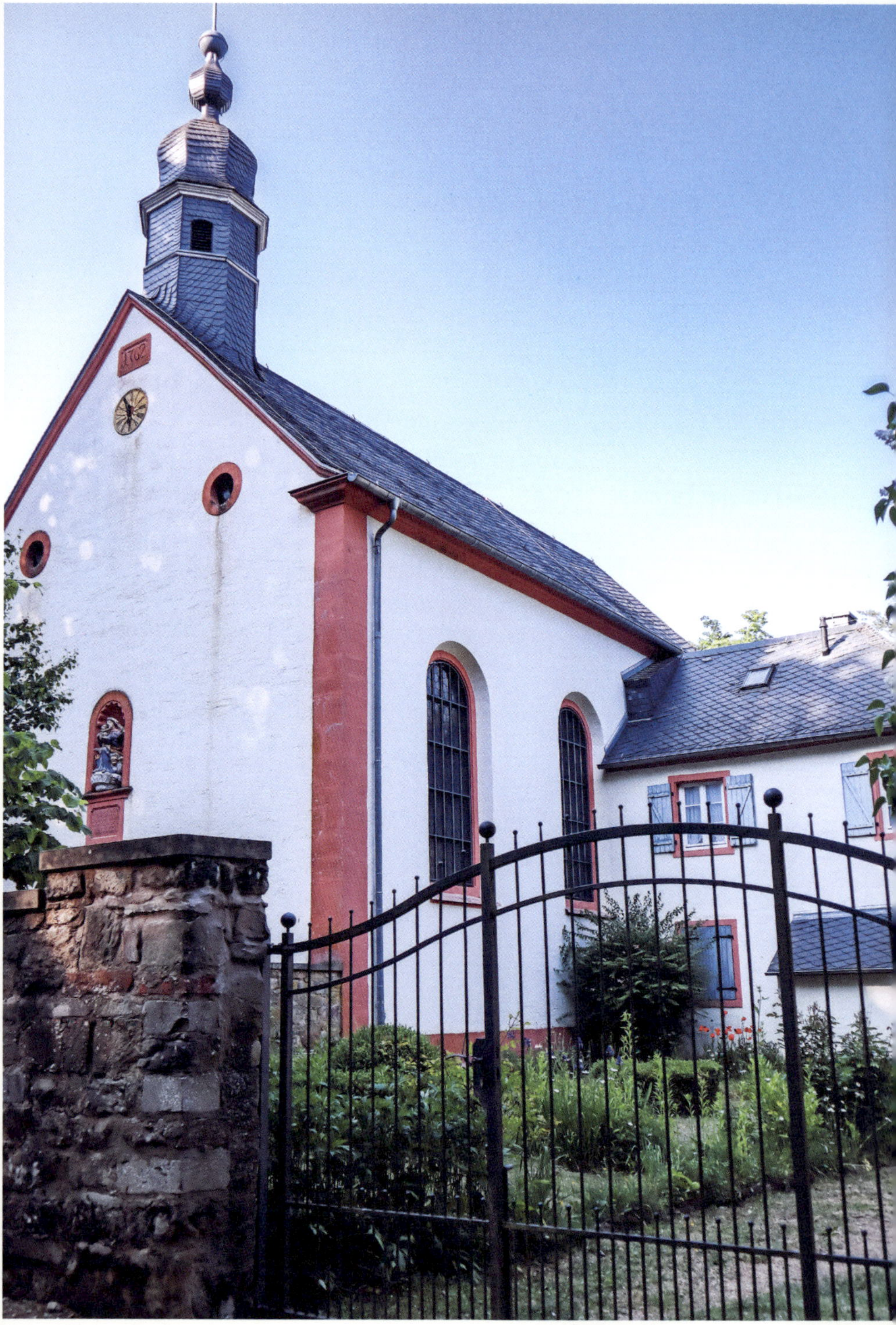

Die Schankweiler Klause ist Namenspate für diesen Weg

24 Stumme Steine

Klausnerweg

Von außen wirkt die im Wald gelegene Schankweiler Klause recht unspektakulär. Das Innere punktet dafür mit wunderschöner barocker Architektur. Die beliebte Wallfahrtskapelle verleiht dem Premiumweg zwar den Namen, bleibt aber nicht das einzige Highlight der Wanderung. Wir begegnen einigen stummen Zeugen einer bewegenden Geschichte.

Direkt nach der Kapelle verläuft die Strecke an imposanten Felsen vorbei und über weite Wiesen und Felder bis nach Schankweiler. Einen Umweg über den Hartberg solltet ihr auf jeden Fall auf euch nehmen. Auf der Bergkuppe versteckt sich ein Steinkistengrab aus der Jungsteinzeit, das in Rheinland-Pfalz seinesgleichen sucht. Auch die Aussicht auf das Enzbachtal und die umliegende Hügellandschaft lohnt den Aufstieg. Über Feldpfade wird der Erholungsort Holsthum erreicht. Im Spätsommer und Herbst solltet ihr nach Obstbäumen mit gelben Bändern Ausschau halten. Denn der Bürgerverein setzt sich gegen Lebensmittelverschwendung ein und markiert Bäume, deren Früchte von jedem geerntet werden dürfen. Eine tolle Aktion!

Sehenswert ist auch das gallorömische Gräberfeld. Hier erfährt man Interessantes über die einstigen Bestattungsformen jener Kultur. Kurz vor Ende führt die Tour durch eine mystische Felsenlandschaft. Der Lange Stein, ein sogenannter Menhir am Waldesrand, weist uns den Weg zurück zum Ausgangspunkt.

NaturWanderPark delux

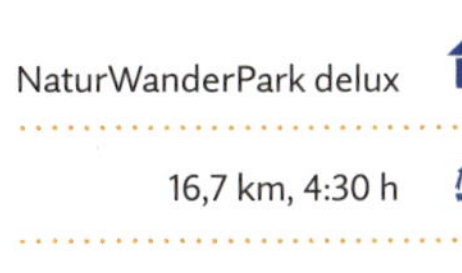

16,7 km, 4:30 h

489 Hm

mittel

59

Startpunkt:
Parkplatz Schankweiler Klause in Holsthum
49°52'54.7"N 6°23'10.0"E (GMS)

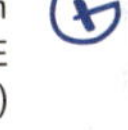

Zug bis Hauptbahnhof Trier → Bus 420 bis ZOB Irrel → 10 km mit dem Taxi

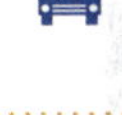

Aussicht, Sonne, Kultur/Besichtigen, Geologie

Wie wäre es mit einem Bier-Tasting in der Heimat des Bitburger Siegelhopfens? *Hof Dick* in Holsthum lädt ein.

Regionale Gerichte und hausgemachte Schnäpse serviert das gemütliche Landgasthaus Oberbillig. Für eine Brennereiführung bitte anfragen.

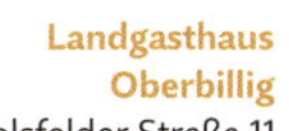

Landgasthaus Oberbillig
Wolsfelder Straße 11
54668 Holsthum
www.landgasthaus-oberbillig.de

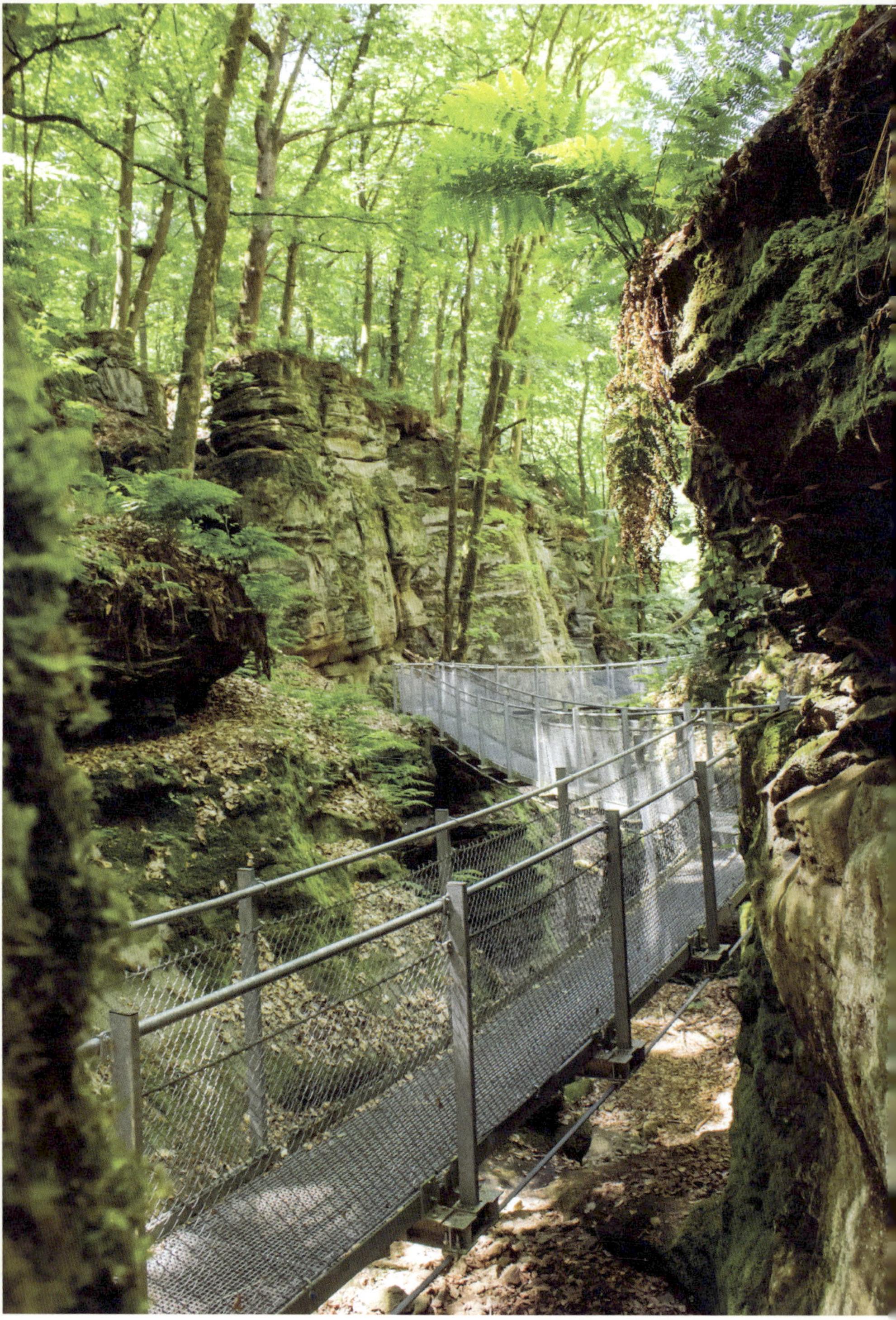

Abenteuerlich gestaltet sich der Weg durch das Felsenlabyrinth bei Berdorf

25 Irreführende Schluchten

Felsenweg 3 – Ferschweiler/Berdorf

Wir starten an der Uferpromenade der Sauer auf dem *Felsenweg 3* zur Römervilla Bollendorf hinauf. Archäologiebegeisterte sollten einen Halt an dieser historischen Stätte einlegen. Die Felsformation Hunolay läutet das Thema der Route ein: unzählige Gesteinsgebilde, die vor Jahrtausenden während der Eiszeit durch Gletscher geformt wurden.

Auf der Strecke passieren wir versteckte Plätze wie die Fluchthöhle Derborg aus der Zeit des 30-jährigen Krieges und genießen vom Höhenplateau die Aussicht über Bollendorf. Am spätgotischen Kirchturm der zerstörten St. Luzia in Ferschweiler erreichen wir unser Zwischenziel. Am Jegerkreuz müssen wir die Beschilderung besonders beachten, da hier ebenfalls der *Felsenweg 6* verläuft. Das Museumscafé des Schloss Weilerbach bildet das Bergfest der Tour. Die einstige Sommerresidenz der Äbte von Echternach wurde im Zweiten Weltkrieg stark zerstört und wieder aufwendig saniert. Auch die barocke Gartenanlage lohnt einen Abstecher.

Über eine Holzbrücke überqueren wir die Ländergrenze und tauchen an der Formation namens Rammelay in das Felslabyrinth ein. Durch eine unwirkliche Landschaft schreiten wir über Hängebrücken, Felstreppen und durch schmale Spalten. Bergauf, bergab, Richtungswechsel hier und dort – langsam beschleicht uns das Gefühl, im Kreis zu laufen. Nachdem wir uns durch die 40 Zentimeter schmale Mandrack-Passage gezwängt haben, beginnt der Abstieg zurück nach Bollendorf.

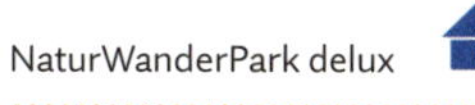

NaturWanderPark delux

24,7 km, 7 h

530 Hm

schwer

72

Startpunkt:
Brücke über die Sauer in Bollendorf
49°51'04.7"N 6°21'29.7"E (GMS)

Zug bis Hauptbahnhof Trier → Bus 420/431 bis Sauerstaden, Bollendorf

Aussicht, Schatten, Kultur/Besichtigen, Wasser, Geologie

Die Tour kann bei Schloss Weilerbach in zwei Schleifen → 16 Kilometern aufgeteilt werden.

Slow Food im historischen Ambiente, gepaart mit gastfreundlichem Service, wird auf Burg Bollendorf geboten.

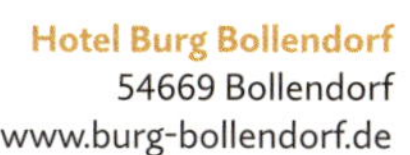

Hotel Burg Bollendorf
54669 Bollendorf
www.burg-bollendorf.de

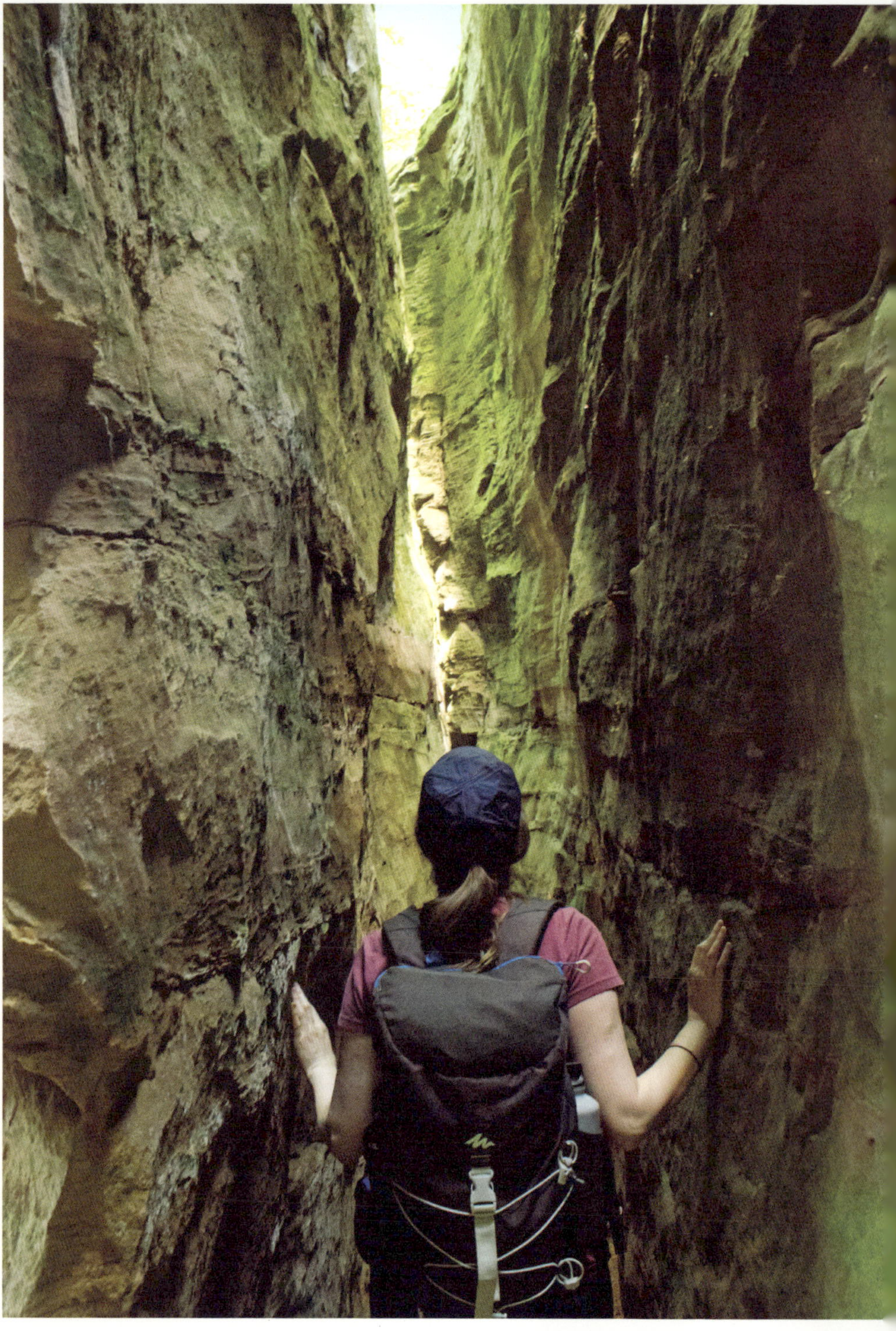

Eine enge Angelegenheit auf dem Felsenweg 2: die Mandrack-Passage

26 Romantik im Felsenland

Felsenweg 2 – Bollendorf/Beaufort

Eine lebensgroße Dinosaurierfigur bewacht die Tourist-Information und markiert den Start der Tour. In Richtung *Grüne Hölle* gehen wir direkt bergauf, vorbei an der Mariensäule und dem Waldhotel Sonnenberg.

Der dichte Wald ist eine willkommene Abkühlung an Sommertagen. Ab und an bieten sich Abstecher zu kleinen Aussichtsplattformen mit Panoramasichten über das Tal der Sauer an. Die markantesten Sandsteinformationen entlang der Strecke tragen Namen wie Predigtstuhl, Muhmenlay oder Tränenlay. Letzterer weist sogar einen kleinen kalkhaltigen Wasserfall auf, weshalb das Gestein stetig weiterwächst. Wir überqueren die Brücke ins luxemburgische Dillingen und folgen dem plätschernden Birkbach. Wie ein Gedicht aus Wald und Felsen zeigt sich der Weg an dieser Stelle von seiner romantischen Seite.

Es dauert nicht lange, bis wir die zwei Schlösser von Beaufort erreichen: Der Zutritt zum Renaissanceschloss und zur Burgruine ist leider nur mit Führung möglich. Das anschließende Wandern am Haupeschbach und Hallerbach wirkt entschleunigend.

Einmal über die Schwaarz Iernz, und die abenteuerlichste Passage steht bevor. Riesige Felswände ragen empor, und nur ein schmaler Spalt, die Mandrack-Passage, führt hindurch. Da müssen wir sogar der Rucksack absetzen, um die Engstelle zu passieren. Wenige Meter später werfen wir einen letzten Blick von einer Sinnesliege ins Tal und kehren nach Bollendorf zurück.

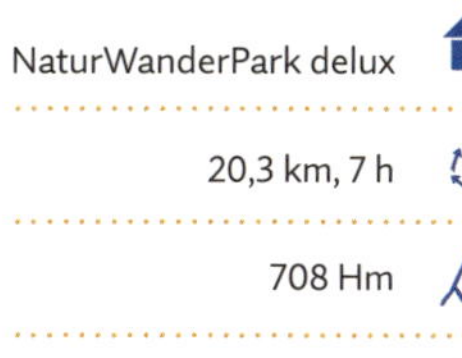

NaturWanderPark delux

20,3 km, 7 h

708 Hm

schwer

79

Startpunkt:
Brücke über die Sauer in Bollendorf
49°51'04.7"N 6°21'29.7"E (GMS)

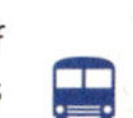

Zug bis Hauptbahnhof Trier → Bus 420/431 bis Sauerstaden, Bollendorf

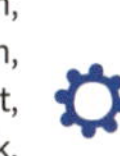

Aussicht, Schatten, Kultur/Besichtigen, Unterhaltung/Event, Wasser, Botanik, Geologie

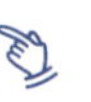

Ob Krimikräuterführung oder Konzert – im Renaissanceschloss Beaufort ist immer etwas los!

Über den Dächern von Bollendorf serviert das Waldhotel Sonnenberg saisonale und regionale Gerichte. Das Honig-Eis aus der hauseigenen Imkerei ist ein Muss!

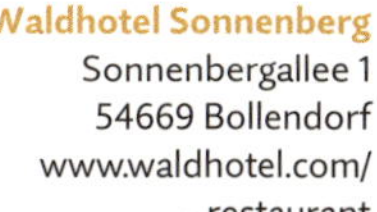

Waldhotel Sonnenberg
Sonnenbergallee 1
54669 Bollendorf
www.waldhotel.com/restaurant

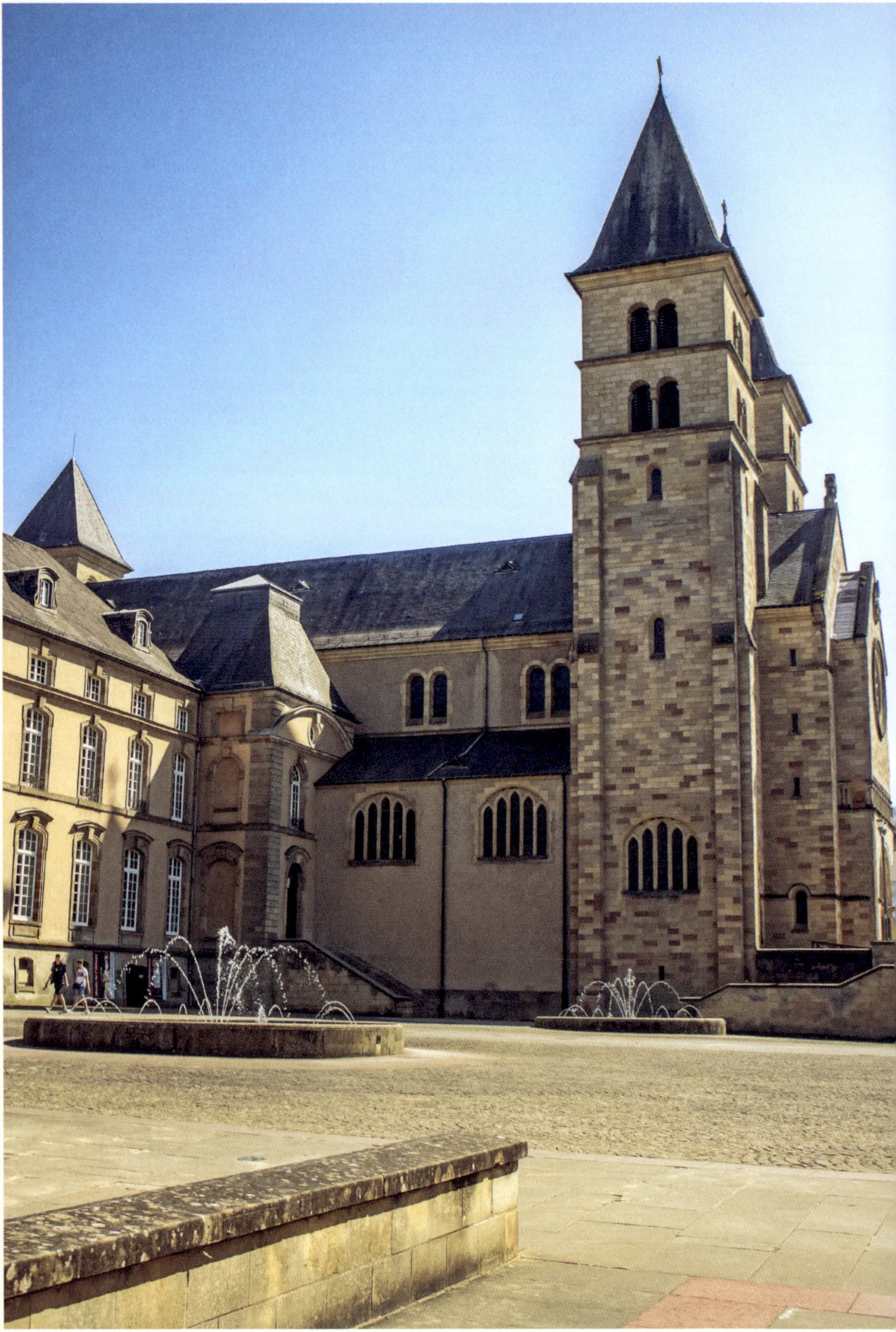

Ein Platz der Besinnlichkeit: die Basilika St. Willibrord

27 Kulturstadt trifft Gesteinswelt

Felsenweg 1 – Weilerbach/Hohllay

Der deutsch-luxemburgische Grenzweg bietet jede Menge geologischer und kultureller Sehenswürdigkeiten, erfordert dafür aber Kondition und Zeit. Den Anfang bildet das barocke Schloss Weilerbach in Bollendorf. Schmale Pfade führen durch die beeindruckende Schlucht mit dem Namen *Schweineställe.* Im weiteren Verlauf können wir immer wieder das luxemburgische Echternach erblicken, die schönste Aussicht bietet die Liboriuskapelle.

Der Rundweg verläuft bergab nach Echternach, der ältesten Stadt Luxemburgs. Der St.-Willibrord-Basilika solltet ihr dort einen Besuch abstatten, denn in der Krypta befindet sich das Grab vom heiligen Willibrord, dem Gründer des Klosters. Egal ob gläubig oder nicht: Das kunstvolle Grabmonument aus Marmor und die Wandmalereien aus dem 11. Jahrhundert sind eindrucksvoll.

Nach einem Stadtbummel wandern wir zurück in den grünen Buchenwald, hinein in die mystische Gesteinswelt. Wind und Wetter haben über Millionen Jahre an den Felsen genagt, sodass bizarre Formationen entstanden sind. Besonders markant sind die Wolfsschlucht und das Labyrinth. Über Steintreppen wandern wir durch enge Passagen. Menschengemacht, aber nicht weniger imposant, sind die Höhle Huel Lee und das Amphitheater Breechkaul. Beide sind durch den Abbau von Mühlsteinen entstanden. Schlussendlich überqueren wir die Sauer, bevor wir wieder Schloss Weilerbach erreichen.

NaturWanderPark delux

20,4 km, 6 h

438 Hm

schwer

79

Startpunkt:
Schloss Weilerbach in Bollendorf
49°50'03.3"N 6°23'28.1"E (GMS)

Zug bis Hauptbahnhof Trier → Bus 420/431 bis Weilerbach Schloss, Bollendorf

Aussicht, Schatten, Kultur/Besichtigen, Geologie

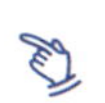

Schlendert durch den barocken Garten des Schlosses Weilerbach und genießt ein Stück Kuchen im Museumscafé.

Lokales und Regionales tischt das Aal Eechternoach auf. Das Restaurant wurde als »Natur- & Geopark-Partner« ausgezeichnet.

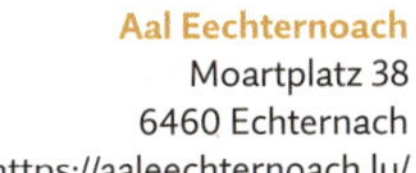

Aal Eechternoach
Moartplatz 38
6460 Echternach
https://aaleechternoach.lu/

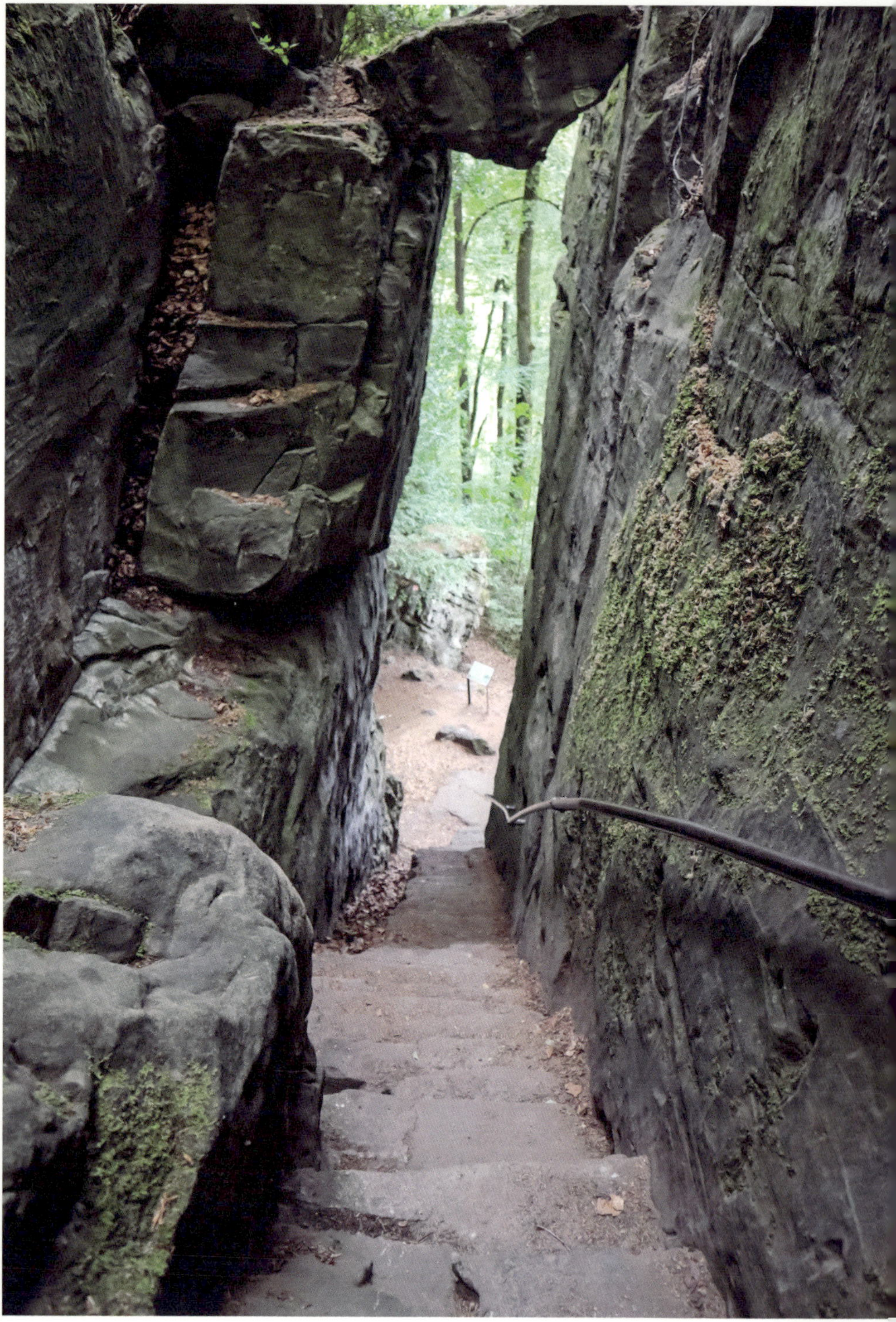

Riesige Felswände umgeben Wanderer in der Teufelsschlucht

28 Die Kraft der Natur

Felsenweg 6 – Teufelsschlucht

Auch wenn die Tour zum Großteil durch schattige Wälder mit meterhohen Felsformationen verläuft, gibt es auch einige Aussichtspunkte. Den schönsten Blick auf Echternach, der ältesten Stadt Luxemburgs, bietet die Liboriuskapelle. Aber das Highlight der Tour, die *Teufelsschlucht*, steht uns noch bevor. Ihre Geschichte beginnt vor 12.000 Jahren. Damals hatte weniger der Teufel die Hände im Spiel als vielmehr die gewaltige Kraft der Natur: Frostperioden lösten während der letzten Eiszeit Blöcke aus dem Felsmassiv und formten das Ferschweiler Plateau. Ein herausgebrochener Brocken hinterließ einen 28 Meter tiefen Spalt. Dieser klimatischen Veränderung ist es zu verdanken, dass wir heute die imposanten Gesteinsgebilde bestaunen können. Als idealen Begleiter empfehlen wir den kostenlosen Audioguide Teufelsschlucht der App *Lauschtour*. Von sympathischen Sprechern werden wir mit spannenden Hintergrundinfos versorgt und können dabei die Schlucht auf eine völlig neue Art und Weise erkunden.

Kurz vorm Ziel erwartet uns noch die Schlucht *Schweineställe* mit der mysteriösen Inschrift »Artio-ni Biber«. Zwei ulkige Schweinsskulpturen erinnern daran, dass früher die Borstentiere zum Fressen hierher in den Wald getrieben wurden. Wir sind uns einig: Die Route wurde zu Recht 2021 von den Lesern des *Wandermagazins* mit dem zweiten Platz als »Deutschlands schönster Wanderweg« in der Kategorie Tagestouren ausgezeichnet.

Bei Snacks und erfrischenden Getränken lässt es sich auf der Terrasse des Bistros Teufels Küche von März bis Oktober gut verweilen.

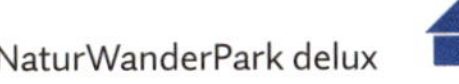

NaturWanderPark delux

17,4 km, 5:30 h

440 Hm

mittel

69

Startpunkt:
Wanderparkplatz Felsenweiher in Ernzen
49°50'17.6"N 6°25'00.9"E (GMS)

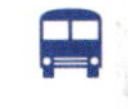

Zug bis Hauptbahnhof Trier → Bus 420/431 bis Kirche, Ernzen → 700 m Fußweg

Aussicht, Schatten, Sehenswürdigkeit, Geologie

Ein Besuch im Naturparkzentrum Teufelsschlucht oder im Dinosaurierpark machen die Tour zu einem wahren Erlebnis.

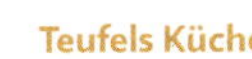

Teufels Küche
Naturparkzentrum Teufelsschlucht
Ferschweiler Straße 50
54668 Ernzen
www.felsenland-suedeifel.de

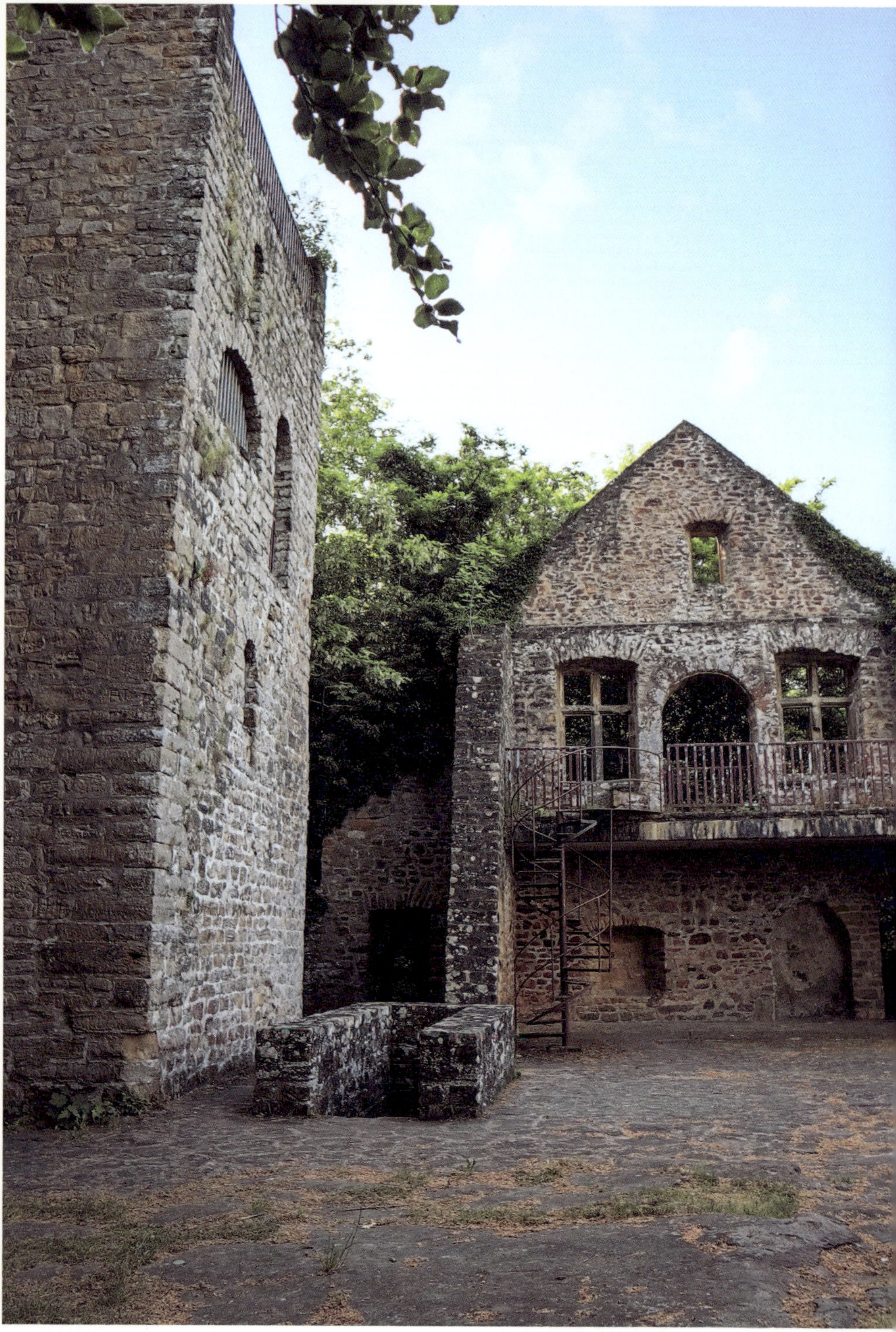

Die historischen Mauern der Prümer Burg
laden zur Erkundung ein

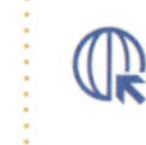

29 Zeitreise

Felsenweg 5 – Prümer Burg

Bei dieser Wanderung begeben wir uns auf eine Reise in die Vergangenheit des Prümtals. Wie ein Spannungsbogen baut sich die Tour langsam auf.

Die ersten Kilometer verlaufen über schöne Feldwege und Schatten spendende Waldpassagen. Hinter der kleinen Rochuskapelle empfehlen wir, die Route für eine Attraktion aus der Römerzeit zu verlassen. Die Fundamente samt Kellerraum einer römischen Villa, hoch über dem Dorf Holsthum, sind freigelegt und ein Säulengang wurde rekonstruiert. Leben in bester Lage, so würde ein Immobilienmakler heute den Standort anpreisen. Mit der App *ARGO*, einer unserer Lieblings-Apps, wird den historischen Gemäuern dank »Augmented Reality« Leben eingehaucht.

Aus dem Mittelalter stammt die nächste Sehenswürdigkeit. Wer die Ruine der Prümer Burg erobern will, muss dem steilen Anstieg trotzen. Hat man diesen geschafft, müssen noch die zahlreichen Treppen hoch auf den Wehrturm erklommen werden. Wir versprechen: Es lohnt sich! Oben bietet sich ein tolles Panorama mit dem Ort Prümzurlay und der waldreichen Landschaft.

Aus der Zeit des Dritten Reiches stammt hingegen das Panzerwerk Katzenkopf in Irrel, das ehemals zum Westwall gehörte. Heute ist darin das Westwallmuseum beherbergt. Eindrucksvolle Felsformationen, tiefe Felsspalten sowie eine fantastische Aussicht von der Schutzhütte Prümtalblick bringen uns wieder zum Ausgangspunkt zurück.

Im kleinen, aber feinen Biergarten des Restaurants Koch-Schilt lässt es sich herrlich entspannen.

NaturWanderPark delux

16,9 km, 4:30 h

302 Hm

mittel

60

Startpunkt: Wanderparkplatz Prümer Burg in Prümzurlay 49°52'09.3"N 6°26'40.6"E (GMS)

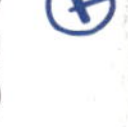

Zug bis Hauptbahnhof Trier → Bus 420/423 bis Prümzurlay Ort → 600 m Fußweg

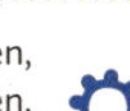

Aussicht, Schatten, Kultur/Besichtigen, Geologie

Das Westwallmuseum wurde ehrenamtlich in mühevoller Arbeit von der Irreler Feuerwehr eingerichtet. Es ist sonn- und feiertags geöffnet.

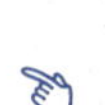

Hotel-Restaurant Koch-Schilt
Prümzurlayer Straße 1
54666 Irrel
www.koch-schilt.de

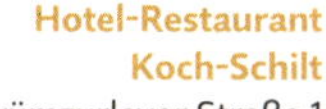

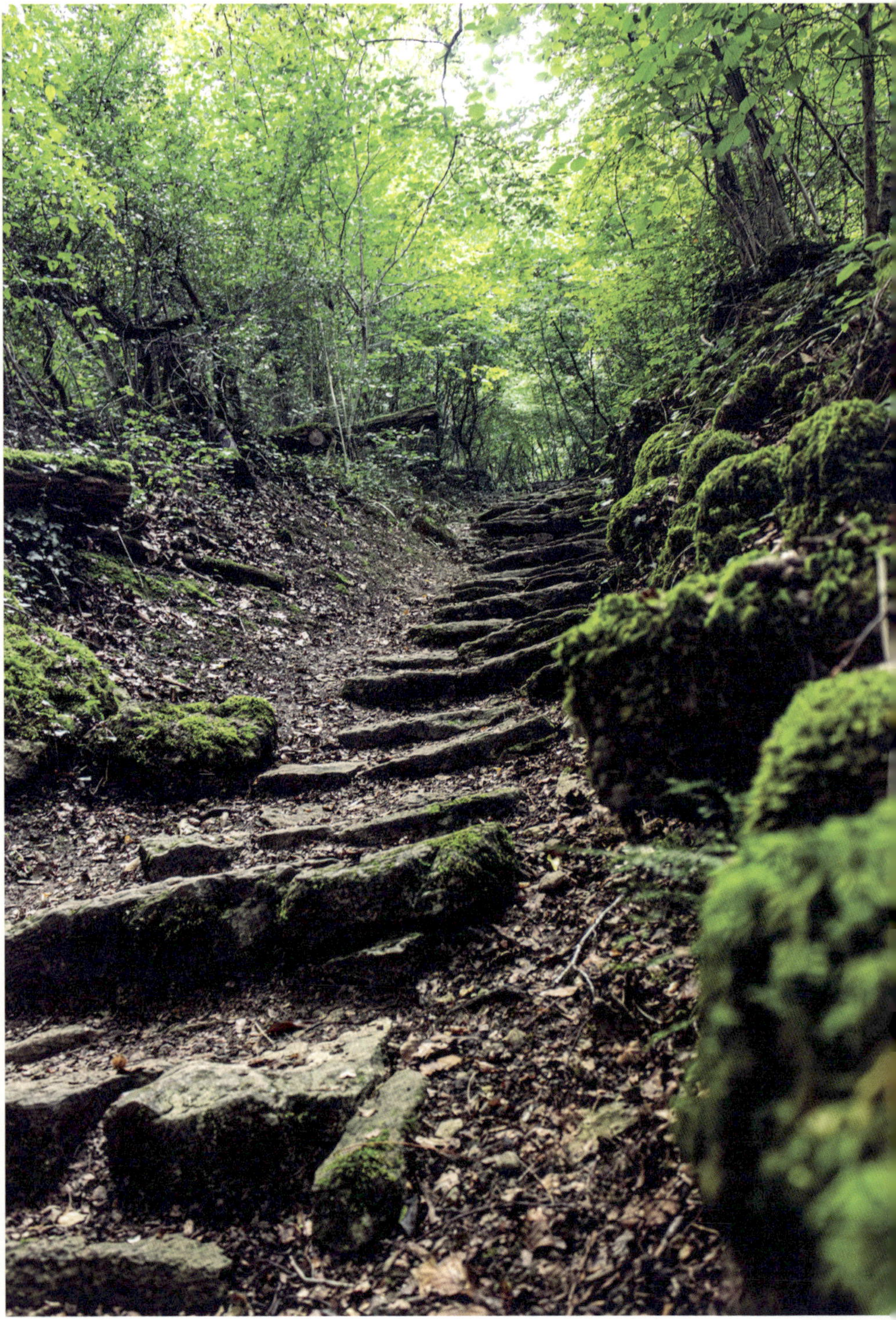

Alte Hohlwege im Naturschutzgebiet Deiwelskopp

30 Steinerne Naturlandschaften

Felsenweg 4 – Ralingen/Rosport

Dank guter ÖPNV-Anbindung kann man die fast 35 Kilometer langen *Felsenweg 4* leicht in zwei Etappen aufteilen. Eine Fußgängerbrücke führt von Moersdorf in Luxemburg nach Deutschland. Ehe wir an Höhe gewinnen, empfehlen wir einen Besuch im Weingut Fürst in Metzdorf. Wir durchstreifen die Rebenhänge des Anbaugebiets Südmosel und werden kurz darauf vom Blätterdach des Waldes umschlossen. Am Wegesrand entdecken wir gesprengte Bunker. Nach genauerer Untersuchung finden wir heraus, dass auch hier, am Grenzfluss Sauer, die Soldaten des NS-Regimes ihre Stellungen am Westwall zu halten versuchten.

Kurz vor dem Zwischenziel in Ralingen verlangt die steil ansteigende Tour all unsere Kräfte. Über Treppen und Brücken erreichen wir den schönsten Aussichtspunkt mit einem Panorama der Flussschleife und saftig grünen Wiesen. Vorbei an schroffen Felsformationen schreiten wir bergab und überqueren die Brücke nach Luxemburg.

Im Sauertalpark legen wir eine längere Pause ein und springen ins kühle Nass des Stausees. Rosport ist Geburtsort der Bleiakkumulatoren. Das Tudor-Museum, das wir passieren, widmet dem luxemburgischen Erfinder der modernen Autobatterie eine Ausstellung. Mit frischen Kräften laufen wir wieder bergauf zur Kapelle Girsterklaus, dem ältesten Wallfahrtsort des Landes. Diese läutet den Abstieg in eine verwunschene Schlucht ein. Wie im Urwald schlängelt sich die Strecke durch das Tal. Mit Weitsichten bis zur Autobahnbrücke bei Langsur weiß das letzte Teilstück des Premiumwegs zu begeistern.

NaturWanderPark delux

33,2 km, 9:00 h

840 Hm

schwer

50

Startpunkt:
Wanderparkplatz *An der Olek* in Moersdorf (LUX)
49°44'33.2"N 6°30'04.5"E (GMS)

Zug bis Bahnhof Wasserbillig → Bus 271/272 bis Duerf, Moersdorf (LUX)

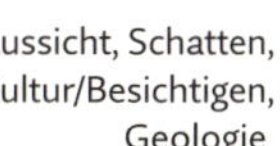

Aussicht, Schatten, Kultur/Besichtigen, Geologie

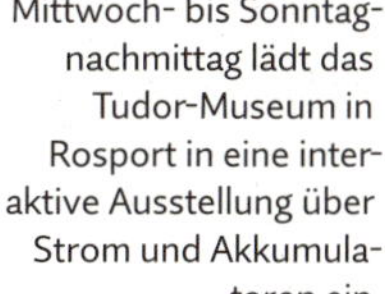

Mittwoch- bis Sonntagnachmittag lädt das Tudor-Museum in Rosport in eine interaktive Ausstellung über Strom und Akkumulatoren ein.

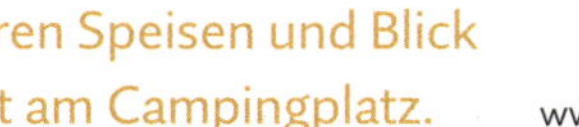

Beach-Feeling mit Cocktails, leckeren Speisen und Blick auf die Sauer bietet das Restaurant am Campingplatz.

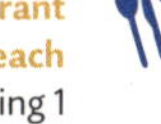

Restaurant Sauerpark Beach
Rue du Camping 1
L-6580 Rosport
www.sauerpark-beach.lu

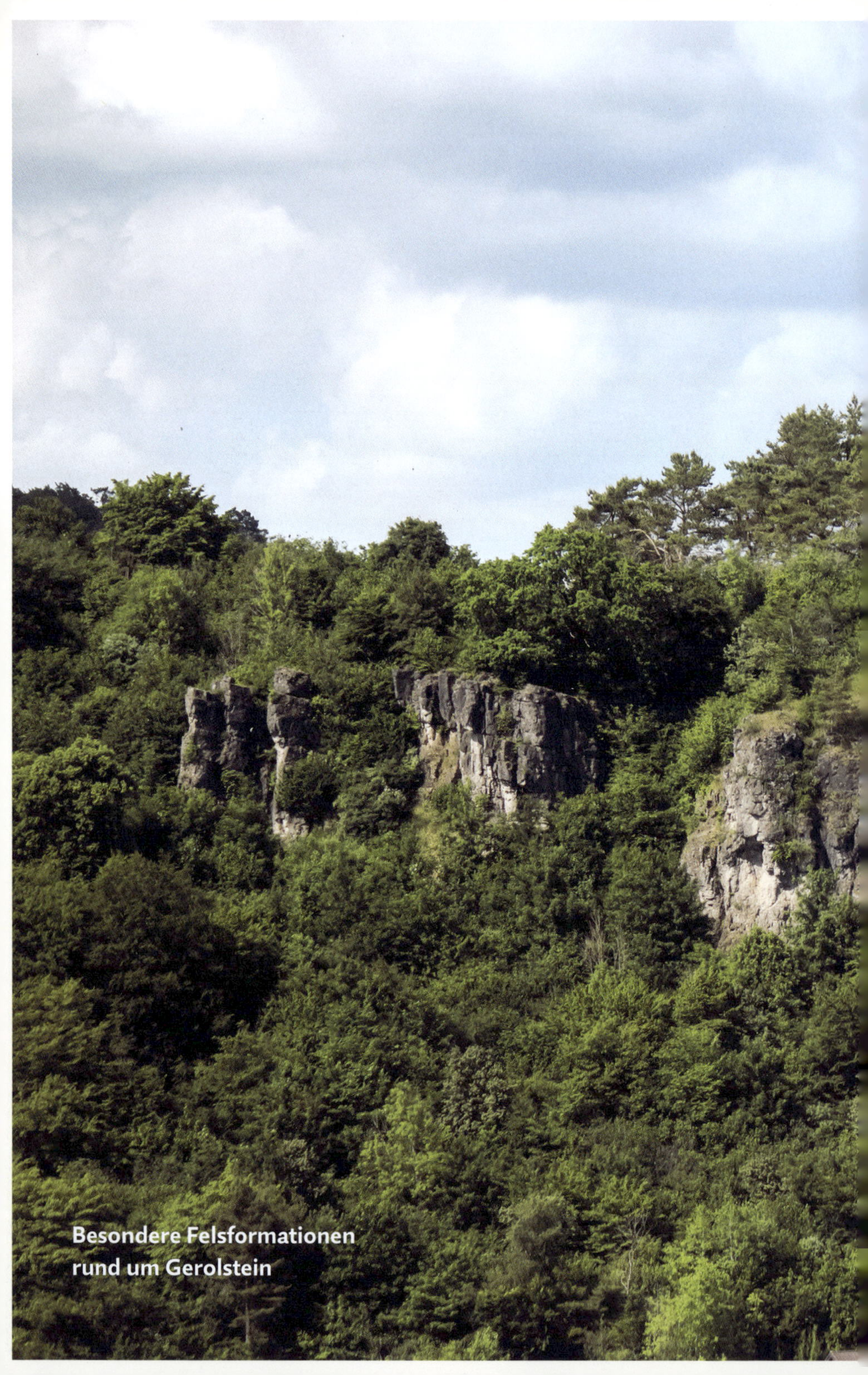

Besondere Felsformationen rund um Gerolstein

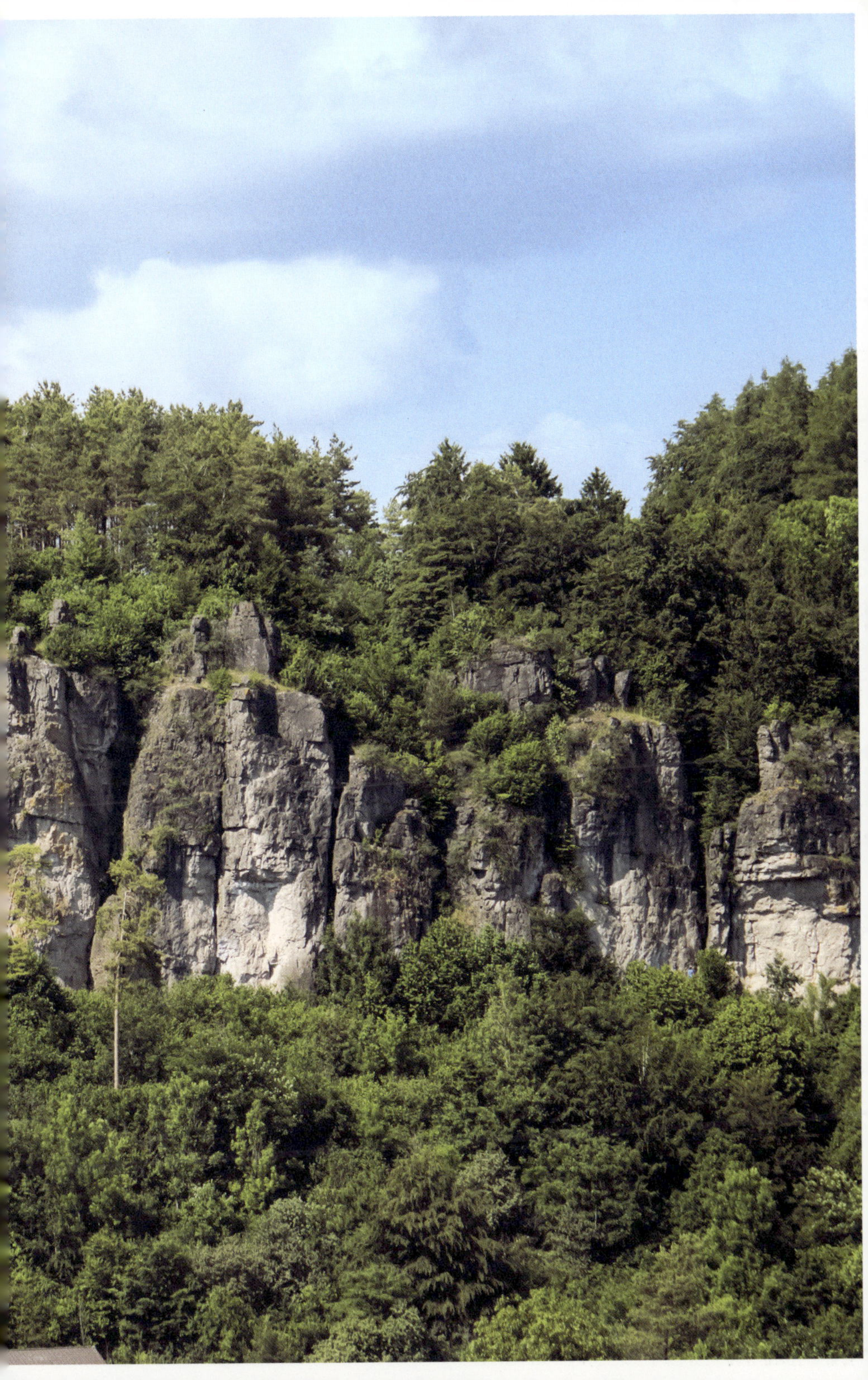

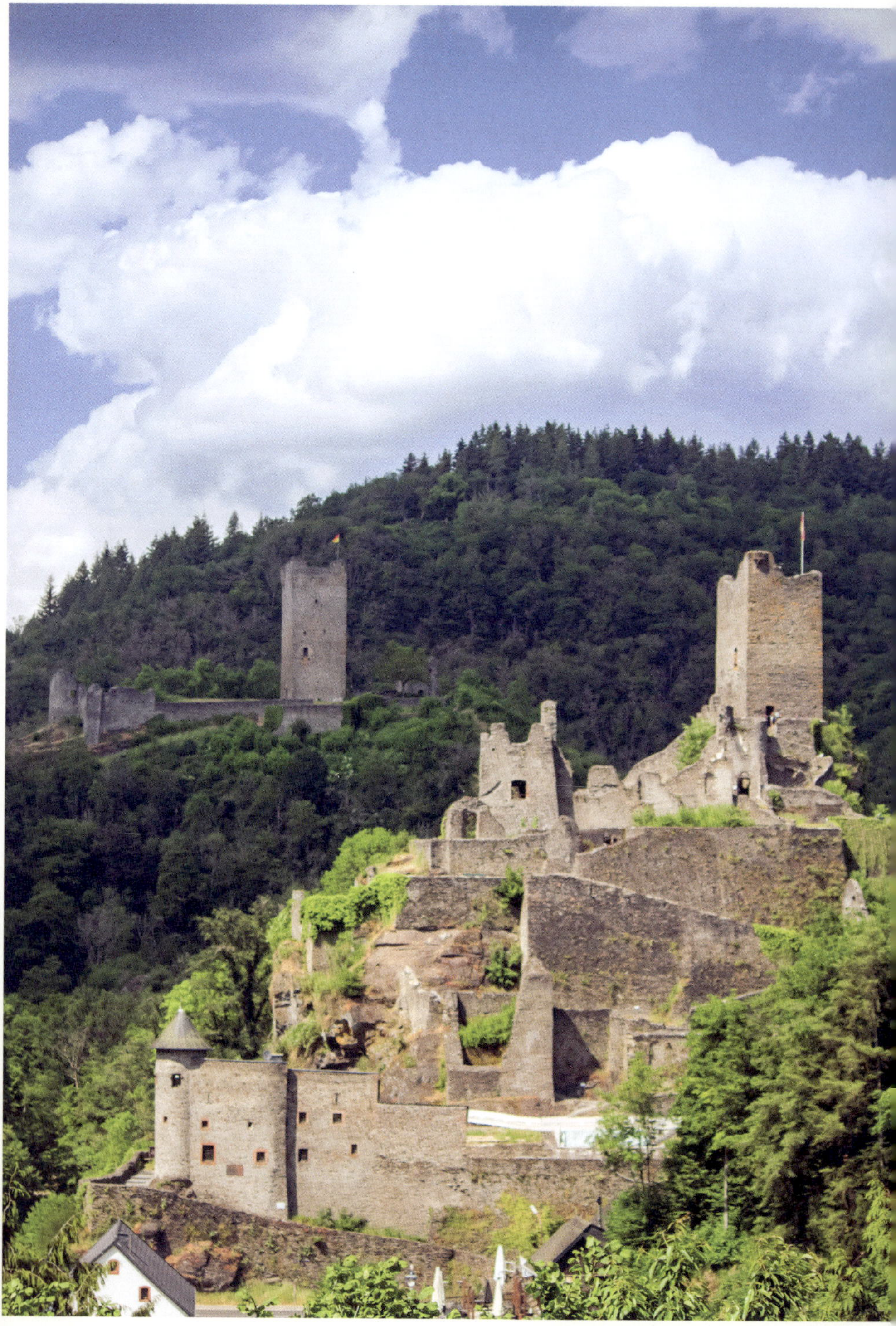

Zwei Burgen – eine Stadt: Manderscheid

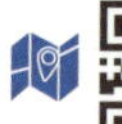

31 Kriminelle Kalksteinwelt

Eifelsteig – Etappe 9 und 10

Die Wanderwege zwei bis acht in diesem Buch decken große Teile des *Eifelsteigs* ab. Daher haben wir uns entschlossen, erst bei der **neunten Etappe** wieder einzusteigen.

In Hillesheim starten wir *Am Markt* direkt am Kriminalhaus, in dessen Café Sherlock wir nach der Anreise erst einmal einen Kaffee genießen. Das Gebäude beherbergt die größte Krimisammlung Deutschlands, und die Wirkungsstätte des Eifeler Krimiautors Jacques Berndorf liegt ebenso in und um Hillesheim. Kein Wunder also, dass wir den ersten kurzen Abschnitt auf den »blutigen Spuren« von Siggi Baumeister wandeln, dem Protagonisten der berühmten Eifelkrimis.

Ein paar Meter höher werfen wir von der alten Stadtmauer einen Blick zurück, bevor wir *Karlas Fitnesspfad* einschlagen. Über verschiedene Stationen können wir unsere Sportlichkeit unter Beweis stellen oder auf dem Barfußpfad unsere Fußsohlen massieren lassen. Nach dem Frühsport passieren wir das alte Bolsdorf mit einer Kirche aus dem 15. Jahrhundert. Mit Glück kann hier frisch gebackenes Brot und Blechkuchen von einem öffentlichen Backhaus erstanden werden. Falls nicht, empfehlen wir den *Müllisch's Hof* für eine kurze Pause.

Schuhe nachgeschnürt, und weiter geht es über die Brücke der Kyll, auf die wir später in Gerolstein erneut treffen. Auch das kleine Flüsschen ist in der Flutnacht vom 14. auf den 15. Juli 2021 deutlich über die Ufer getreten und hat großen Schaden angerichtet. Die Spuren der Naturkatastrophe sind heute noch in

Eifelsteig 

Et. 9: 21,4 km, 5:30 h
Et. 10: 24,1 km, 6:30 h 

Et. 9: 426 Hm ↑ / 491 Hm ↓
Et. 10: 697 Hm ↑ / 575 Hm ↓ 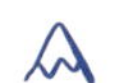

mittel/schwer 

61 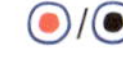

Startpunkt:
Am Markt in Hillesheim
50°17'29.6"N 6°40'16.9"E (GMS)
Endpunkt:
Eifel-Vulkanmuseum in Daun
50°11'53.3"N 6°49'46.3"E (GMS)

Zug bis Bahnhof Gerolstein → Bus 522 bis ZOB Hillesheim 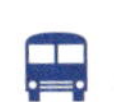

Aussicht, Schatten, Sonne, Kultur/Besichtigen, Unterhaltung/Event, Wasser, Botanik, Geologie 

Das Eifel-Vulkanmuseum in Daun vermittelt die Erdgeschichte sehr anschaulich. 

der Landschaft ablesbar. Der *Eifelsteig* schlängelt sich nun auf die Höhe des Rothen Kopfs und streift das Bauerndorf Roth. Verpasst nicht die mystische Treppe, die in ein dunkles Loch hinabführt, aus dem ein kühler Luftzug zu spüren ist. Mit einer Kopflampe bewaffnet, tauchen wir in die Mühlsteinhöhle hinunter, wo sich im 13. Jahrhundert ein Steinbruch für Malsteine befand. Auf der Rückseite können ein paar solcher alten Exemplare begutachtet werden. Dort findet sich auch ein *Muße-Platz* des *Vulkanpfads* mit einer Informationstafel, auf welcher der Gott Vulcanus genauer über die Höhle aufklärt.

Ab hier wird der *Eifelsteig* wieder flacher und wir wandern gemütlich an landwirtschaftlichen Feldern und Wiesen vorüber. Nachdem wir den idyllischen Gerolsteiner Stausee hinter uns gelassen haben, können wir schon aus der Ferne mächtige Kalksteinfelsen sehen: die Gerolsteiner Dolomiten. Die Route windet sich hinauf zu der Aussichtsplattform auf der Felsformation Munterley. Wusstet ihr, dass das Gebiet vor 380 Millionen Jahren, im Devon-Zeitalter, ein Riff mitten in einem tropischen Meer war? Wenn ihr die Felsen genauer betrachtet, könnt ihr, ähnlich wie auf den *Felsenwegen* in der Südeifel, noch Spuren von Muscheln und Korallen im Gestein erkennen.

Ein weiteres Highlight entlang der Strecke bildet die Buchenlochhöhle, die zu einer ausgiebigen Erkundung einlädt. Hier wurden sogar Tierknochen und Werkzeuge aus der Eiszeit gefunden. Hinter dem kaum erkennbaren Kessel des Vulkans Papenkaule steigen wir wieder ins Tal hinab und erreichen die Innenstadt von Gerolstein. Im Land der Kyll sprudeln vielerorts Quellen, wie die Helenenquelle, die unter anderen das Wasser für den Gerolsteiner Sprudel liefert. In der Nähe befindet sich auch die Löwenburg, teilweise in Privatbesitz, aber dennoch ist das Areal frei zugänglich. Wir empfehlen einen Abstecher dorthin, denn es bieten sich tolle Blicke auf die imposanten Dolomitfelsen und die Stadt Gerolstein.

Nachdem die letzten 20 Kilometer weitestgehend durch Freiflächen geführt haben, genießen wir den Schatten spendenden Wald, den wir auf der **zehnten Etappe** durchstreifen. Kennt ihr euch mit den heimischen Bäumen aus? Im weiteren Verlauf erfahrt ihr auf dem Baumlehrpfad Wissenswertes über die Gehölze. Einblicke in längst vergangene Zeiten erhalten wir später auf dem Berg Dietzenley. Dort, wo heute ein kleiner hölzerner Aussichtsturm steht, wohnten bereits vor 2.500 Jahren die Kelten. Davon zeugen Ringwälle von bis zu neun Metern Höhe, die man bei Ausgrabungen fand. Der Weitblick ist wunderbar, und eure Füße danken euch zu diesem Zeitpunkt eine kurze Pause. Den Eifelort Neroth streifen wir im Anschluss nur am Rande, denn der *Eifelsteig* verläuft bergauf zur Burgruine Freudenkoppe. Auf 610 Metern stehen wir an diesem Platz auf einem Basaltkegel, weshalb sich daneben ebenfalls eine Abbaustelle für Mühlsteine befand. Nach 22 Kilometern kommen wir schließlich an unserem Etappenziel in Daun an, wo wir das Panorama auf die Dauner Burg genießen.

Etappe 9:

Einmal Eifel auf dem Teller bitte! Regionale Erzeuger beliefern die Landküche, die aus den Produkten schmackhafte Speisen zaubert.

Restaurant Landküche
Leopoldstraße 32
54550 Daun
www.landkueche-daun.de

Etappe 10:

Jámas! Mit griechischem Wein und echter griechischer Küche verwöhnt das Restaurant Poseidon im Sommer auch auf der Sonnenterrasse.

Restaurant Poseidon
Sarresdorfer Strasse 12
54568 Gerolstein
www.poseidon-gerolstein.com

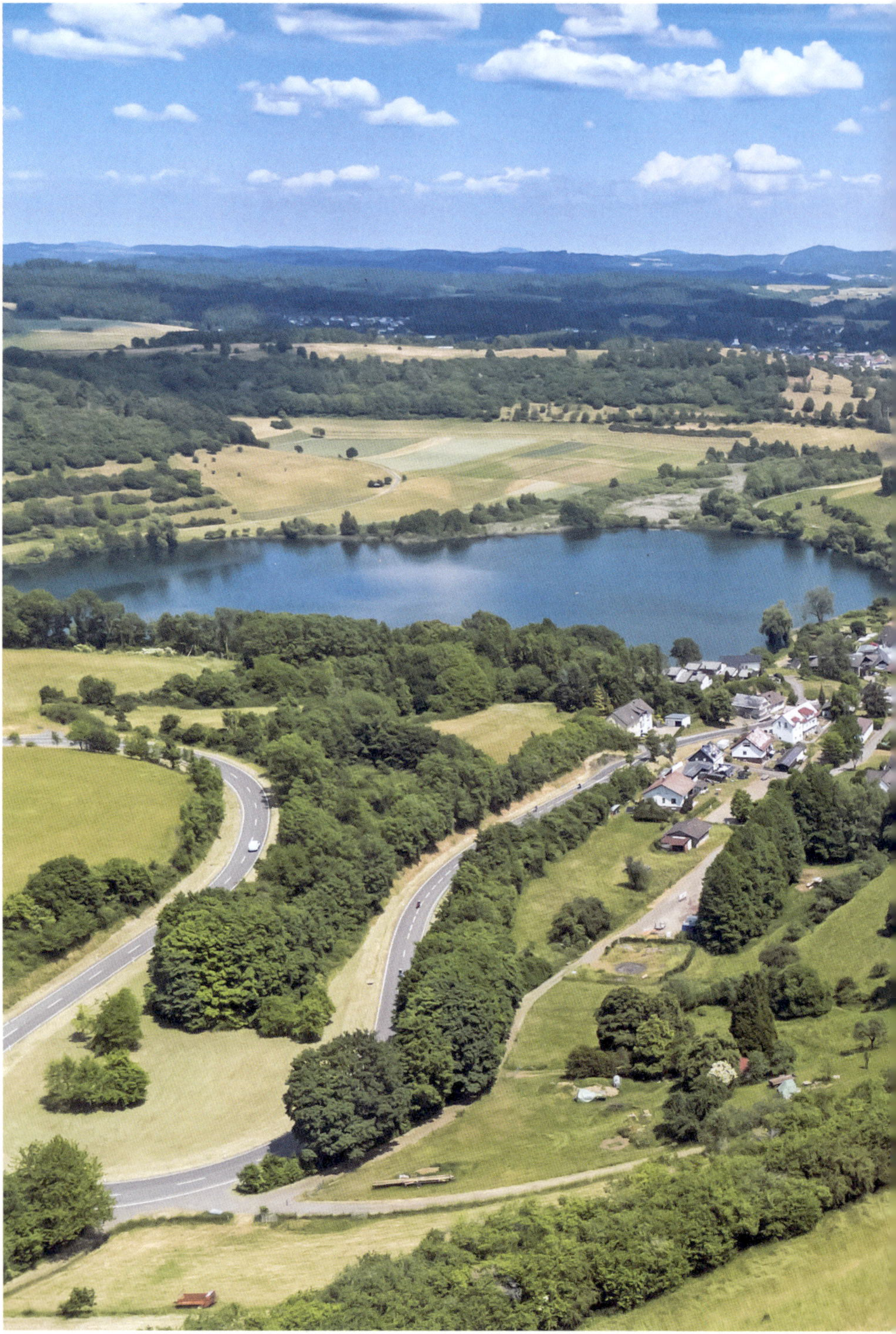

In die Augen der Eifel geschaut:
das Schalkenmehrener Maar bei Daun

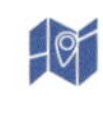

32 Die Augen der Eifel

Eifelsteig – Etappe 11 und 12

Eifelsteig

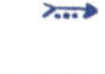

Et. 11: 15,2 km, 4 h
Et. 12: 17,3 km, 4:30 h

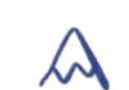

Et. 11: 321 Hm ↑/128 Hm ↓
Et. 12: 334 Hm ↑/343 Hm ↓

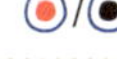

mittel/schwer

61

Startpunkt:
Schulstraße in Daun
50°11'38.0"N 6°49'34.5"E (GMS)
Endpunkt:
Abteistraße in Großlittgen
50°01'47.1"N 6°45'24.0"E (GMS)

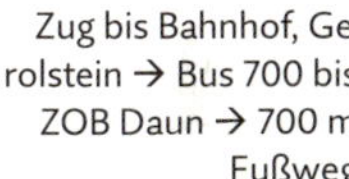

Zug bis Bahnhof, Gerolstein → Bus 700 bis ZOB Daun → 700 m Fußweg

Aussicht, Schatten, Sonne, Kultur/Besichtigen, Wasser, Botanik, Geologie

Auf in den Burgenklettersteig von Manderscheid. Entdeckt das Tal der Lieser aus neuer Perspektive.

Wie ein Kirchturm wirkt das Kriegerdenkmal auf dem Wehrbüsch aus der Ferne, wohin wir direkt zum Start der **elften Etappe** hinaufsteigen. Auf sorgfältig geschichteten Basaltsteinen thront ein goldener Adler. Definitiv eine der schöneren Gedenkstätten zu Ehren der gefallenen Soldaten. Auf dem Weg zur Wehrbüschkapelle kommen wir an einer kleinen Waldschule vorbei. Kreisrund angeordnete Sitzplätze mit abgeschrägten Tischen dienen Förstern dazu, auf Waldführungen die Natur Erwachsenen und Kindern näherzubringen.

Wir verlassen Daun in Richtung Kurpark. Liegewiesen, Kräutergarten, Freiluftschach, Schaukeln und Kneippbecken laden zum Zeitvertreib ein. Von hier aus folgen wir ein ganzes Stückchen dem *Kosmosradweg*, auf dem wir die Planeten unseres Sonnensystems erkunden. Der Maßstab, der den Abständen der Metallstelen zugrunde liegt, entspricht 1:500 Millionen. Aber selbst, wenn wir die Skala kennen, können wir uns die Entfernungen von 500.000 Kilometern pro gegangenen Meter kaum vorstellen. Greifbarer sind die Informationen zu den jeweiligen Himmelskörpern. Das Spiel am *Heißen Draht* macht die ersten Meter dieser Etappe leichtfüßig und kurzweilig.

Langsam führt der *Eifelsteig* wieder den Berg hinauf, und das erste Maar rückt ins Blickfeld. Das Gemündener Maar soll 38 Meter tief sein und ist das kleinste der insgesamt drei Maare rund um Daun. So früh in der Etappe wollen wir unsere Badesachen noch nicht auspacken, obwohl das blau schimmernde Wasser sehr verlockend aussieht. Der Wanderweg verläuft durch den Wald immer weiter hinauf bis zum Dronketurm, der eine Fernsicht bis zur Hohen Acht bietet, dem höchsten Berg der Eifel. Ihr solltet den Turm unbedingt besteigen, denn nur von oben lässt sich erkennen, wieso die Maare als »blaue Augen der Eifel« bezeichnet werden. Nahezu perfekt kreisrund erscheint das Gemündener Maar, und auch das angrenzende Weinfelder Exemplar kann erspäht werden. Anders als bei einem Ausbruch mit Lava ist es bei der Entstehung dieser Vulkanseen zu einer Verpuffung in der Erdkruste gekommen. Als flüssiges Magma auf Wasser traf, kam es zu einer Gesteinsexplosion, weshalb heute rund um die Wasserflächen etliche vulkanische Brocken zu finden sind.

Wir steigen wieder vom Dronketurm hinab und passieren im weiteren Verlauf das Schalkenmehrener Maar. Im Anschluss wandern wir durch den gleichnamigen Ort. Und wieder geht es bergauf! Wir durchstreifen unweit des Berges Hohe List ein sogenanntes Trockenmaar und freuen uns auf den abschließenden Abstieg. Wurzeldurchsetzte Pfade bringen uns wieder an den Fluss mit dem schönen Namen Lieser, den wir bereits vom Kurpark Daun kennen. Er wird uns auch bis zum Etappenziel nur noch selten verlassen. An einem praktischen Snackautomaten an der Üdersdorfer Mühle füllen wir unser Proviant wieder auf und wandern weiter in Richtung der Burgenstadt Manderscheid. Das Gewässer hat sich in den vergangenen Jahrtausenden enorm tief in das weiche Vulkangestein eingeschnitten, sodass eine richtige Schlucht entstanden ist. Dabei finden sich mehrere Schutzhütten in dem oft alpinen Gelände. Der Etappenwechsel erfolgt fließend inmitten des kleinen Kurparks in Manderscheid. Auch auf der **zwölften** Etappe folgen wir weitestgehend dem Flusslauf. Dass Manderscheid alpines Terrain aufweist, ist ebenfalls am *Burgenklettersteig* zu erkennen, der mit Schwierigkeitsgraden bis D eher nichts für Einsteiger ist. Ihr könnt dennoch die Aussicht auf die zwei Burgen der Stadt genießen. Die untere rückt an der wunderschön gestalteten Balduinshütte ins Blickfeld.

In der Niederburg regierten ab dem 11. Jahrhundert die Vögte aus dem luxemburgischen Echternach (das wir auf dem *Felsenweg 1* passiert haben) als Herren von Manderscheid. Die Oberburg hingegen gehörte dem Erzbischof von Trier. Da die beiden religiösen Oberhäupter nicht gut miteinander auskamen, ließ jedes eine eigene Residenz erbauen, anstatt in einer großen Festung gemeinsam Geschäfte zu machen.

Im weiteren Verlauf gleicht der *Eifelsteig* dem Wegverlauf des wildromantischen *Lieserpfads*. Immer wieder dringt das Rauschen der Stromschnellen zu uns auf den schmalen Bergpfad hinauf, den wir erst nach 13 Kilometern in Richtung Kloster Himmerod und des Ortes Großlittgen verlassen. Während des Abstiegs durch Wald und Wiesen ergibt sich regelmäßig die Möglichkeit, auf einer Wanderliege innezuhalten und die Landschaft zu genießen. Schließlich ist am Kloster Himmerod auch Etappe zwölf des *Eifelsteigs* geschafft.

Etappe 11:

Eifel küsst Polen. Pierogi und Eifeler Reibekuchen? Ja! Die köstliche Kombination bringt die Alte Molkerei in Manderscheid auf den Tisch.

Alte Molkerei
Grafenstraße 25
54531 Manderscheid
www.alte-molkerei-manderscheid.de

Etappe 12:

Wer kulinarisch nicht im Kloster Himmerod fündig wird, kann im Gasthof Zur alten Scheune deutsche und österreichische Gerichten genießen.

Zur alten Scheune
Wittlicher Straße 8
54533 Schwarzenborn
www.zuraltenscheune.org

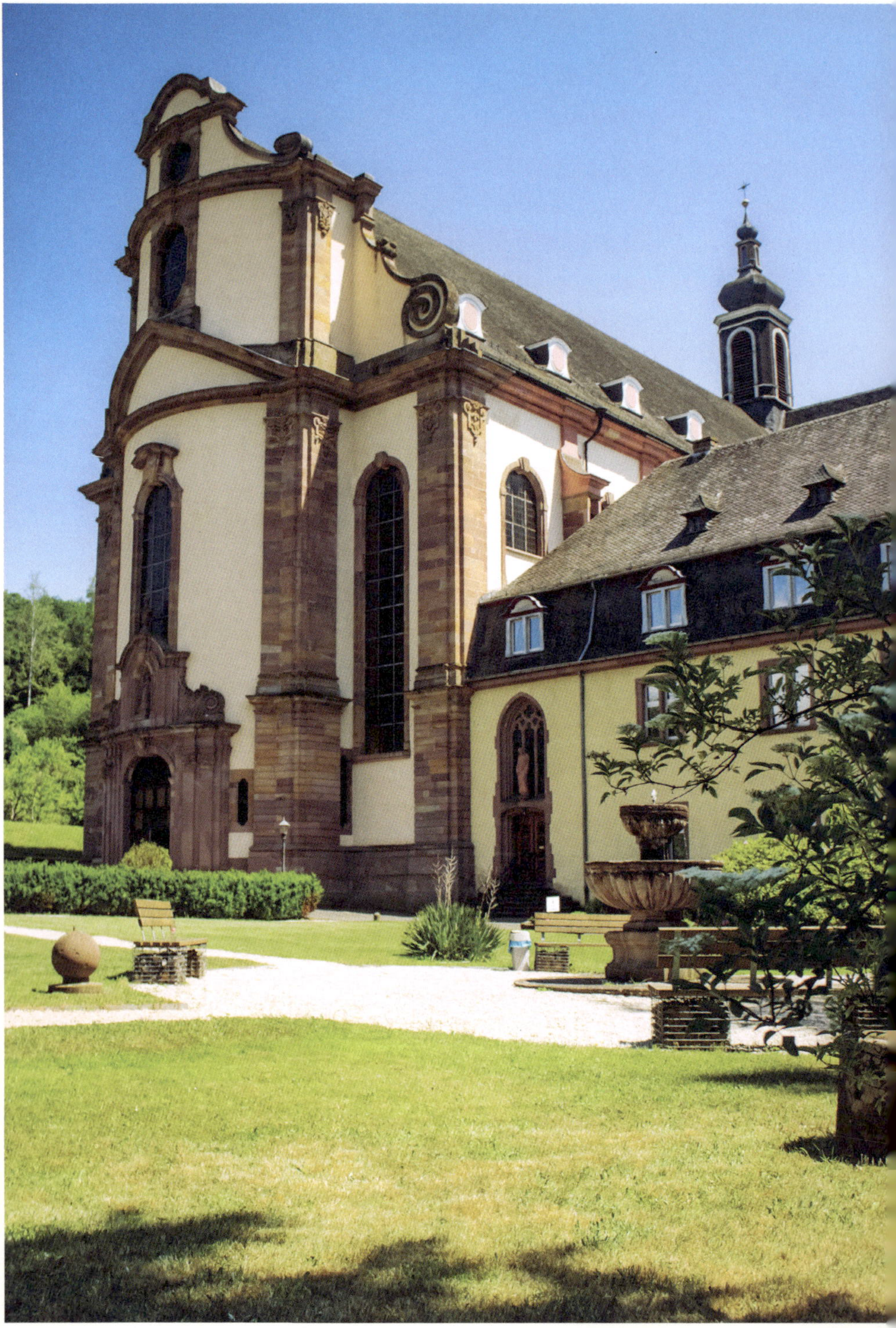

Geistlichkeit und Gastlichkeit versprüht das Kloster Himmerod

33 Innere Einkehr

Oberkail-Himmerod-Schleife

Eine Wanderung auf der *Oberkail-Himmerod-Schleife* bringt vor allem eines: Entschleunigung. Dazu trägt zum einen die schöne Eifellandschaft bei. Ruhige Waldpassagen und grüne Wiesen wechseln sich ab. Äußerst reizvoll ist der Abschnitt entlang des Bachlaufs der Salm, direkt zu Beginn der Tour. Hier kann man sich einfach treiben lassen und dem Rhythmus der Natur folgen. Zum anderen laden besinnliche Orte zur inneren Einkehr ein, wie die Abtei Himmerod. Das Zisterzienserkloster eignet sich aufgrund der Parksituation zudem am besten als Startpunkt.

Neben der beeindruckenden Kirche lockt ein Klosterladen mit hausgemachten Produkten, zum Beispiel dem Abteibier, eine einladende Gaststätte und eine Herberge auf dem Gelände. Auch ein Besuch des Museums, untergebracht in der Alten Mühle, dem ältesten Gebäude des Klosterareals, lohnt sich. Eine weitere Besonderheit: Obwohl die Zisterzienserabtei 2017 geschlossen wurde, hält noch ein Mönch die Stellung. Pater Stephan lebt schon seit über 60 Jahren in Himmerod und bleibt der Abtei hoffentlich noch viele Jahre erhalten.

Ebenfalls ein Ort der Besinnung ist die schnuckelige Frohnertkapelle auf einer Anhöhe kurz vor Oberkail. Im 17. Jahrhundert wurde die kleine Kirche vom Grafen Philipp Dietrich von Manderscheid-Kall erbaut. Als Vorbild diente wohl die Himmelfahrtskapelle in Jerusalem. Es bietet sich ein großartiger Ausblick auf die umliegenden Dörfer.

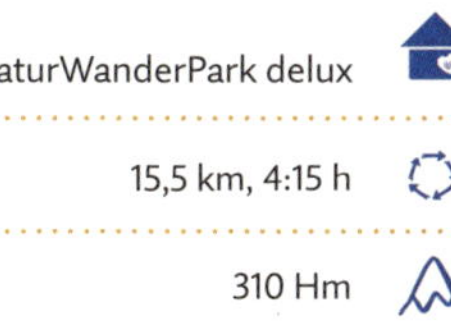

NaturWanderPark delux

15,5 km, 4:15 h

310 Hm

mittel

51

Startpunkt:
Parkplatz Abtei Himmerod in Großlittgen
50°01'43.6"N 6°45'05.7"E (GMS)

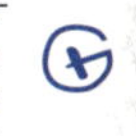

Zug bis Hauptbahnhof Wittlich → Bus 300 bis Zehntscheune, Großlittgen → Bus 303 bis Himmerod Kloster, Großlittgen

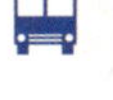

Aussicht, Schatten, Kultur/Besichtigen, Unterhaltung/Event

Zum *Himmeroder Orgelsommer* in der Abtei strömen Musikliebhaber von nah und fern.

Kraftort für Körper und Geist – die Himmeroder Klostergaststätte. Wie wäre es mit fangfrischem Fisch aus der eigenen Aufzucht?

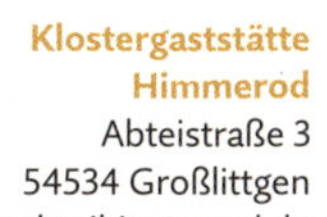

Klostergaststätte Himmerod
Abteistraße 3
54534 Großlittgen
www.abteihimmerod.de

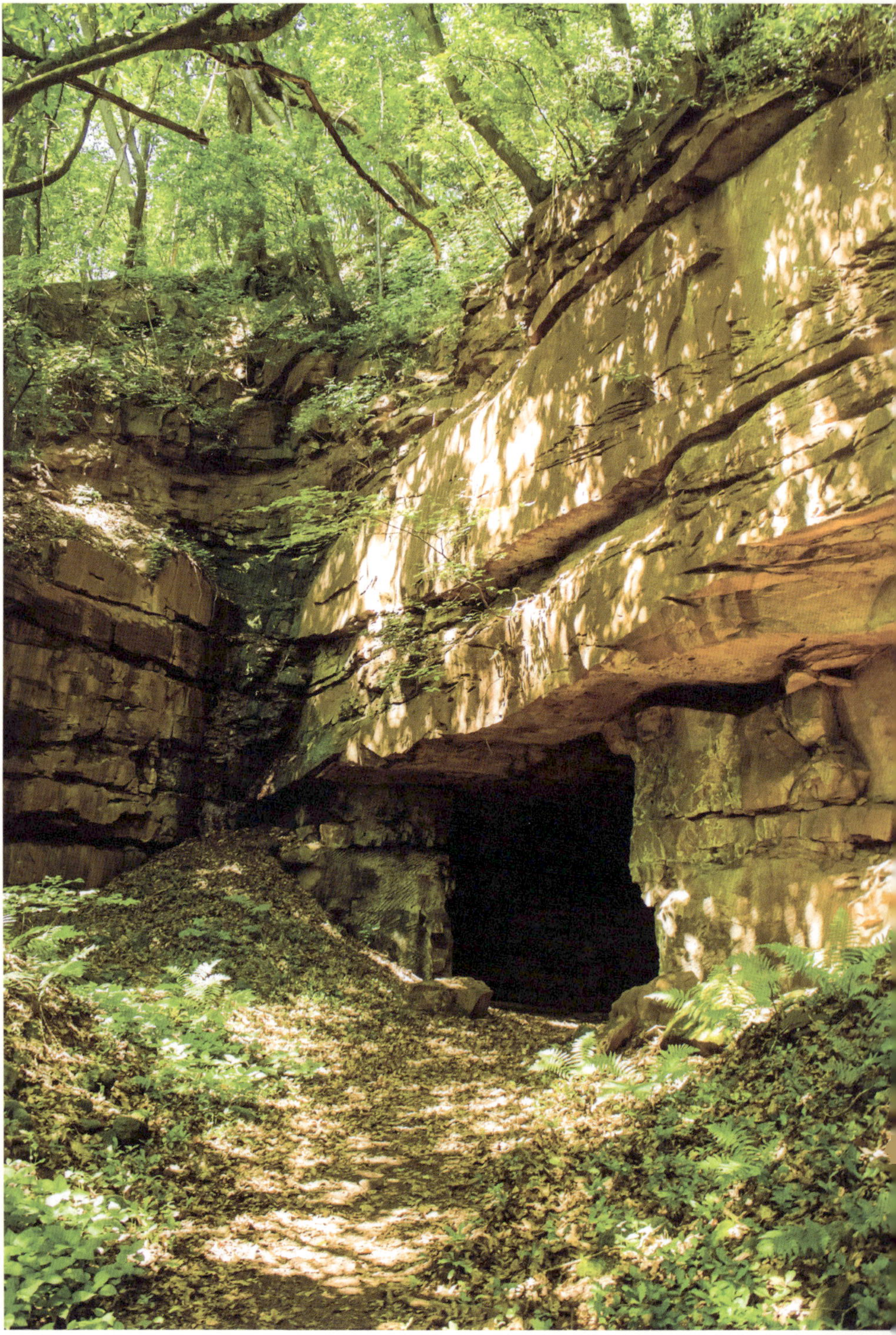

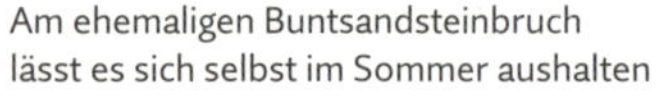

Am ehemaligen Buntsandsteinbruch
lässt es sich selbst im Sommer aushalten

34 Rote Felsen

Kylltaler Buntsandsteinroute

Schon bei der Ankunft mit dem Zug ist eines gewiss: Bei dieser Tour kommen Wanderer um den Buntsandstein nicht herum, denn das Bahnhofsgebäude ist ebenfalls mit dem roten Gestein verkleidet. Wir starten im beschaulichen Dörfchen Auw an der Kyll, das idyllisch von Wald und dem namensgebenden Fluss Kyll umgeben ist.

Obwohl hier nur etwas mehr als 100 Einwohner leben, nennt die Gemeinde ein Gotteshaus ihr Eigen. Die Kirche Mariä Himmelfahrt aus dem 18. Jahrhundert besticht mit ihren reich verzierten Altären. Die Strecke folgt dem Bach Stillegraben einem leichten Anstieg hinauf zu beeindruckenden Felsformationen und ehemaligen Steinbrüchen. In einer kleinen Höhle sind Abbauspuren sogar noch erkennbar. Im Wechsel führt der Weg an ausgedehnten Feldern und Wiesen vorbei sowie durch schattige Buchenwälder und streift dabei die umliegenden Ortschaften. Buntsandsteinfelsen kommen immer wieder zum Vorschein.

Auf den letzten Kilometern verläuft die *Buntsandsteinroute* oberhalb der Kyll und den parallel verlegten Bahngleisen der Eifelstrecke, auf denen im Stundentakt die Züge in Richtung Trier oder Gerolstein hin- und herpendeln. Nachdem wir wieder Auw an der Kyll erreicht haben, werden unsere hungrigen Mägen im einladenden Biergarten des ehemaligen Pfarrhauses im Ortskern wieder gefüllt. Das erfrischende regionaltypische Getränk Viez, ein saurer Apfelwein, sollte unbedingt probiert werden.

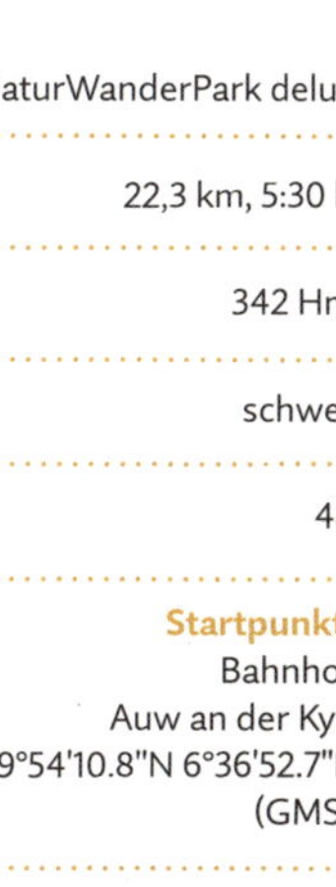

NaturWanderPark delux

22,3 km, 5:30 h

342 Hm

schwer

48

Startpunkt:
Bahnhof
Auw an der Kyll
49°54'10.8"N 6°36'52.7"E
(GMS)

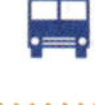

Zug bis Bahnhof
Auw an der Kyll

Aussicht, Schatten, Kultur/Besichtigen, Geologie, Wasser

In weniger als 30 Minuten erreicht man mit dem Zug Trier. Dort warten etliche Sehenswürdigkeiten aus der Römerzeit.

Es gibt im Alten Pfarrhaus kein Menü, und die Hauptspeisen variieren je nach Saison und Verfügbarkeit. Dafür wird ein großzügiges Vorspeisen- und Dessertbüfett geboten.

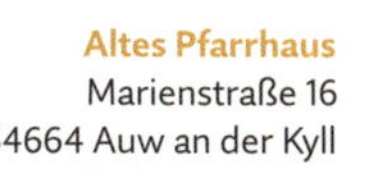

Altes Pfarrhaus
Marienstraße 16
54664 Auw an der Kyll
www.pfarrhaus-auw.de

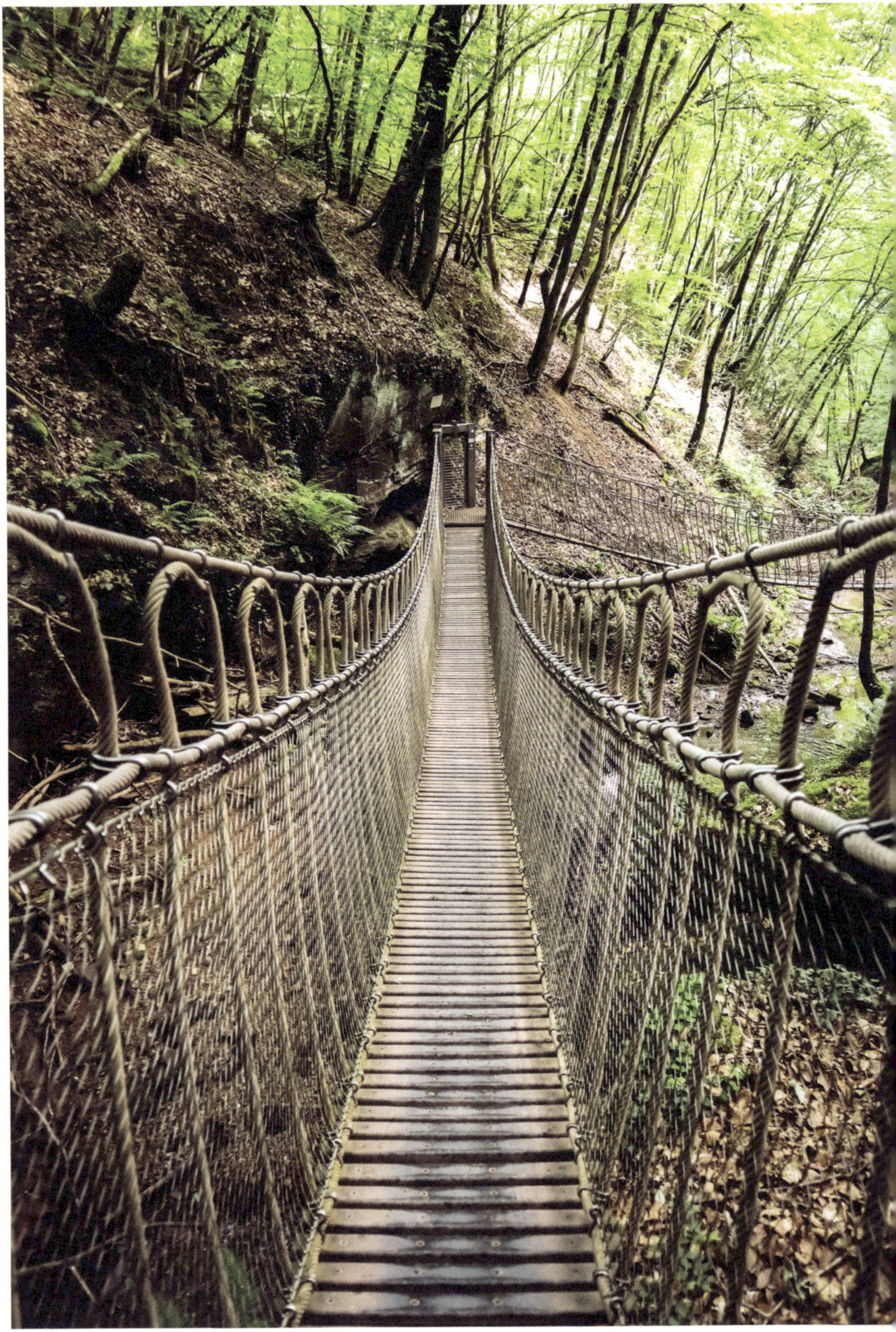

Hängebrücken führen über die Wasserfälle im Butzerbachtal

35 Abenteuerliche Höhlentour

Römerpfad

Menschen haben schon immer Spuren im Gestein hinterlassen. Darum ist der *Römerpfad* ein echter Wandertipp für Geschichtsfans. Während der Tour erfahren wir, wie die geologischen Strukturen von unseren Vorfahren auf unterschiedlichste Weise genutzt wurden.

Abenteuerlich ist der Streckenverlauf durch das wilde Butzerbachtal. Zahlreiche Brücken, Leitern und Stege müssen überwunden werden – ein Kletterspaß für Groß und Klein! Der Weg führt anschließend an den *Pützlöchern* vorbei, einem ehemaligen römischen Kupferbergwerk und Steinbruch. Ganz in der Nähe wurde die römische Münze gefunden, die auf den Wanderschildern des *Römerpfades* abgebildet ist. Die hier abgebauten Steinquader wurden unter anderem nur wenige Kilometer entfernt in der Porta Nigra in Trier verbaut.

Zum Staunen bringt euch die riesige Genovevahöhle mitten im Wald. Ihre Form erinnert ein wenig an eine Muschel. Funde aus den verschiedensten Zeitaltern bezeugen, dass Menschen an diesem Platz schon seit jeher gesiedelt und Zuflucht gesucht haben. Etwas kleiner, doch ebenfalls gut im Wald versteckt liegt die Klausenhöhle. Wie einst der heilige Antonius, suchten Mönche in dieser Abgeschiedenheit die Nähe zu Gott. Zum Schutz haben sie Fresken in den Stein gehauen, die heute noch zu erkennen sind. Zu guter Letzt steht eine Besichtigung der Burgruine Ramstein an, von der ein imposanter Wohnturm erhalten ist.

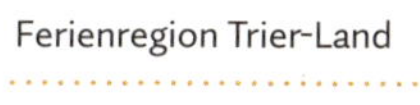

Ferienregion Trier-Land

9,4 km, 4 h

346 Hm

mittel

70

Startpunkt:
Parkplatz Ramsteiner Weg
49°49'14.6"N 6°37'46.7"E (GMS)

Zug bis Hauptbahnhof Trier → Bus 26 bis Butzweiler Kordeler Straße, Newel → 800 m Fußweg

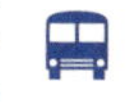

Kinder, Schatten, Aussicht, Kultur/Besichtigen, Botanik, Geologie

Eine Burgführung mit dem Burgvogt bildet einen gelungenen Abschluss. Besichtigungen nur mit Voranmeldung möglich.

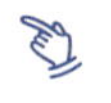

Von Übernachtung bis Gaumenschmaus in alten Gemäuern: Seit 1826 ist Burg Ramstein im Besitz der Familie Moll. Ein ritterliches Erlebnis.

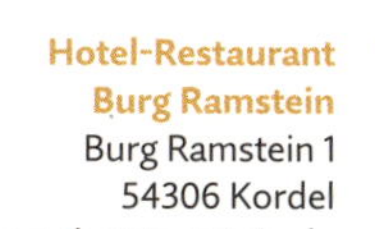

Hotel-Restaurant Burg Ramstein
Burg Ramstein 1
54306 Kordel
www.burgramstein.de

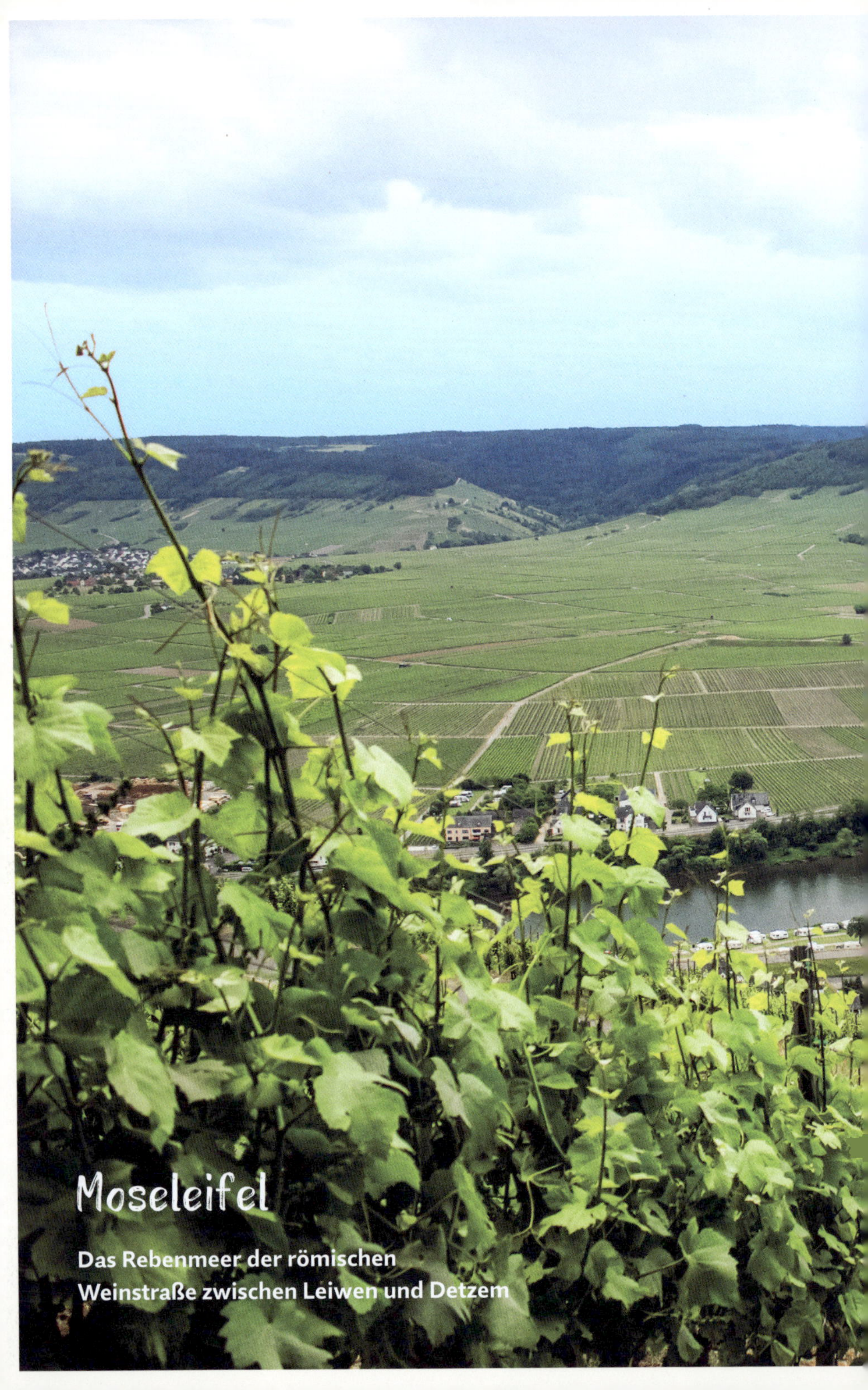

Moseleifel

Das Rebenmeer der römischen Weinstraße zwischen Leiwen und Detzem

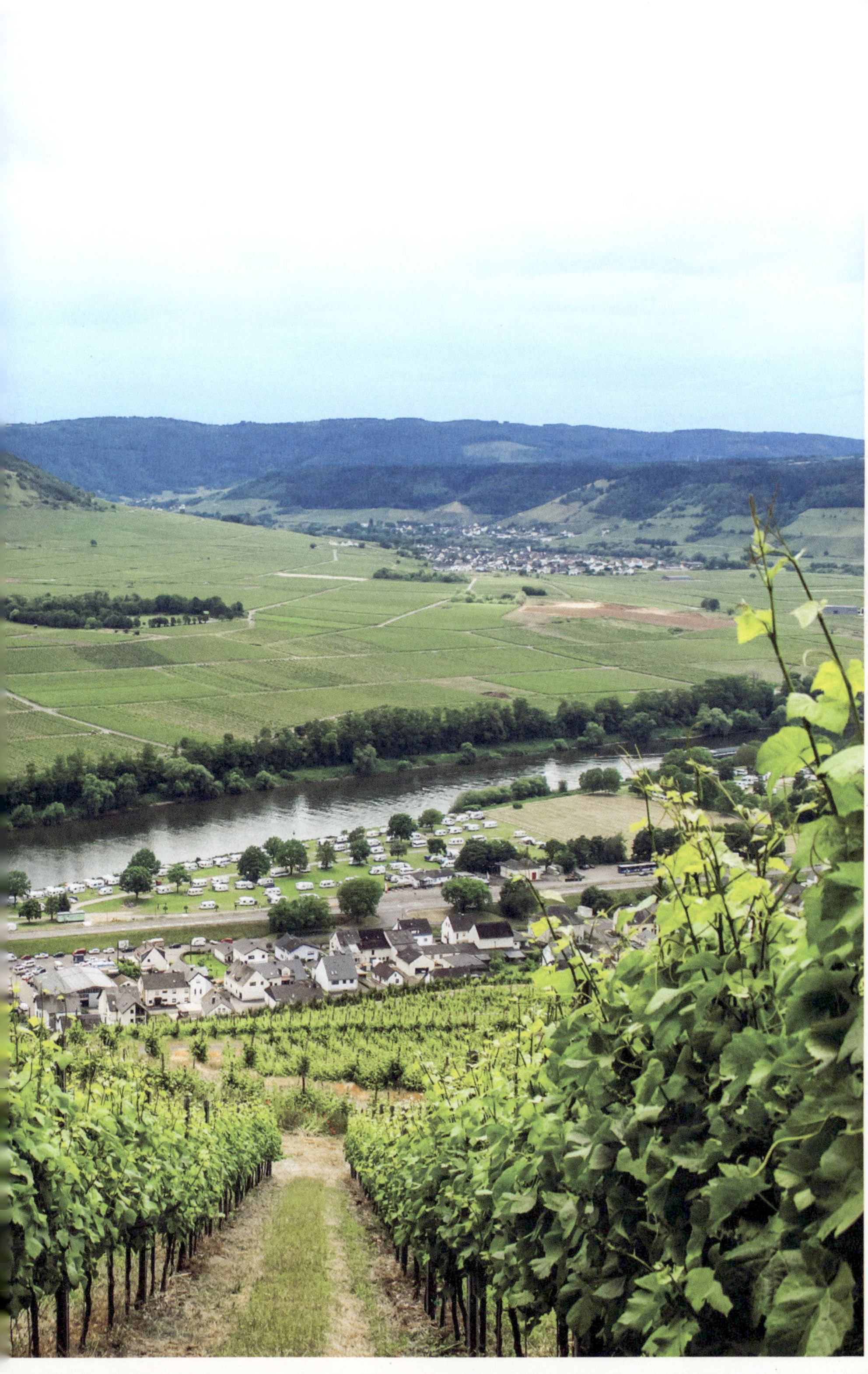

Weingenuss mit Flussblick

Die Moseleifel

Sind wir auf dem *Eifelsteig* in Trier ankommen, haben wir zugleich die verschiedensten Regionen der Eifel durchschritten: Hohes Venn, Nordeifel, Ahreifel und Vulkaneifel. Der Zielort befindet sich dann in der Moseleifel, die an der Mündung der Sauer in die Mosel beginnt. Dieses malerische Gebiet erstreckt sich am südöstlichen Rand der Eifel entlang der wunderschönen Mosel von Trier bis fast zum Rhein bei Koblenz. Der Bereich zwischen Moselkern und Koblenz wird üblicherweise schon zur Osteifel gezählt. Jedoch zählen wir für dieses Buch die Wanderwege in dieser Gegend aufgrund der Lage direkt am Fluss zur Moseleifel.

Der charmante Flusslauf mit seinen zahlreichen Schleifen und Burgen bildet die südöstliche Grenze der Eifel, während sich auf der gegenüberliegenden Seite der imposante Hunsrück erhebt. Berühmt ist dieser Teil der Region für seine idyllischen Weinberge, die links und rechts der Mosel emporragen. Besonders beeindruckend ist der Weinbau in der Calmont-Region, die sogar den steilsten Weinberg Europas vorweisen kann. Hier ist eine Vielzahl kleiner, renommierter und oft familiengeführter Weingüter zu finden. Eine absolute Genussregion für das Herz und den Magen!

Dort, wo in der Moseleifel kein Riesling und auch keine andere Rebsorte angebaut wird, haben sich dichte Wälder ausgebreitet. Der Kondelwald, der Meulenwald, die Moselberge und die Wittlicher Senke punkten mit abwechslungsreicher Landschaft und Naturschönheiten. Für atemberaubende Panoramablicke sorgen unzählige Aussichtspunkte wie die Burg Eltz, die Moselschleife bei Bremm oder auch die Fernsichten entlang der *Extratour Zitronenkrämerkreuz*.

Die Region ist ein wahres Paradies für Wanderer. Hier findet man nicht nur den *Moselsteig,* zertifiziert als »Leading Quality Trail«, sondern auch den *Mosel-Camino,* ein Ableger des Jakobswegs. Natürlich stehen auch einige Tagestouren an der Mosel zur Auswahl, von denen wir nachfolgend die zertifizierten Rundtouren vorstellen.

Die Moseleifel besticht aber nicht nur durch ihre landschaftliche Bandbreite. Auch ihre kulturellen und historischen Schätze sind sehens- und erlebenswert. Am Flussufer reihen sich malerische Städtchen und Dörfer aneinander. Schweich, Bernkastel-Kues, Traben-Trarbach, Zell an der Mosel und Cochem beeindrucken mit ihrem reizvollen Charme und ihrer historischen Bausubstanz. Zahlreiche Burgen, Kirchen, Museen und andere Sehenswürdigkeiten laden zu Entdeckungen ein. So entführt euch das *Eltzer Burgpanorama* zur angeblich »schönsten Burg Europas« oder die *Cochemer Ritterrunde* auf die Spuren der romantischen Reichsstadt an der Mosel. Ein weiterer Vorzug dieser Gegend ist das angenehme Klima, weshalb man die Touren in der Moseleifel gerne noch im Spätherbst oder Anfang Frühling unternehmen kann, ohne dass die Winterjacke mit ins Gepäck muss.

Abends laden die vielen Weingüter dann zu einem Gläschen Moselriesling ein und servieren leckere Speisen wie mediterrane Flammkuchen. Wenn ihr zu den Genusswanderern gehört wie wir, ist die Moseleifel ideal. Für Fans vom Camping oder Zelten ist diese schöne Region mit Abstand das beste Wandergebiet, denn nahezu in jedem Ort finden sich Camping- oder Wohnmobilstellplätze.

Mosellandtouristik GmbH
Kordelweg 1
54470 Bernkastel-Kues
+49 6531 97330
www.mosellandtouristik.de

Römische Weinstraße e.V.
Tourist-Information
Brückenstraße 46
54338 Schweich
+49 6502 93380
www.roemische-weinstrasse.de

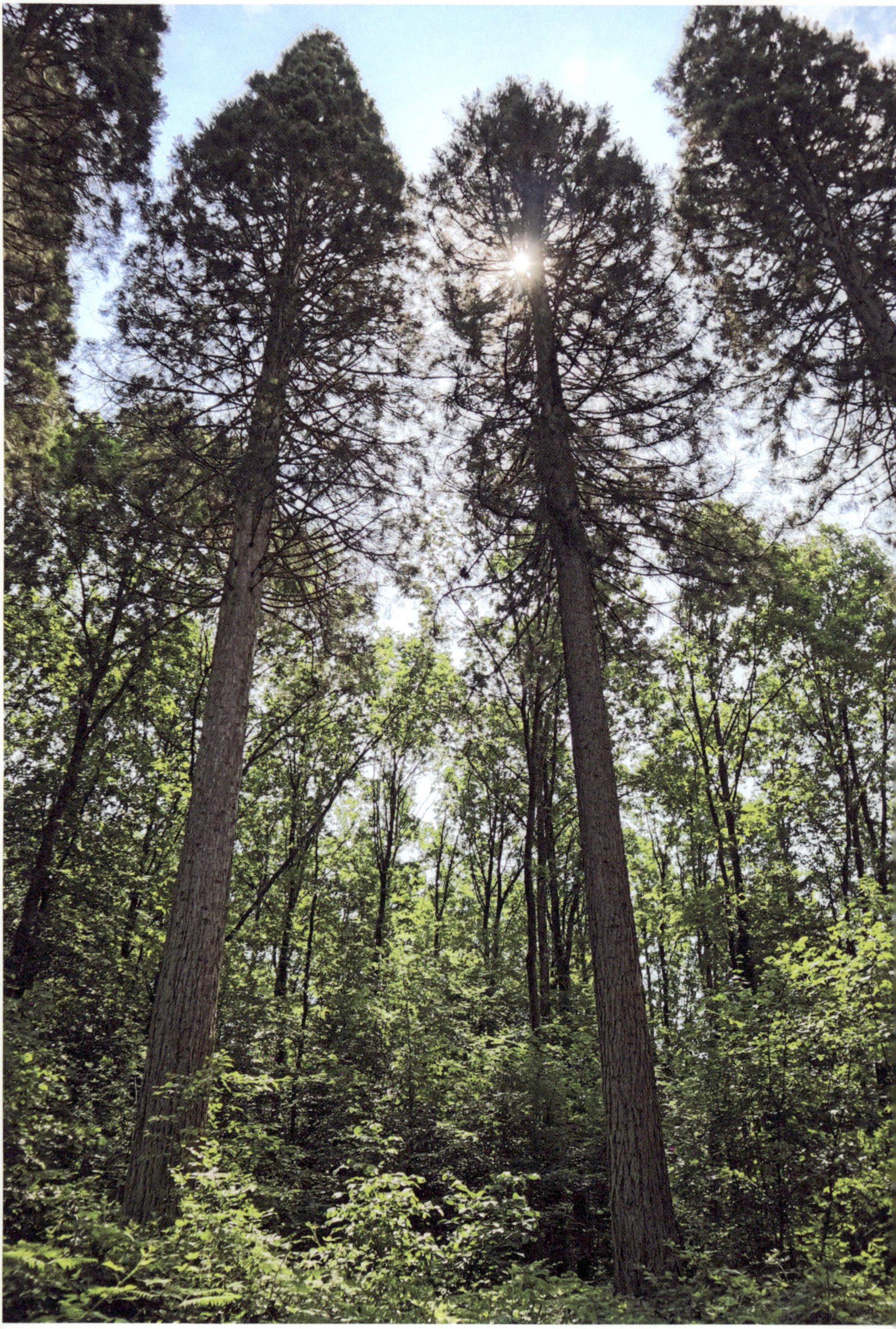

Die Sonne inszeniert die Baumriesen im Meulenwald

36 Die Welt der Bäume

Meulenwaldto(u)r Schweich

Vom Stadtzentrum aus erreichen wir nach einem Kilometer den Einstieg in diesen *Moselsteig-Seitensprung* über den beschilderten Zuweg. Der Namensgeber der Route ist der Meulenwald und der Einstieg in die Tour ist gleichermaßen das Tor zu diesem Landschaftsschutzgebiet.

Ein Wegekreuz erinnert am Startpunkt an den berühmten Jakobspilgerweg nach Santiago de Compostela, welcher an der Mosel einen beliebten Ableger findet: der *Mosel-Camino*. Die Pilgermuschel begleitet auch die *Meulenwaldto(u)r* ein ganzes Stück. Immer wieder glitzert die Mosel in der Sonne durch die Baumwipfel und manche Stelle lässt sogar einen Blick auf die kleine Schleife zwischen Schweich und Ehrang zu. Nach zwei Kilometern kündigt eine Informationstafel den *Baum-Welt-Pfad* an, der zum Großteil rollstuhlgerecht ausgebaut wurde. Wanderer können viele exotische Bäume im Wald entdecken, von denen einige schon über 100 Jahre alt sind und beeindruckende Höhen und Durchmesser aufweisen. Besonders imposant sind natürlich die Mammutbäume, die alle anderen Baumarten übertrumpfen. Der Meilenbach und kreisrunde Flächen im Wald, die man mit geschultem Auge entdecken kann, erinnern an die Zeit der Eifeler Köhler. Neben dem *Baum-Welt-Pfad* ist der Meulenwald-Moselblick das Highlight der Tour. Definitiv eine Pause und ein Foto wert. Eine Wegekapelle von 1833 behütet eine Heilquelle, in deren Wasser man kurz vor Ende der Rundtour sogar kneippen kann.

Moselsteig Seitensprünge 

10,6 km, 2:45 h 

280 Hm 

leicht 

58

Startpunkt: Parkplatz Wanderportal Heilbrunnen in Schweich 49°50'07.5"N 6°43'47.5"E (GMS) 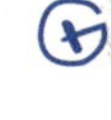

Zug bis Bahnhof Schweich → 1 km Fußweg 

Kinder, Aussicht, Schatten, Kultur/Besichtigen, Botanik 

Auf der gegenüberliegenden Moselseite in Longuich befindet sich die wieder aufgebaute römische Villa Urbana. 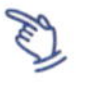

Ein geniales Frühstück mit Kaffeespezialitäten aus aller Welt zum Start in die Wanderung gefällig? Im Bistro Café Mühle wird man fündig.

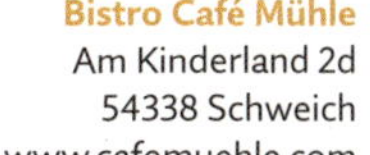
Bistro Café Mühle
Am Kinderland 2d
54338 Schweich
www.cafemuehle.com 

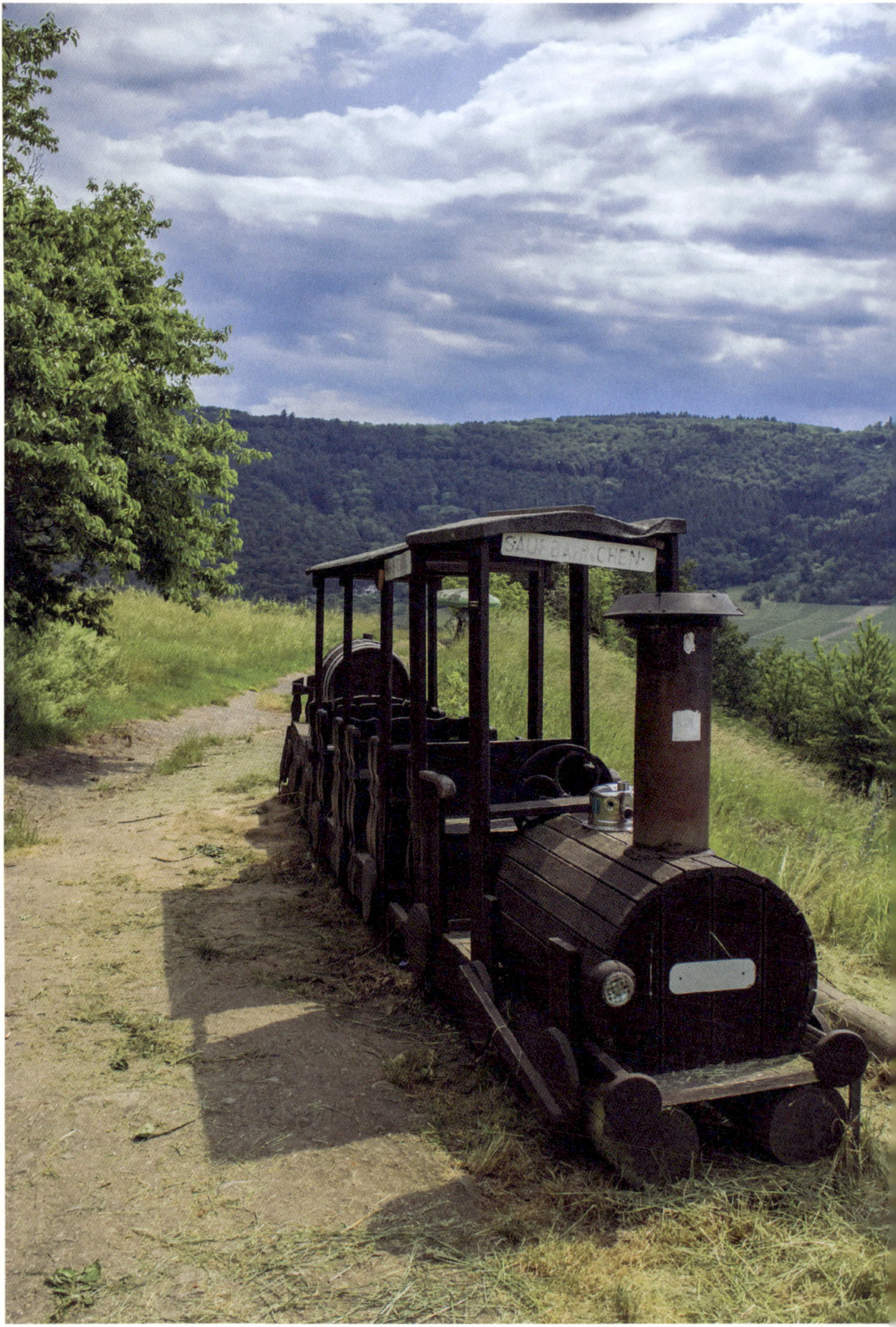

Wein und Wandern geht in der Mosel-Eifel Hand in Hand

37 Römisches Moselpanorama

Extratour Zitronenkrämerkreuz

Moselblicke zum Verlieben gibt es zuhauf entlang dieser *Extratour*. Mit amüsanten Sprüchen zum Wein und einer kleinen Moselbahn geschmückt, weiß die Aussicht von der Huxlayhütte auch die Jüngsten zu begeistern.

In der Weinlage Blattenberg gelegen, wird bei gutem Wetter leckerer Moselwein ausgeschenkt. Frisch beschwingt wandern wir durch Rebzeilen serpentinenartig den Berg hinab und stoßen auf eine alte römische Wasserleitung. Ob sie das Wasser vom Sauerbrunnen bis zur Römervilla in Mehring transportieren sollte? Wir können nur mutmaßen. Der *Qanat von Pölich* verdeutlicht in jedem Fall, wie sich Römer einst mit Hammer und Meißel durch den Berg gebohrt haben. Wir schauen nun flussabwärts auf eine von 28 Staustufen der Mosel bis zur Mündung in den Rhein. Bäche werden über hölzerne Brücken überquert und Ruhebänke sind auf der Tour sinnvoll verteilt.

Hinter dem Dorf Ensch grüßt von Weitem die Jakobswegmuschel, und wir tauchen in den Altenwald ein. Natürliche Kohlensäure und wenig Eisengeschmack machen die Quelle am Sauerbrunnen nach 15 Kilometern zum erfrischenden Rastplatz. Das Zitronenkrämerkreuz mit Kreuzigungsszene aus dem Jahr 1637 ist Namenspate der Tour. Wir durchstreifen panoramareiche, leicht verbuschte Wiesen und kleinere Forste und erreichen schon wieder den Moselblick über Mehring. An der Waldgrenze entlang kehren wir zurück zur Huxlayhütte, wo schon der gekühlte Riesling bereitsteht.

Moselsteig Seitensprünge 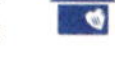

19,7 km, 6:30 h

570 Hm

schwer

57

Startpunkt:
Parkplatz Huxlay-Plateau in Pölich
49°48'01.7"N 6°50'21.4"E (GMS)

Zug bis Hauptbahnhof Trier → Bus 220 bis Moselstraße, Mehring → 1,6 km Fußweg 

Aussicht, Sonne, Kultur/Besichtigen, Unterhaltung/Event, Wasser, Botanik 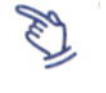

An der *Villa Rustica* in Mehring erfahren wir noch mehr über das Leben in der Römerzeit.

Im stilvoll eingerichteten Winzergasthof Zum Kellerstübchen wird deutsche Küche unter Weinreben und Palmen serviert.

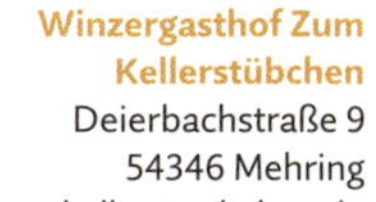

Winzergasthof Zum Kellerstübchen
Deierbachstraße 9
54346 Mehring
www.kellerstuebchen.de

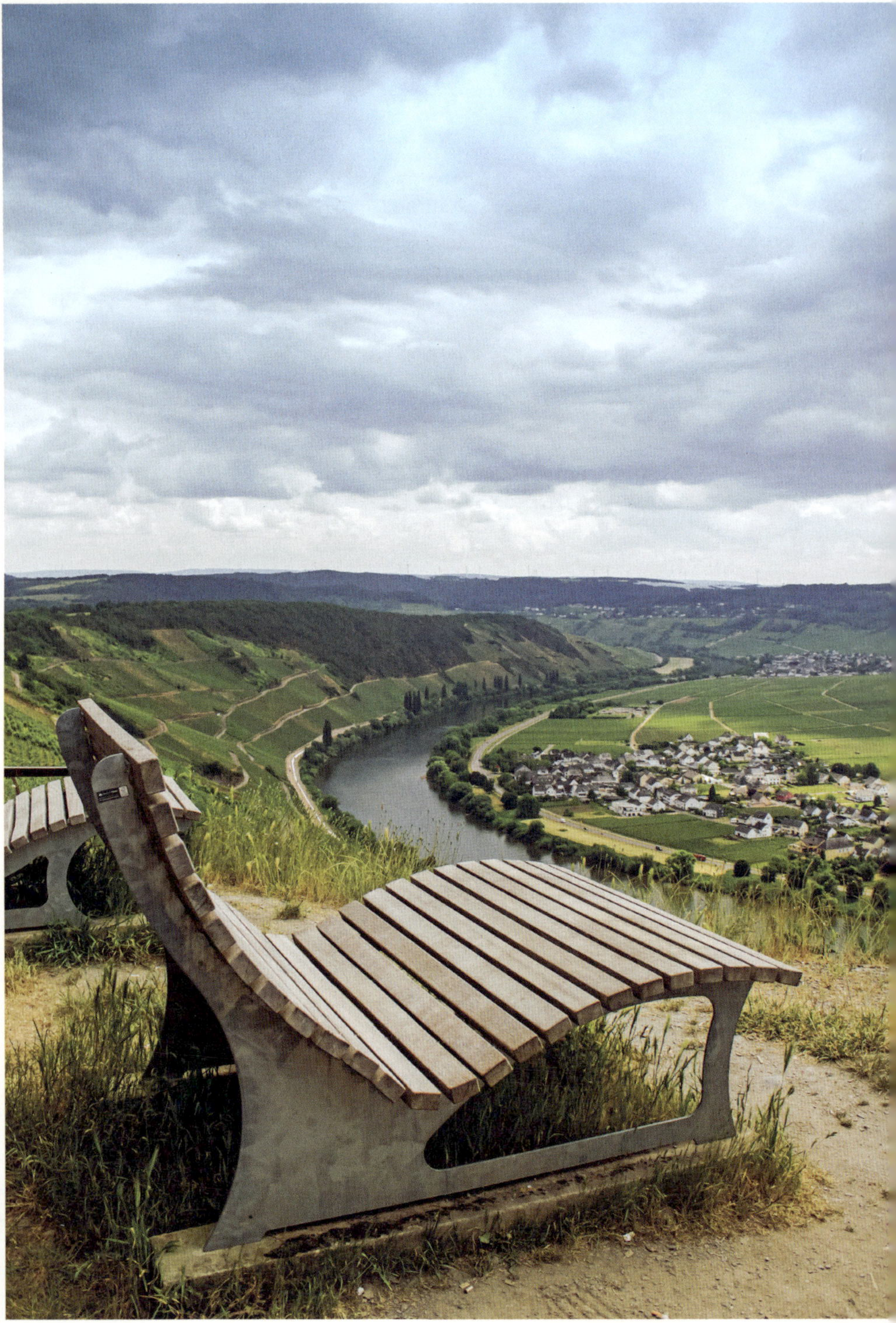

Relaxliegen mit Fernsicht
über die Moselschleife bei Klüsserath

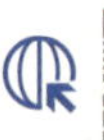

38 Legendäres Genusswandern

Klüsserather Sagenweg

Auch wenn der Ausschank an der Wetterstation nicht geöffnet hat, können wir uns am Vinomaten mit Moselwein stärken. Genusswandern ist auf dem *Klüsserather Sagenweg* angesagt.

Einen wunderbaren Blick auf die weite Moselschleife und den Ort Köwerich lässt der Gleitschirmstartplatz zu. Beeindruckend, wie sich Paraglider an lauen Sommerabenden in die Höhe schrauben. Später erreichen wir am Eselstratt das älteste Siedlungszeugnis der Mosel: In einem 3.500 Jahre alten Menhir aus der Megalithkultur kann mit Fantasie gar eine Person erkannt werden. Schaut man vom Aussichtspunkt Backofen auf die andere Moselseite, scheinen sich die Weinreben bis über den Horizont zu erstrecken. Die Römische Weinstraße ist wahrlich romantisch oder etwa nicht?

Doch wir begegnen auf diesem *Moselsteig Seitensprung* auch so manch grausamer Sage. Was hat die Märtyrerkapelle bei Neumagen mit einer blutroten Mosel zu tun? Wieso wurden zwei Schatzjäger von unsichtbarer Hand verprügelt? Und was hat das beschauliche Klüsserath mit der Rettung des Kreuzritters Graf Richard von Hagen aus der Türkei zu tun? Neugierig? Entdeckt die Geheimnisse dieser spannenden Wanderung selbst!

Nachdem die erste Hälfte der Strecke sonnenreich entlang der Mosel verlaufen ist, weiß der zweite Teil mit kühler Erfrischung in Wäldern und einem kalten Wassertretbecken zu bestechen. Ideal für warme Sommertage an der Mosel!

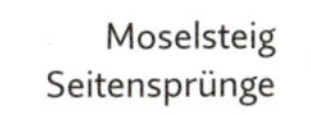

Moselsteig Seitensprünge

11,9 km, 3:30 h

290 Hm

mittel

68

Startpunkt:
Parkplatz an der Wetterstation in Klüsserath
49°50'56.3"N 6°51'49.1"E (GMS)

Zug bis Bahnhof Schweich → Bus 221 bis Gemeindewaage, Klüsserath → 2 km Fußweg

Kinder, Aussicht, Kultur/Besichtigen, Wasser, Botanik

Über 90 verschiedene Exponate beleuchten im Krippenmuseum Klüsserath die Geburt Jesu aus verschiedensten Perspektiven.

Mit viel Herzblut kreiert man im Landgasthof Wey Gerichte von Spitzenqualität. Küchenliebe, die sich sehen und schmecken lässt.

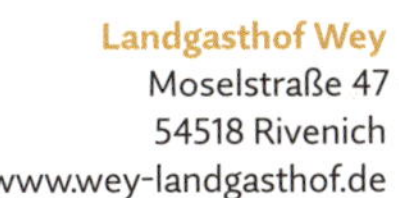

Landgasthof Wey
Moselstraße 47
54518 Rivenich
www.wey-landgasthof.de

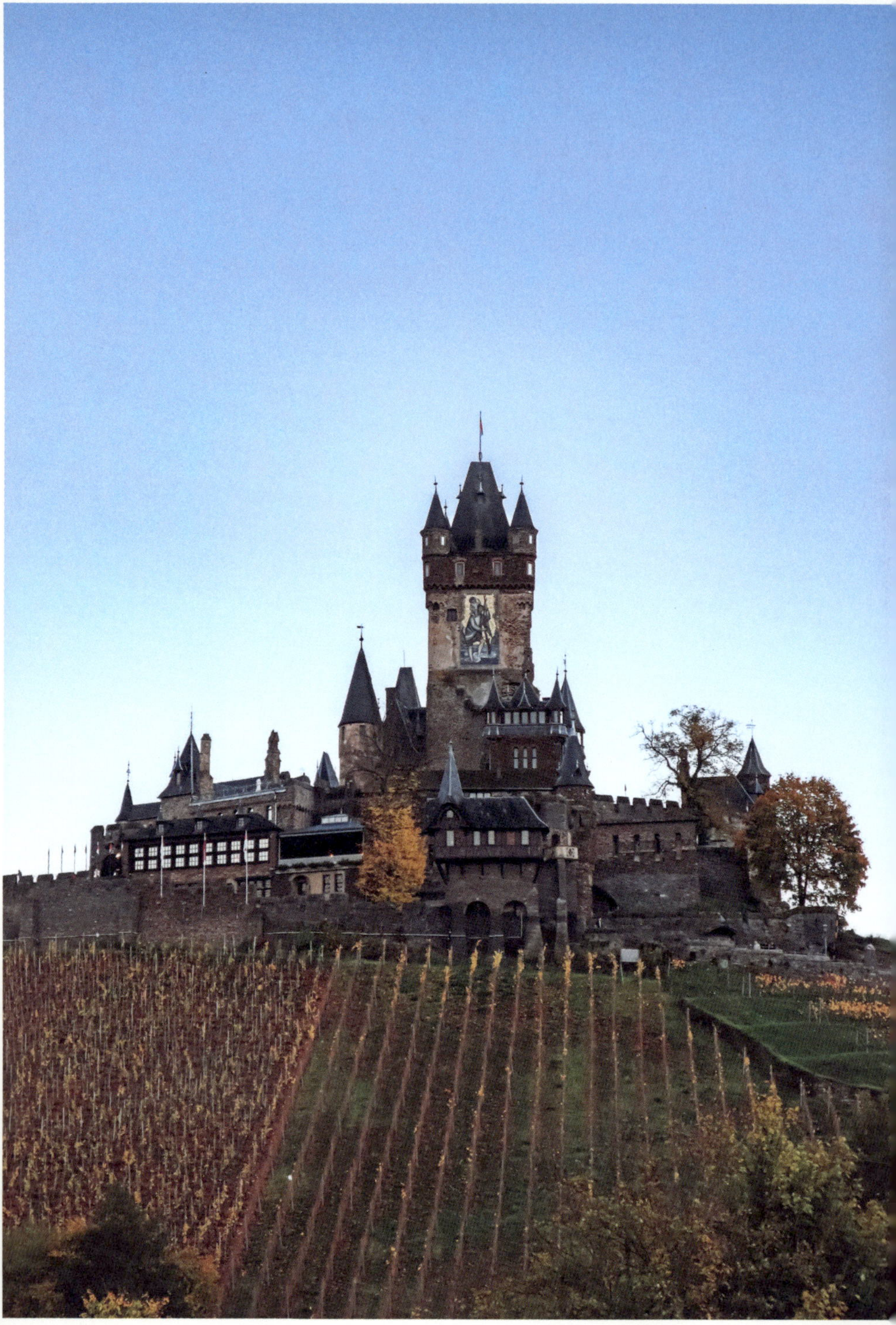

Herbstzeit an der Reichsburg Cochem

39 Auf mittelalterlichen Pfaden

Cochemer Ritterrunde

Die *Ritterrunde* leitet zunächst aus der belebten Cochemer Innenstadt den Steilhang zum Pinnerberg hinauf. Wer den anstrengenden Anstieg umgehen möchte, nimmt am besten die Cochemer Sesselbahn. Ein phänomenales Panorama mit der Mosel und der gegenüberliegenden Reichsburg eröffnet sich oben am Pinnerkreuz.

Die Strecke verläuft weiter kurvenreich unter schattigen Laubbäumen und über schmale Pfade, was genau unseren Geschmack trifft. Auf ungefähr der Hälfte des Weges erreichen wir über eine Holzbrücke die Ruine Winneburg, die imposant über dem Endertbachtal thront. Der Teufel höchstpersönlich, so besagt es eine Legende, soll am Bau der Festung beteiligt gewesen sein. Das soll uns aber nicht abschrecken, denn eine Erkundung der gut erhaltenen Anlage lohnt sich auf jeden Fall und zudem bietet sie eine wunderbare Rastmöglichkeit.

Die zweite Hälfte der Wanderung führt zur Abwechslung teilweise auf breiten Wegen und an Feldern vorbei. Nicht entgehen lassen solltet ihr euch die phänomenale Aussicht von der Wilhelmshöhe, was mit einem kurzen Abstecher verbunden ist. Wenige Kilometer später liegt uns von der Hubertushöhe der Moselort Cochem zu Füßen. Den krönenden Abschluss bildet die Reichsburg, das Wahrzeichen der kleinsten Kreisstadt Deutschlands. Wem nach der anspruchsvollen Tour noch nicht die Füße wehtun, sollte sich Zeit für einen Spaziergang durch die malerischen Gassen der ehemaligen Reichsstadt nehmen.

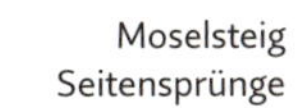

Moselsteig Seitensprünge

16 km, 6 h

700 Hm

schwer

71

Startpunkt: Endertplatz in Cochem 50°08'50.7"N 7°09'57.6"E (GMS)

Zug bis Bahnhof Cochem → 1 km Fußweg

Kinder, Aussicht, Schatten, Kultur/Besichtigen, Unterhaltung/Event, Geologie

Auf der Reichsburg Cochem findet ein buntes Veranstaltungsprogramm statt, von thematischen Burgführungen bis hin zu Rittermahlen.

Die urige Weinstube Zom Stüffje (Moselfränkisch für »Gute Stube«) kümmert sich schon seit 1642 um das leibliche Wohl der Gäste.

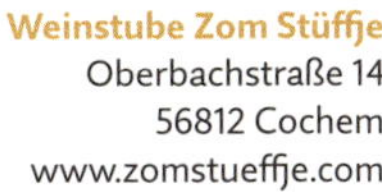

Weinstube Zom Stüffje
Oberbachstraße 14
56812 Cochem
www.zomstueffje.com

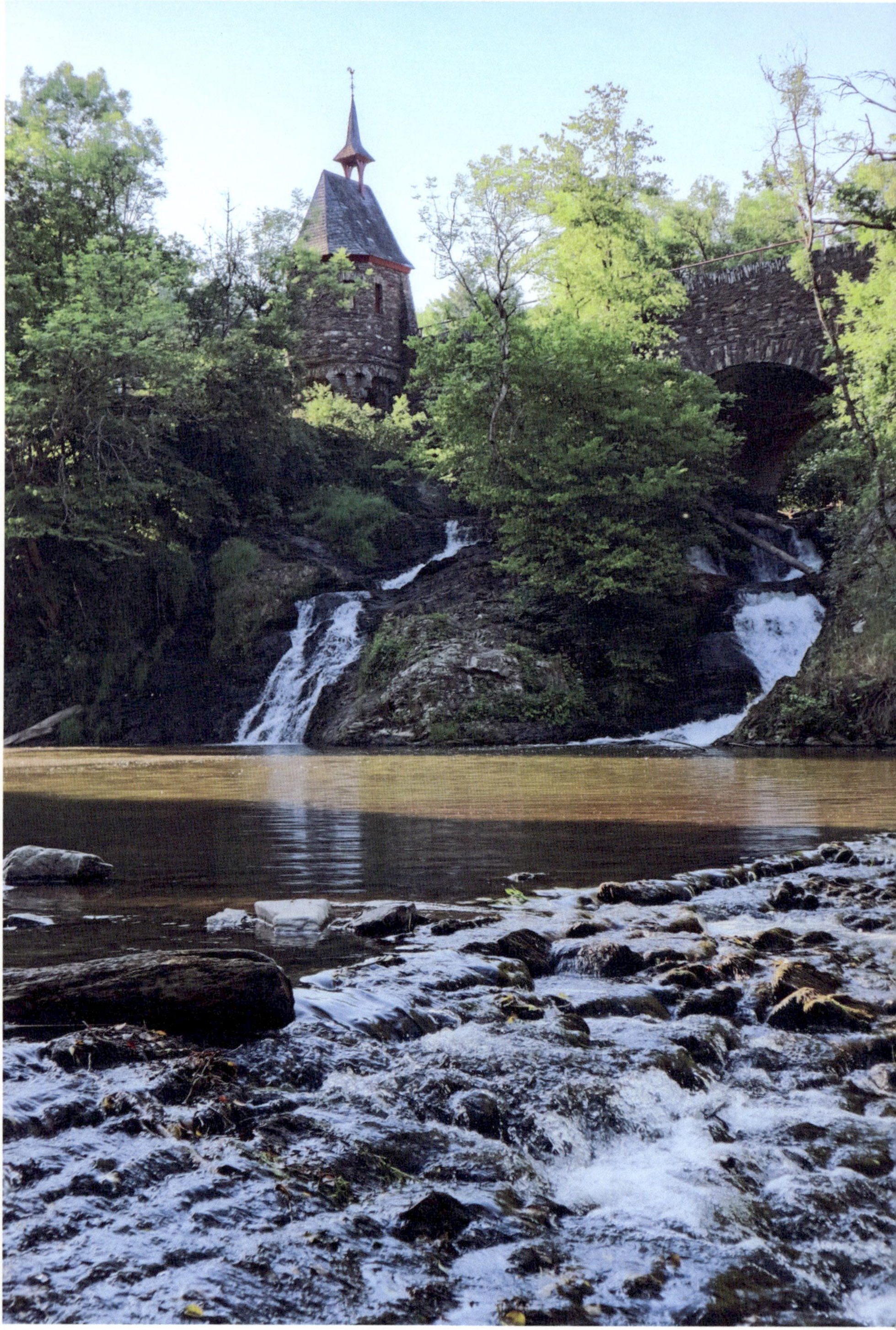

Am Zwillingswasserfall an der Pyrmonter Mühle
kann man sich nicht sattsehen

40 Rauschendes Burgfinale

Pyrmonter Felsensteig

Schon von Weitem macht sich der rauschende Elzbach-Wasserfall bemerkbar. Mit Aussicht auf die Burg Pyrmont führt der Steig zunächst über Feldwege zu der beschaulichen Kapelle *Allebrauns Heiligenhäuschen.* Gegenüber der kleinen Kirche laden Sinnesliegen zur kurzen Rast ein, bevor wir den höchsten Punkt der Wanderung erreichen. Vom riesigen Gipfelkreuz auf dem Sammetzkopf öffnet sich eine fantastische Rundumsicht auf Münstermaifeld und die Vulkanlandschaft.

Leicht bergab führt der schmale Weg an kleinen Höhlen vorbei bis zur Hauerhütte, die sich für eine längere Pause eignet. Etwas langwierig gestaltet sich der Abschnitt durchs Tal entlang des Elzbaches. Die ein oder andere Brücke sorgt aber für etwas Abwechslung. Wenn wir den Wasserlauf verlassen haben, ist es nicht mehr weit zum Highlight der Tour: die Burg Pyrmont, erstmals im 13. Jahrhundert urkundlich erwähnt. Eine Besichtigung ist nur sonn- und feiertags von Mai bis Oktober möglich, lohnt sich aber allemal. Sogar übernachten könnt ihr in den alten Gemäuern.

Umgeben von Eichenbäumen und Schieferfelsen folgen wir schließlich dem Streckenverlauf stetig bergab zurück zur Pyrmonter Mühle. Bevor wir im Tal ankommen, hören wir bereits wieder das Plätschern des Wasserfalls. Erschöpft, aber glücklich lassen wir die Rundtour im Landgasthof der Mühle ausklingen.

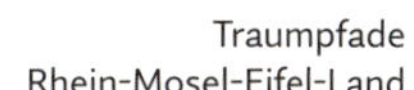
Traumpfade Rhein-Mosel-Eifel-Land

11,4 km, 3:30 h

363 Hm

mittel

85

Startpunkt:
Parkplatz Pyrmonter Mühle in Roes
50°14'12.0"N 7°17'30.8"E (GMS)

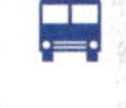
Zug bis Hauptbahnhof Koblenz → Bus 370 bis Stadion, Polch → FreizeitBus 355 (Apr.–Nov.) bis Pyrmonter Mühle, Roes

Aussicht, Schatten, Sonne, Kultur/Besichtigen, Wasser

Ab ins erfrischende Nass im Erlebnisbad Maifeld mit Aussicht auf die Eifellandschaft!

Mit Blick auf den Wasserfall ist die urige Pyrmonter Mühle der ideale Einkehrtipp. Am Wochenende empfehlen wir, einen Tisch zu reservieren.

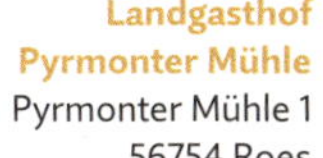
Landgasthof Pyrmonter Mühle
Pyrmonter Mühle 1
56754 Roes
www.pyrmonter-muehle.de

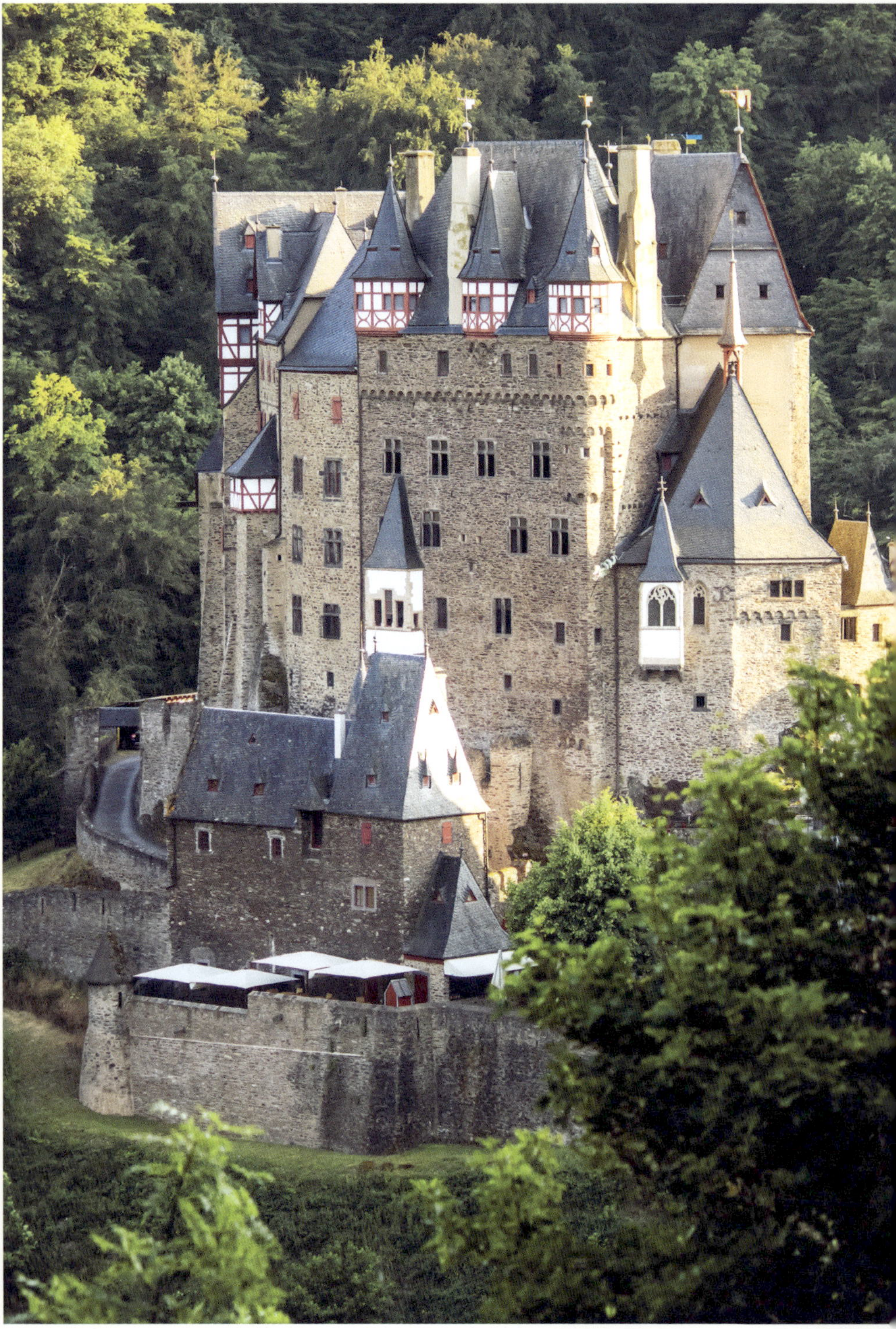

Die Märchenburg Eltz ins Grüne gebettet

41 Wie im Märchen

Eltzer Burgpanorama

Es war einmal, versteckt in den dunklen Wäldern des Mosel-Eifel-Landes … So könnte ein Märchen über den vielleicht schönsten Rittersitz Deutschlands beginnen. Auf einem Felsen thronend und umgeben von unberührter Natur, diente Burg Eltz einst als Residenz für drei Adelsfamilien gleichzeitig. Mit ihren Türmchen und dem charakteristischen rot-weißen Fachwerk zieht sie alle in ihren Bann.

Das namensgebende Bauwerk schmückte sogar einst den 500-DM-Schein. Bei jedem Besuch entdecken wir neue Details und sind immer wieder fasziniert, wie die Burg sämtliche Kriege ohne Schaden überstehen konnte. Unser Tipp: Brecht bei Morgengrauen auf, sodass ihr die Burg vor ihrer Öffnung erreicht. Dann herrscht eine einzigartige Lichtstimmung und ihr habt genug Zeit und Platz für Fotos. Ein Besuch inklusive Führung und Zugang zur Schatzkammer empfehlen wir ebenfalls.

Der *Traumpfad* macht vor den Eingangstoren eine Schleife und folgt im weiteren Verlauf ein gutes Stück dem Elzbach. Bei sommerlichen Temperaturen laden genügend flache Uferstellen zu einer kleinen Kneipprunde im kühlen Nass ein. Der nächste Anstieg lässt nicht lange auf sich warten. Tolle Aussichten und schattige Waldpassagen wechseln sich auf dem nächsten Abschnitt bis nach Wierschem ab, dem Start- und Endpunkt der romantischen Rundtour. Kein Wunder, dass die Leser des *Wandermagazins* das *Eltzer Burgpanorama* bereits zu »Deutschlands schönstem Wanderweg« kürten.

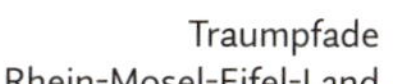
Traumpfade Rhein-Mosel-Eifel-Land 

12,6 km, 4 h 

397 Hm

mittel 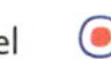

79

Startpunkt:
Parkplatz Dorfgemeinschaftshaus Wierschem 50°13'33.7"N 7°20'50.8"E (GMS) 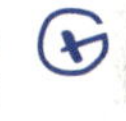

Zug bis Bahnhof Hatzenport → Bus 365 bis Hinter der Hecke, Wierschem → 300 m Fußweg 

Kinder, Aussicht, Schatten, Sonne, Besichtigen 

Führungen auf Burg Eltz werden von April bis November angeboten. 

Das Landhotel Ringelsteiner Mühle im idyllischen Elzbachtal serviert gutbürgerliche Küche sowie eine Auswahl an leckeren Kuchen.

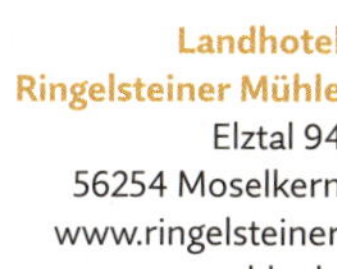
Landhotel Ringelsteiner Mühle
Elztal 94
56254 Moselkern
www.ringelsteiner-muehle.de 

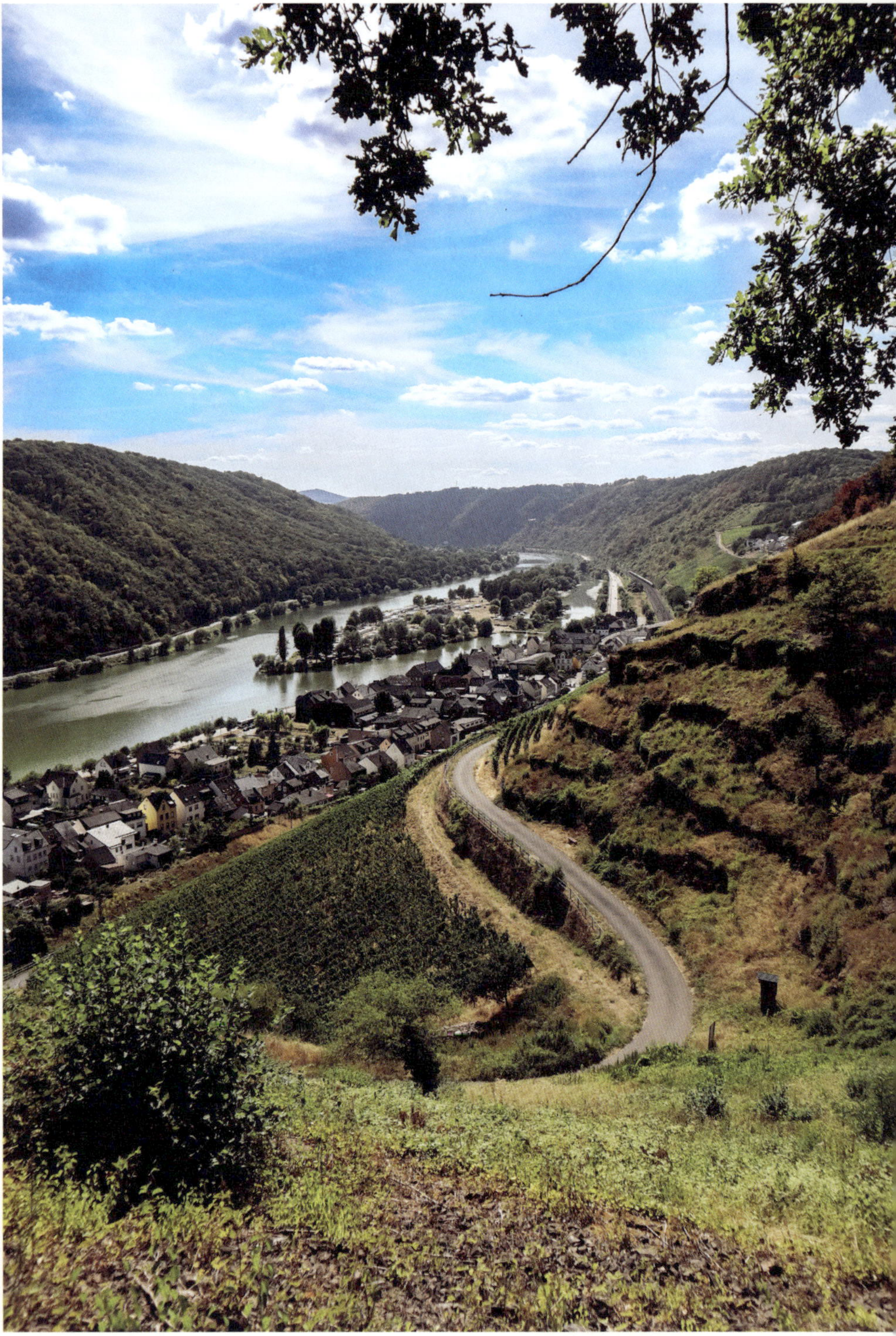

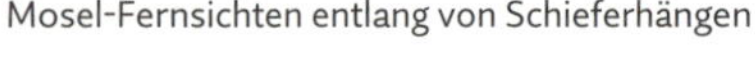
Mosel-Fernsichten entlang von Schieferhängen

42 Moselklettern für Einsteiger

Hatzenporter Laysteig

Vorbei an Trockenmauern und einer Wetterstation schlängeln wir uns auf schmalen Pfaden in den Moselsteilhängen immer weiter bergauf. Unsere Aufmerksamkeit wecken die praktischen Monorackbahnen, regionaltypische Zahnradbahnen, welche die mühevolle Arbeit in der steilen Terrassenlandschaft erleichtern. Auch überrascht uns das Wingertstheater zwischen den Weinreben. In atemberaubender Kulisse finden Schauspielvorstellungen und Weinproben statt.

Nach dem anstrengenden Anstieg kommt die Aussichtsplattform an der Rabenlay mit Schutzhütte und Sitzbänken unter einer Schatten spendenden Eiche gerade recht für eine Verschnaufpause. Von diesem Plateau bietet sich ein wunderbares Moselpanorama. Am liebsten würden wir an diesem Platz für einige Zeit verweilen und die Füße hochlegen. Doch es liegen noch einige Kilometer vor uns.

Von der Rabenlay kehren wir dem Fluss vorerst den Rücken und folgen der Strecke bis zu einem weiteren Aussichtspunkt, der Kreuzlay. Danach wechseln sich Feld- und Waldwege ab, bis wieder die Mosel ins Blickfeld rückt. Bergab lassen wir uns einfach treiben, genauso wie der Fluss. Die Natur gibt den Rhythmus vor. Kurz vor Ende wird es auf dem Kletterpfad Dolling noch mal abenteuerlich. Mithilfe von Leitern überwinden wir die steilen Hänge und kehren schließlich zum Ausgangspunkt zurück.

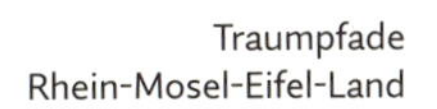

Traumpfade Rhein-Mosel-Eifel-Land

11,9 km, 4 h

539 Hm

schwer

69

Startpunkt:
Bahnhof Hatzenport
50°13'40.1"N 7°24'49.2"E (GMS)

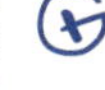

Zug bis Bahnhof Hatzenport

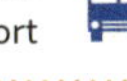

Aussicht, Sonne, Kultur/Besichtigen, Botanik, Geologie

Die Wanderung zeichnet sich durch einige Kletterpassagen aus. Trittsicherheit und festes Schuhwerk sind ein absolutes Muss.

Genuss unter Reben: Im Innenhof des Weinhauses Ibald lassen wir uns die Tropfen der Region und leichte Speisen schmecken.

Weinhaus Ibald
Moselstraße 34
56332 Hatzenport
www.weinhaus-ibald.de

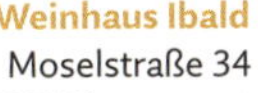

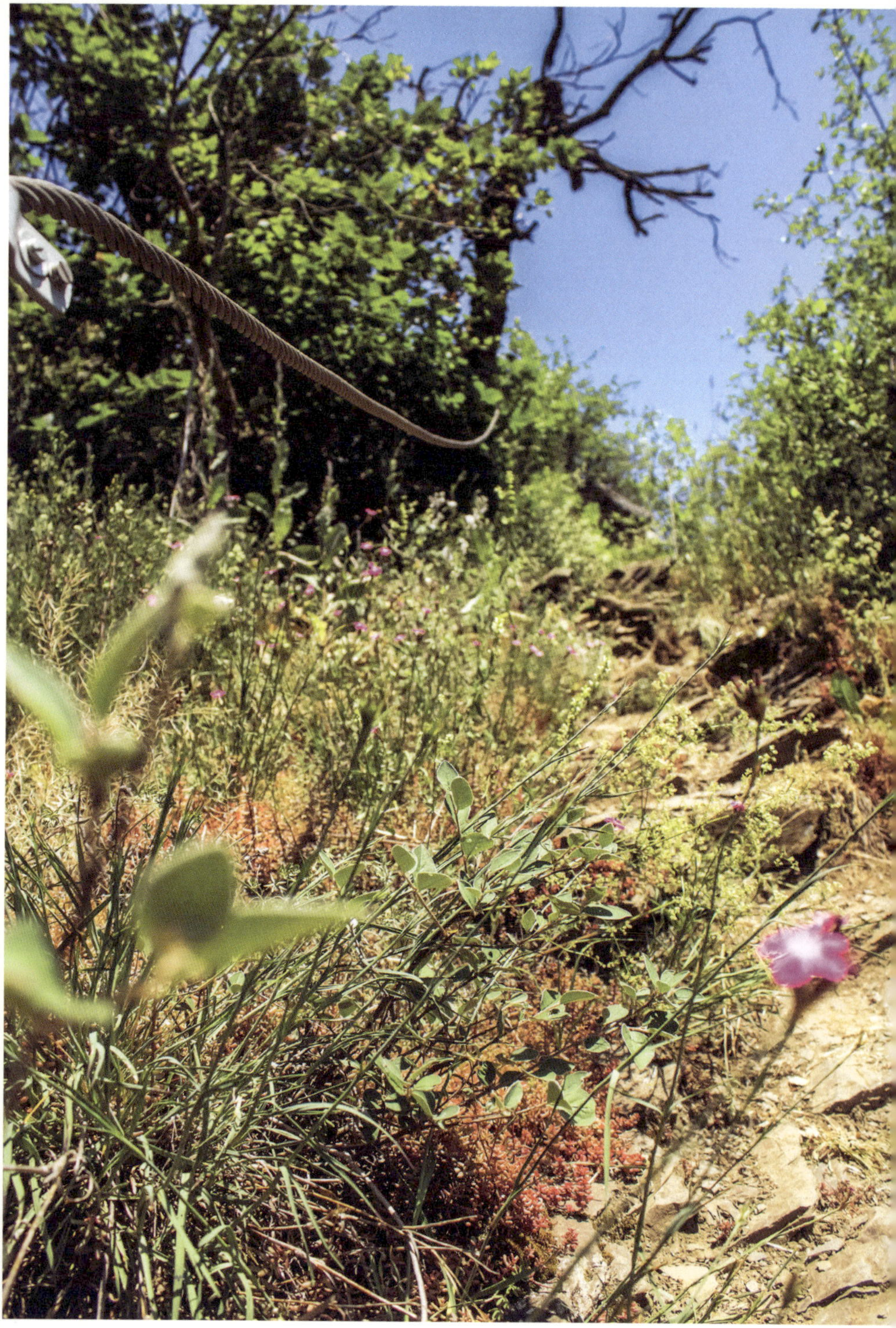

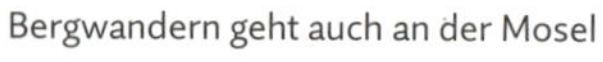

Bergwandern geht auch an der Mosel

48 Lavendelduft und Artenvielfalt

Würzlaysteig

In Lehmen befinden wir uns in der sonnigen Untermosel, auch Terrassenmosel genannt. Woher der Name rührt, erfahren wir auf dem *Würzlaysteig*. Zu Beginn säumt ein Waldstück den Weg und ein Blick auf die Mosel öffnet sich zuerst an der Staustufe Lehmen, der vorletzten Schleuse der Mosel vor der Mündung in den Rhein bei Koblenz.

Über alpine Pfade wandern wir stets oberhalb der Weinberge, die wir nur geübten Wanderern empfehlen. Einsteiger können eine Umleitung wählen. Wir passieren Trockenmauern, die in steileren Hängen besseren Halt geben, vor Erosion schützen und die Reben bei der Wasseraufnahme unterstützen. Die Biodiversität an der Würzlay wird durch unzählige Kräuter und Pflanzen begünstigt, die eine Vielzahl an Schmetterlingen und Insekten anlockt. Auch Lavendelduft steigt im Sommer in unsere Nase. Vom Wanderweg aus lassen sich mit einem Fernglas die auf der Reiherschussinsel beheimateten Kormorane beobachten. Im Sommer bevölkern sie zahlreiche Bäume auf dem Eiland.

Der beste Fotospot ist am Ausoniusstein erreicht, wo wir über die Dörfer Oberfell, Kattenes, Alken und Löf bis zu den Höhenzügen des Hunsrücks schauen können. Pate für den Felsen steht der römische Dichter Decimus Magnus Ausonius, der im Jahr 371 die Mosellandschaft in seiner Dichtung *Mosella* beschrieb. Nach einer Schleife über Wiesen und Äcker führt die Tour oberhalb der Waldkante zurück zum Startpunkt in Lehmen.

Moselsteig Seitensprünge 

9,3 km, 3 h

293 Hm

mittel

63

Startpunkt:
Sportplatz Lehmen
50°16'57.1"N 7°26'52.3"E (GMS) 

Zug bis Bahnhof Lehmen → 900 m Fußweg 

Aussicht, Sonne, Wasser, Botanik 

Mit ihren zwei markanten Rundtürmen ist Burg Thurant an der Mosel ein Hingucker. 

Am Moselufer lädt das Gasthaus Traube in Niederfell zu traditionellen, aber richtig leckeren Speisen und Moselwein ein.

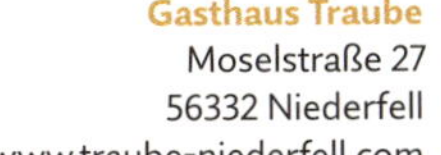

Gasthaus Traube
Moselstraße 27
56332 Niederfell
www.traube-niederfell.com

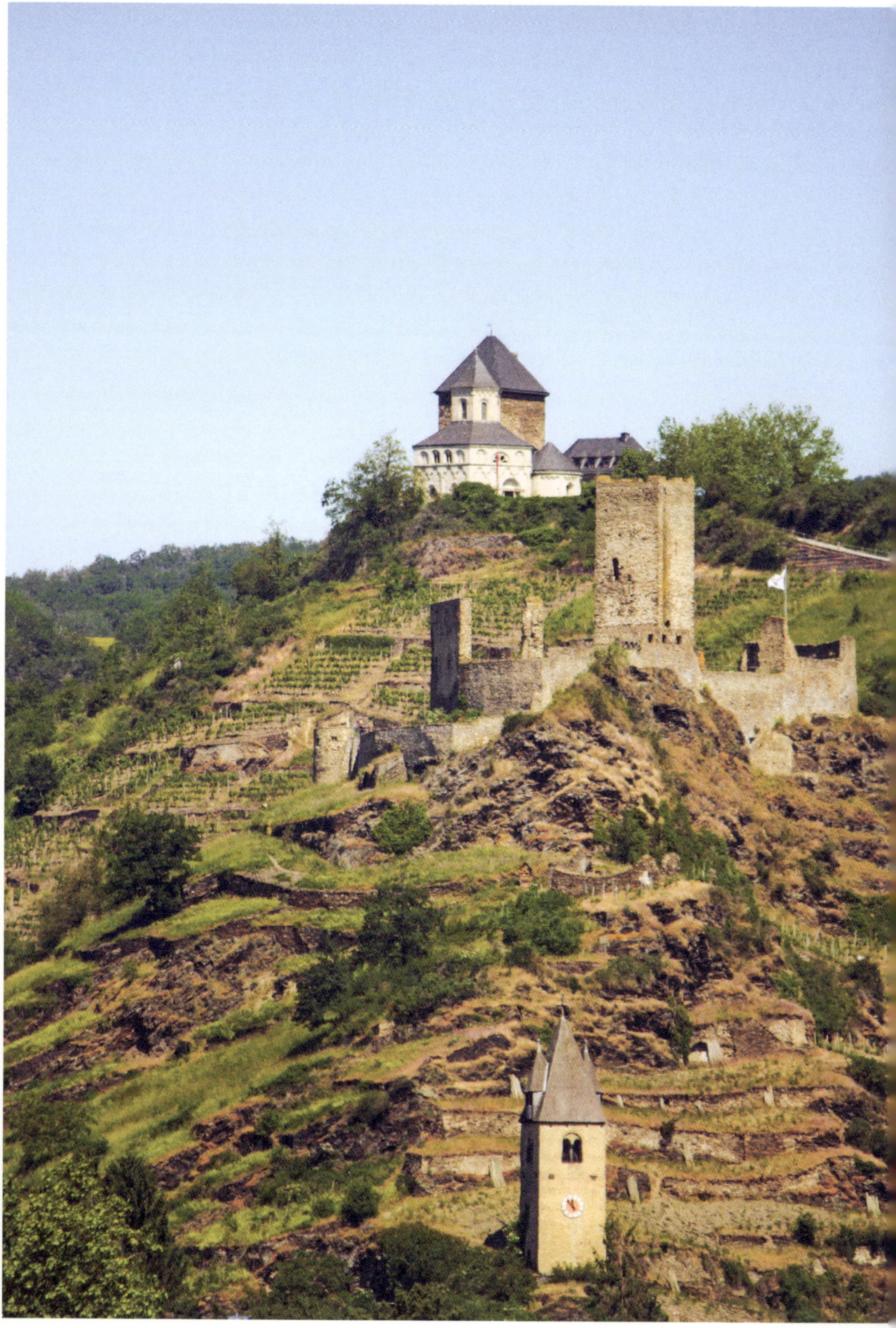

Felsiger Dreiklang in Kobern-Gondorf

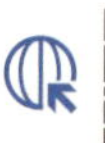

44 Heilwasser für die Könige

Koberner Burgpfad

Der *Koberner Burgpfad* versprüht historisches Flair und Naturnähe. Zum Start betrachten wir an der Dreikönigskapelle mittelalterliche Fresken, die den drei Weisen aus dem Morgenland gewidmet sind. Bergauf geht es zu einer Aussichtshütte, von wo wir auf die Niederburg und ihre Weinterrassen blicken. An der Weinlage Gäns bietet sich wiederum ein malerisches Panorama mit der Staustufe bei Lehmen.

An sonnenreichen Tagen sorgt der Abschnitt durch das Keverbachtal für einen Frischekick. Der *Traumpfad* führt aber schnell wieder auf ein Höhenplateau hinauf, wo sich Getreideäcker und Maisfelder aneinanderreihen. Bei drei Kilometern ohne Schatten sind wir froh, Sonnencreme im Gepäck zu haben. Der *Buchwald* schenkt endlich wieder die gewünschte Abkühlung, und bei Kilometer 15 sind die Vorboten der Vulkaneifel erreicht. An dieser Stelle tritt vulkanisches Heilwasser gleich an zwei Brunnen an die Oberfläche. Eine echte Erfrischung, aber über den metallischen Geschmack lässt sich streiten.

Richtung Oberburg zeigt sich die Landschaft schluchtenartig, und scheinbar aus dem Nichts liegt vor uns die wunderschöne Terrassenlandschaft der Untermosel. Das beste Foto schießen wir allerdings von der Niederburg an der Matthiaskapelle. Eine Bank ist sinnigerweise am Gipfelkreuz aufgestellt worden, damit die Wanderer den Sonnenuntergang genießen können. Noch ein Abstecher zur Burgruine, und der *Burgpfad* führt uns schließlich über das Mühlental zurück nach Kobern.

Traumpfade Rhein-Mosel-Eifel-Land 

16,9 km, 5:30 h 

517 Hm 

schwer

77 

Startpunkt: Pfarrhaus Kobern-Gondorf 50°18'32.9"N 7°27'19.7"E (GMS) 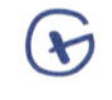

Zug bis Bahnhof Kobern-Gondorf → 1,2 km Fußweg 

Aussicht, Schatten, Kultur/Besichtigen, Wasser, Botanik, Geologie 

Die Altstadt von Kobern-Gondorf weiß mit bunten Fachwerkhäusern zu begeistern. 

Bezahlbares Essen erster Klasse in urigem Weinambiente – die Alte Mühle wird nicht umsonst im *Guide Michelin* gelistet.

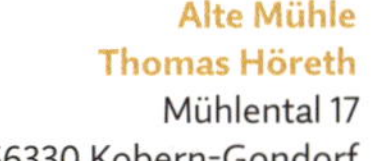

Alte Mühle Thomas Höreth
Mühlental 17

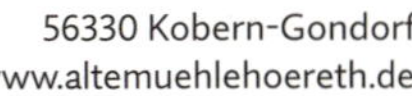

56330 Kobern-Gondorf
www.altemuehlehoereth.de

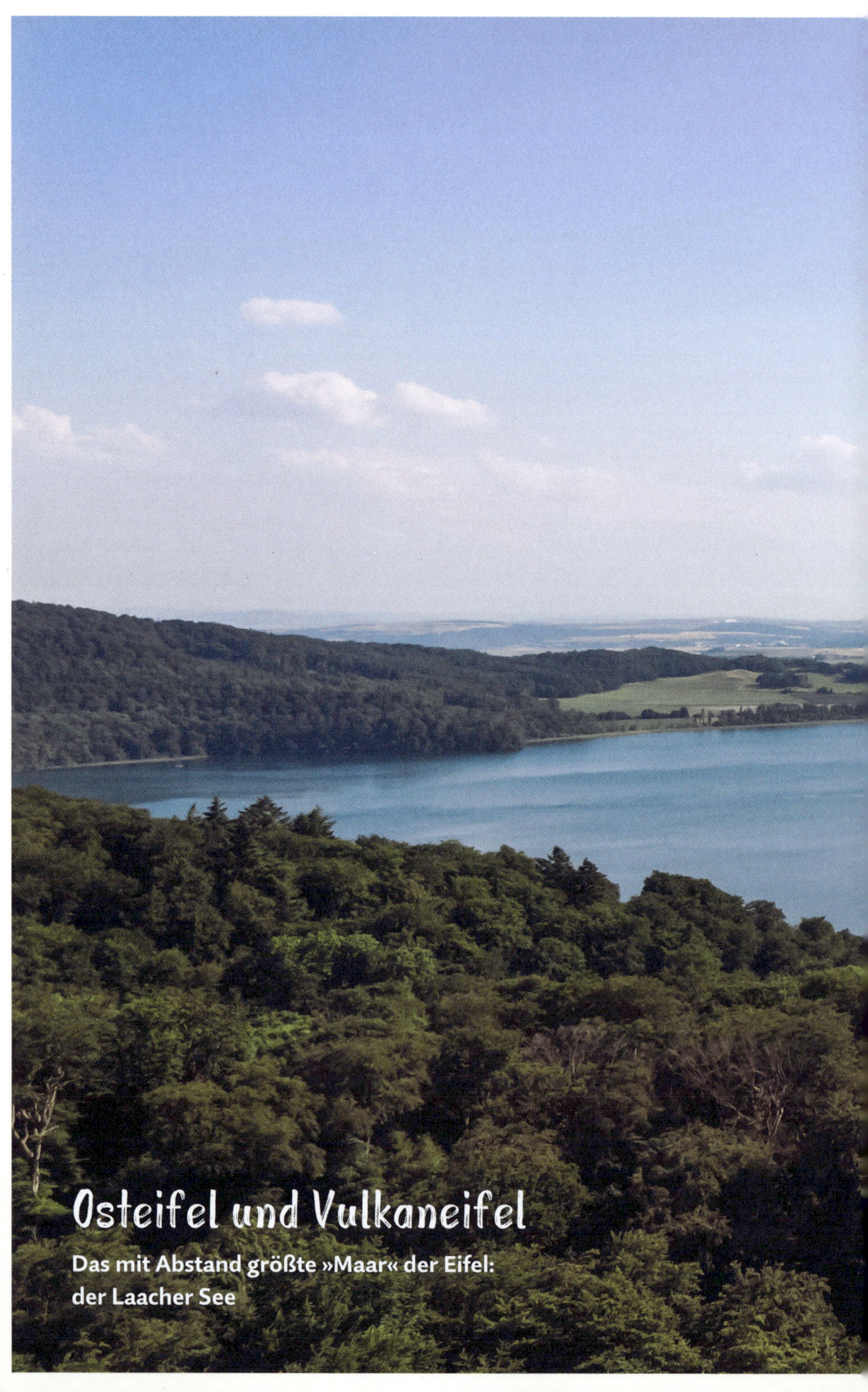

Osteifel und Vulkaneifel

Das mit Abstand größte »Maar« der Eifel: der Laacher See

Im Land der Feuerberge

Die Vulkaneifel und die Osteifel

Einst eine lebensfeindliche Region, in der Vulkane Lava und Asche ausstießen und gewaltige Explosionen die Landschaft formten – heute locken die Ost- und Vulkaneifel mit einer idyllischen Naturkulisse sowie den höchsten Erhebungen der gesamten Eifel. Die Osteifel lässt sich geografisch grob durch die Flüsse Ahr im Norden, Rhein im Osten und Mosel im Süden abstecken. Zum Westen hin verschwimmt die Grenze, kann aber in etwa entlang des Flusslaufs der Kyll gezogen werden. Während die Gegend rund um die Städte Hillesheim, Daun und Manderscheid zur Vulkaneifel gehört, zählt die vulkanische Osteifel Städte wie Mayen, Mendig oder Adenau zu ihrem Gebiet. Die Aushängeschilder beider Landstriche sind selbstverständlich die Vulkane und die fast kreisrunden Maare – oder wie die Eifeler sie nennen: die »(blauen) Augen der Eifel«. So sehen die mit Wasser gefüllten Krater aus der Vogelperspektive auch tatsächlich aus, und sie scheinen die Menschen stets wachsam im Blick zu behalten.

Der bekannteste Vertreter unter den ehemals Feuer speienden Bergen im Natur- und Geopark Vulkaneifel ist wohl der Laacher-See-Vulkan, an dessen südwestlichem Rand sich die Benediktinerabtei Maria Laach befindet. Heute ein beliebtes Ausflugsziel, hat es vor gut 13.000 Jahren an diesem Ort ordentlich geknallt. Der Vulkan hat es durch zahlreiche Dokumentationen und nicht zuletzt durch den Katastrophenfilm *Vulkan* auf die Leinwand geschafft. Aber es besteht kein Grund zur Sorge. Ein Ausbruch ist in nächster Zeit wahrscheinlich nicht zu befürchten.

Dank des Vulkanismus zeichnet sich die Region durch eine Gesteinsvielfalt aus. Auf den Wanderungen durch die Vulkan- und die Osteifel könnt ihr die Entstehung unterschiedlichster Gesteinsarten wie Tuff, Trass, Basalt, Bims oder Schiefer nachvollziehen und mehr über ihre Weiterverarbeitung und die Verwendung in der Neuzeit erfahren. Und ihr werdet merken, wie steinreich die Gegend ist! Zahlreiche Höhlen, entweder natürlichen Ursprungs oder von Menschen geformt, durchziehen die Landschaft. Kulturdenkmäler wie Burgen, Schlösser und Klöster sind in die beeindruckende Natur eingebettet. Taucht ein in die Welt der Elemente, die nur darauf wartet, von euch entdeckt zu werden!

Der geologischen Erdgeschichte ist es ebenfalls zu verdanken, dass die Hohe Acht heute der höchste Berg der Eifel ist. Unweit der Motorsportrennstrecke Nürburgring gelegen, wacht der bewaldete Bergrücken über allen anderen Vulkankegeln. Auf über 747 Metern über Meereshöhe weiß man auf dieser Erhebung mit völlig anderen klimatischen Bedingungen umzugehen als beispielsweise in der Moseleifel. Beim Wandern macht sich das wiederum in größeren Höhenunterschieden bemerkbar, dafür lockt die eine oder andere Wasserquelle als Erfrischung am Wegesrand.

Die Hocheifel, wie man das bewaldete Gebiet rund um die Hohe Acht nennt, ist im Winter sehr schneereich. Daher bietet sich die Gegend in der kalten Jahreszeit für Winterwanderungen an. Vielleicht macht ihr euch in der weißen Pracht auf die Suche nach dem hiesigen Eifelturm? Der steht beim Booser Doppelmaar und bietet eine grandiose Aussicht über die Eifel bis in den Westerwald und Hunsrück. Im Sommer hingegen weiß die Hocheifel mit ihren weitläufigen Wacholderheiden zu begeistern, die man auf so manchem *Traumpfad* durchwandern kann. Und zum geselligen Abschluss der Tour wartet dann ein Schlückchen Eifel-Gin in urigen Restaurants und Kneipen. Also auf, Wanderschuhe geschnürt und los geht's!

GesundLand Vulkaneifel GmbH
Leopoldstraße 9a
54550 Daun
+49 6592 951370
www.gesundland-vulkaneifel.de

Touristik-Büro Vordereifel
Kelberger Straße 26
56727 Mayen
+49 2651 800995
www.naturerlebnis-vordereifel.de

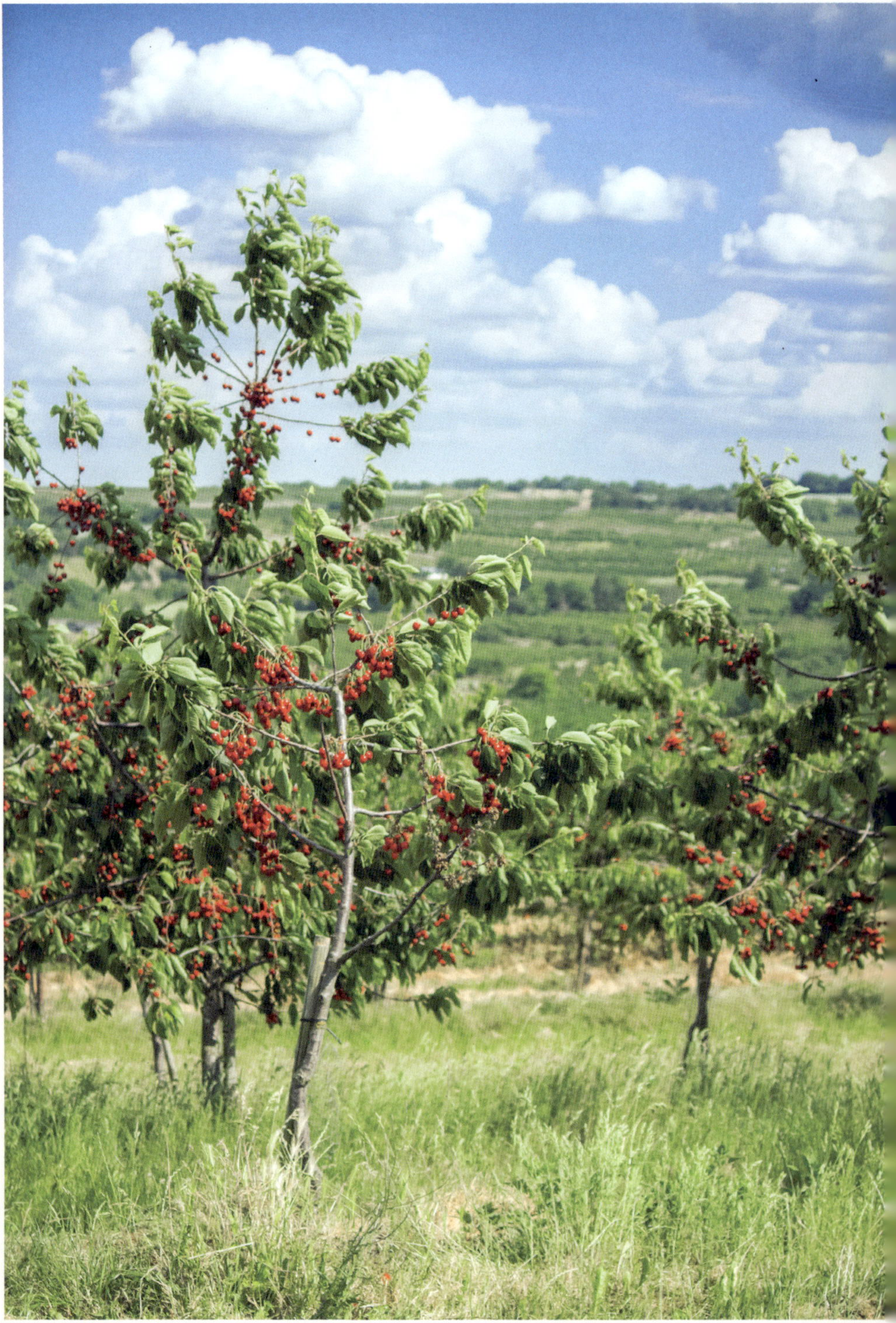

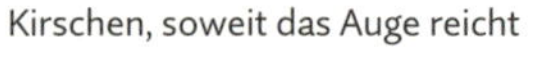

Kirschen, soweit das Auge reicht

45 Saftiges Vergnügen

Streuobstwiesenweg

Es summt und brummt an jedem Baum und der süße Duft nach reifem Obst steigt uns in die Nase. Wer sich im Sommer auf den *Streuobstwiesenweg* begibt, ist selten allein: Unzählige Insekten tummeln sich rund um die reifen Früchte und laben sich am zuckrigen Saft. Aber nicht nur Tiere schlagen sich hier den Magen voll. Auch für Wanderer sind die Obstplantagen eine echte Augenweide. Äpfel, Birnen, Kirschen, Pflaumen und sogar Walnüsse werden seit Jahren vor den Toren von Mühlheim-Kärlich angebaut.

Im Frühjahr bilden die Anbauflächen in voller Blüte ein wunderschönes Fotomotiv, weshalb die Route zu dieser Jahreszeit rege besucht ist. Wir empfehlen daher einen Besuch zur Erntezeit im Sommer oder Herbst. Dann könnt ihr euch am besten schon vor dem Start bei einem der zahlreichen Obsthöfe mit Proviant eindecken und diesen dann auf einer der vielen Ruhebänke genießen. Mit Blick auf die Vulkaneifel mit ihrer charakteristischen Berglandschaft schmeckt die Jause gleich doppelt so gut.

Verschiedene interaktive Stationen entlang der Strecke, wie etwa das *Dendrophon*, lockern die Wanderung auf. Beim *Baumartenrätsel* oder bei einem Spaziergang durch den liebevoll angelegten Obstlehrgarten Kettig können Groß und Klein ihr Wissen über die verschiedenen Gewächse spielerisch testen. Dieser kurzweilige Wanderweg spricht alle Sinne gleichermaßen an!

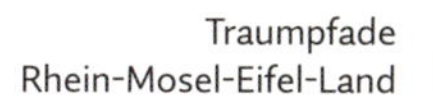
Traumpfade Rhein-Mosel-Eifel-Land

9 km, 2:45 h

246 Hm

leicht

52

Startpunkt: Sportplatz Dalfter in Mülheim-Kärlich 50°23'23.5"N 7°28'22.9"E (GMS)

Zug bis Hauptbahnhof Koblenz → Bus 330 bis Kirche, Mülheim-Kärlich → 900 m Fußweg

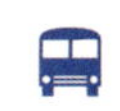

Kinder, Aussicht, Sonne, Kultur, Botanik

Ein einzigartiges Naturspektakel gibt es im nahen Andernach zu erleben: der größte Kaltwassergeysir der Erde!

Ein Abstecher in die Innenstadt von Mühlheim-Kärlich lohnt sich. Das Alte Brauhaus ist eine gute Adresse für deftige Speisen.

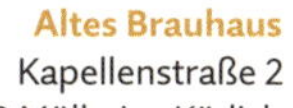
Altes Brauhaus
Kapellenstraße 2
56218 Mülheim-Kärlich
www.altesbrauhaus-muelheim-kaerlich.de

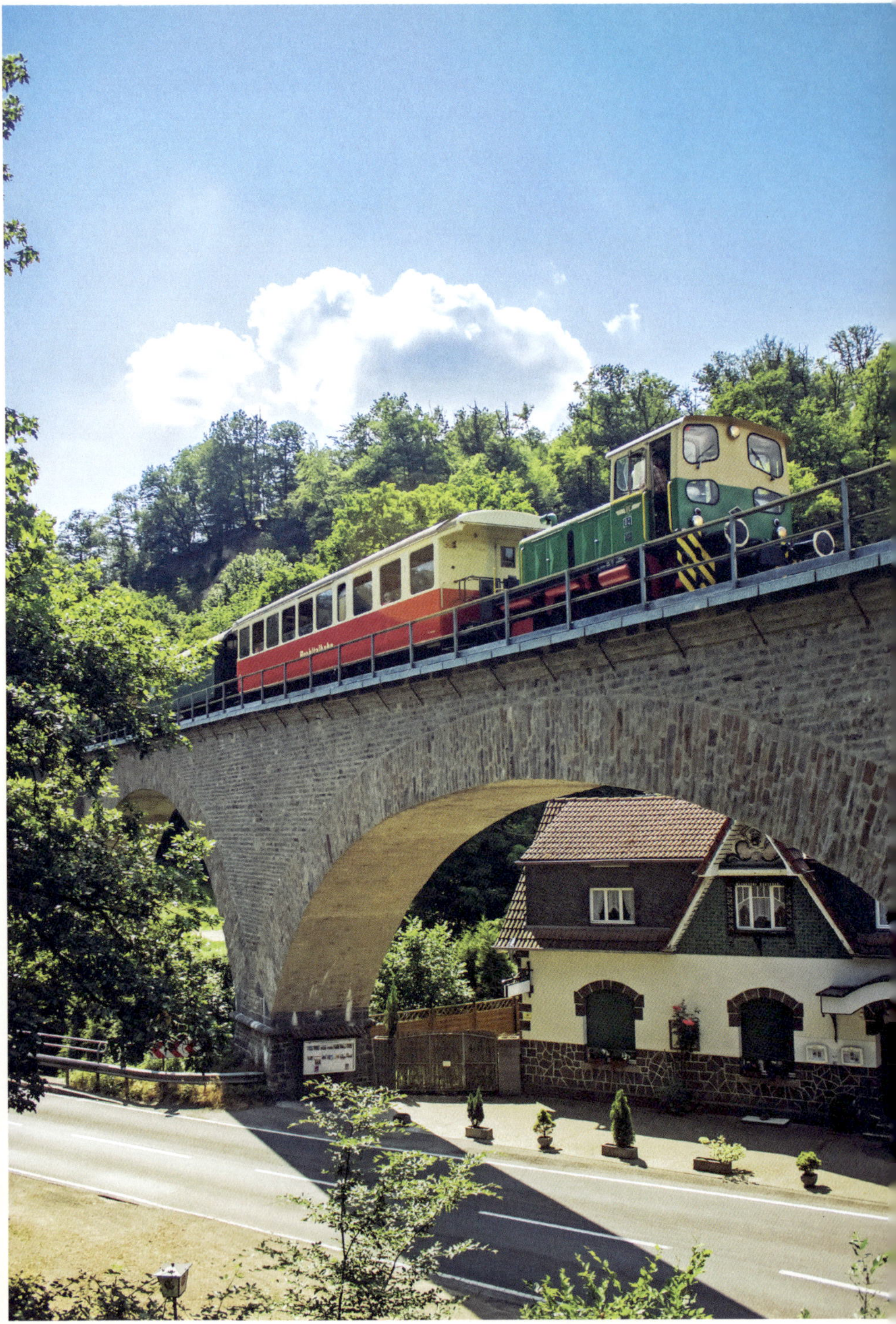

Eine Anreise der besonderen Art:
mit dem *Vulkan-Expreß* zum Höhlen- und Schluchtensteig

46 Wo einst die Erde bebte

Höhlen- und Schluchtensteig

Wir starten unter dem imposanten Eisenbahnviadukt, an dem der nostalgische *Vulkan-Expreß* auf seinem Weg vom Rhein bis nach Engeln haltmacht. Direkt dahinter liegen die Trasshöhlen. Die Entstehungsgeschichte der Gesteinslöcher reicht weit zurück: Vor circa 13.000 Jahren brach der Laacher-See-Vulkan aus und eine enorme Schlammlawine überzog die Landschaft. Die begehbaren Gänge mit meterhohen Decken zeugen heute vom Abbau des Vulkangesteins, von dem schon die Römer Gebrauch machten. Achtung: Wer die Höhlen erkunden möchte, sollte eine Taschen- oder Kopflampe einpacken.

Ein weiteres Highlight folgt wenige Minuten später, als wir die mystische Wolfsschlucht erreichen. Zwischen steilen Hängen schlängelt sich die Strecke am Tönissteiner Bach entlang. Mächtige Baumwurzeln ragen aus dem Erdreich teils bis über den Wanderpfad hervor. Für Abkühlung sorgt der plätschernde Wasserfall am Ende der Schlucht.

Wenig später erreichen wir eine eingefasste Mineralquelle, die aus dem Boden blubbert. Eine beeindruckende und wunderschöne Fernsicht bietet sich dann von einer Anhöhe, ehe wir leicht bergab an Feldern und Obstbäumen in Richtung Krayermühle wandern. Durch das verträumte Pönterbachtal schreiten wir über eine kleine Holzbrücke und gewinnen im Anschluss allmählich an Höhe. Von der Hochebene bei Kell können wir bis zur Schweppenburg, zum Ort Burgbrohl und über das Brohltal blicken. Serpentinen leiten uns zurück zum Bahnhof Bad Tönisstein.

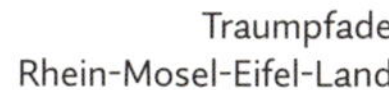
Traumpfade Rhein-Mosel-Eifel-Land

12,4 km, 3:30 h

405 Hm

mittel

69

Startpunkt:
Bahnhof Brohltalbahn Bad Tönisstein in Burgbrohl
50°27'34.5"N 7°17'57.4"E (GMS)
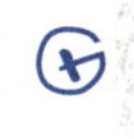

Zug bis Bahnhof Bad Tönisstein Brohltalbahn (Vulkan-Expreß)

Aussicht, Schatten, Kultur/Besichtigen, Wasser, Geologie

Eine Fahrt mit dem nostalgischen Vulkan-Expreß macht die Anfahrt zum Erlebnis.

Moderne Architektur neben alten Kirchenmauern: Auf der Sonnenterrasse der Klostergaststätte Maria Laach schmeckt das Klosterbier am besten.

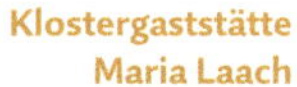
Klostergaststätte Maria Laach
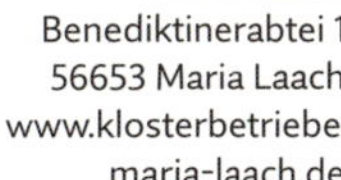
Benediktinerabtei 1
56653 Maria Laach
www.klosterbetriebe-maria-laach.de

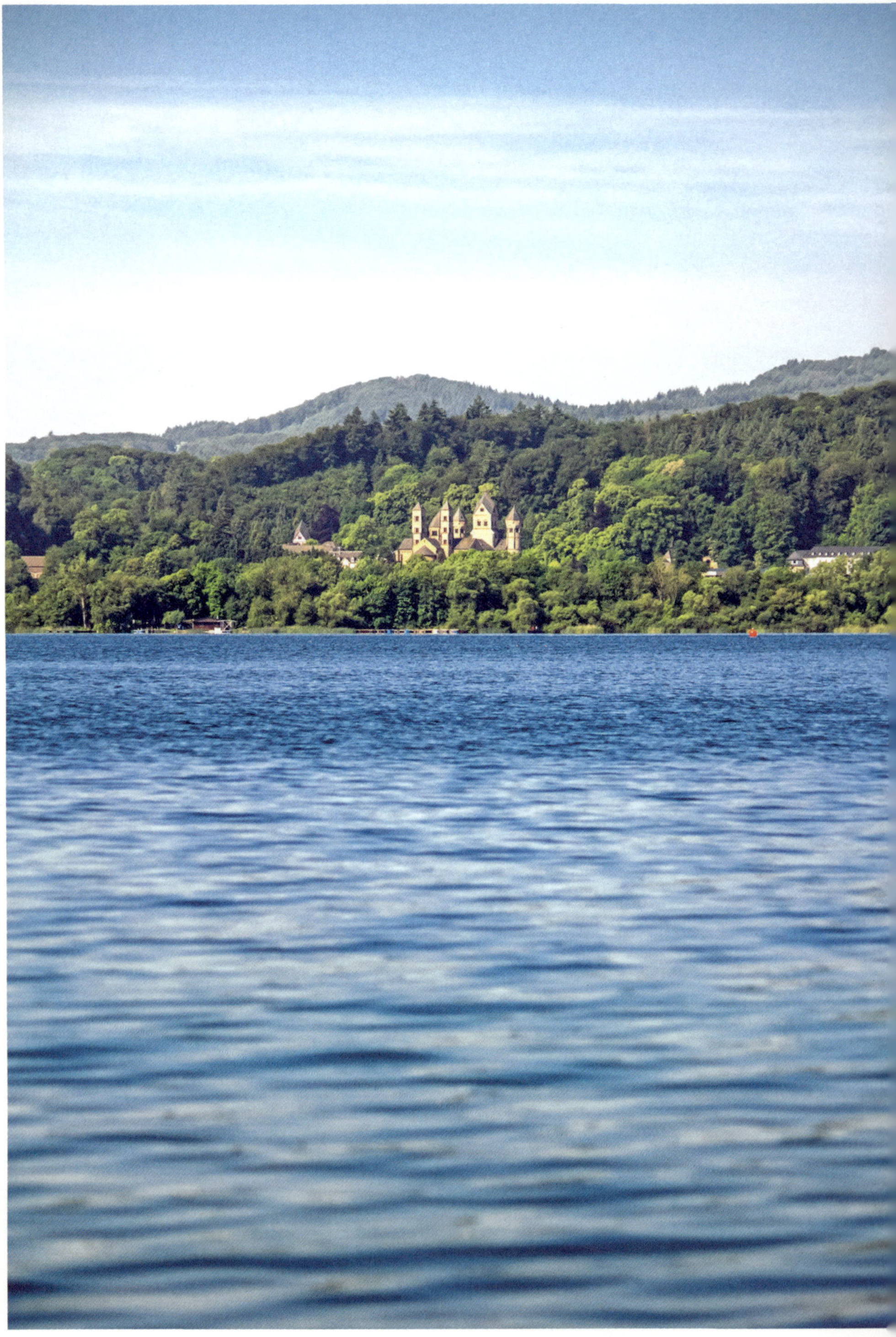

Blick über den See zum Kloster Maria Laach

47 Vulkanisches Erbe

Pellenzer Seepfad

Gleich zwei Seen erleben Wanderer auf diesem *Traumpfad* in der Vulkaneifel. Im kleinen Krufter Waldsee, umgeben von wunderschöner Natur, wird gerne gebadet und geplanscht. Der Laacher See ist das größte Binnengewässer in Rheinland-Pfalz.

Vor etwa 13.000 Jahren spuckte an dieser Stelle ein Vulkan noch Lava aus. Obwohl wir auf dem Premiumweg nur ein kurzes Stück den Laacher See entlanggehen, machen wir eine besondere Entdeckung. Beim genauen Betrachten der Wasseroberfläche fallen uns Blubberblasen auf. Dabei handelt es sich um aufsteigendes Kohlenstoffdioxid aus der Tiefe der Erde. Unter Eifelern wird daher gerne gewettet, wann der Vulkan wohl wieder ausbricht. Beim Anblick dieser idyllischen Landschaft hoffen wir, dass er noch einige Jahre weiter vor sich hin schlummert.

Als geologische Highlights, die der Vulkan hervorgebracht hat, sind unter anderem die Teufelskanzel oder die beeindruckende Aschewand zu nennen. Aus Vulkangestein, genauer Tuff, besteht auch der Tumulus in Nickenich, dem wir schon zu Beginn der Tour begegnet sind. Mit dem riesigen runden Grabmal wollten die Erbauer ihren Toten wohl ein einzigartiges Denkmal setzen. Darüber hinaus eröffnet die Tour grandiose Ausblicke, und verschiedene Schutzhütten bieten eine Möglichkeit zur Rast. Es werden jedoch einige Höhenmeter überwunden, sodass man ausreichend Zeit einplanen sollte.

Regionale Speisen werden im Restaurant Vulkan Waldfrieden aufgetischt, wie zum Beispiel fangfrische Felchen aus dem Laacher See.

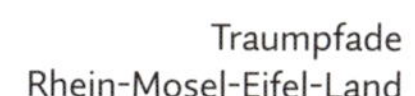
Traumpfade
Rhein-Mosel-Eifel-Land

16 km, 5:15 h

594 Hm

schwer
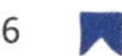

56

Startpunkt:
Parkplatz am Tumulus
in Nickenich
50°24'50.0"N
7°18'49.8"E (GMS)
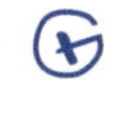

Zug bis Bahnhof
Andernach →
Bus 310 bis Oberdorf →
300 m Fußweg

Aussicht, Schatten,
Sonne, Kultur/
Besichtigen, Wasser,
Geologie

Ein Ort der Begegnung ist die Benediktinerabtei Maria Laach. In der romanischen Abteikirche kommt man zur Ruhe.

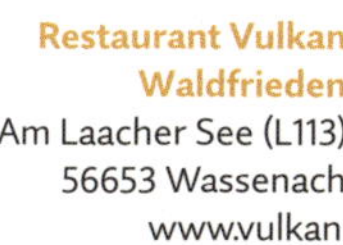
Restaurant Vulkan Waldfrieden
Am Laacher See (L113)
56653 Wassenach
www.vulkan-waldfrieden.de

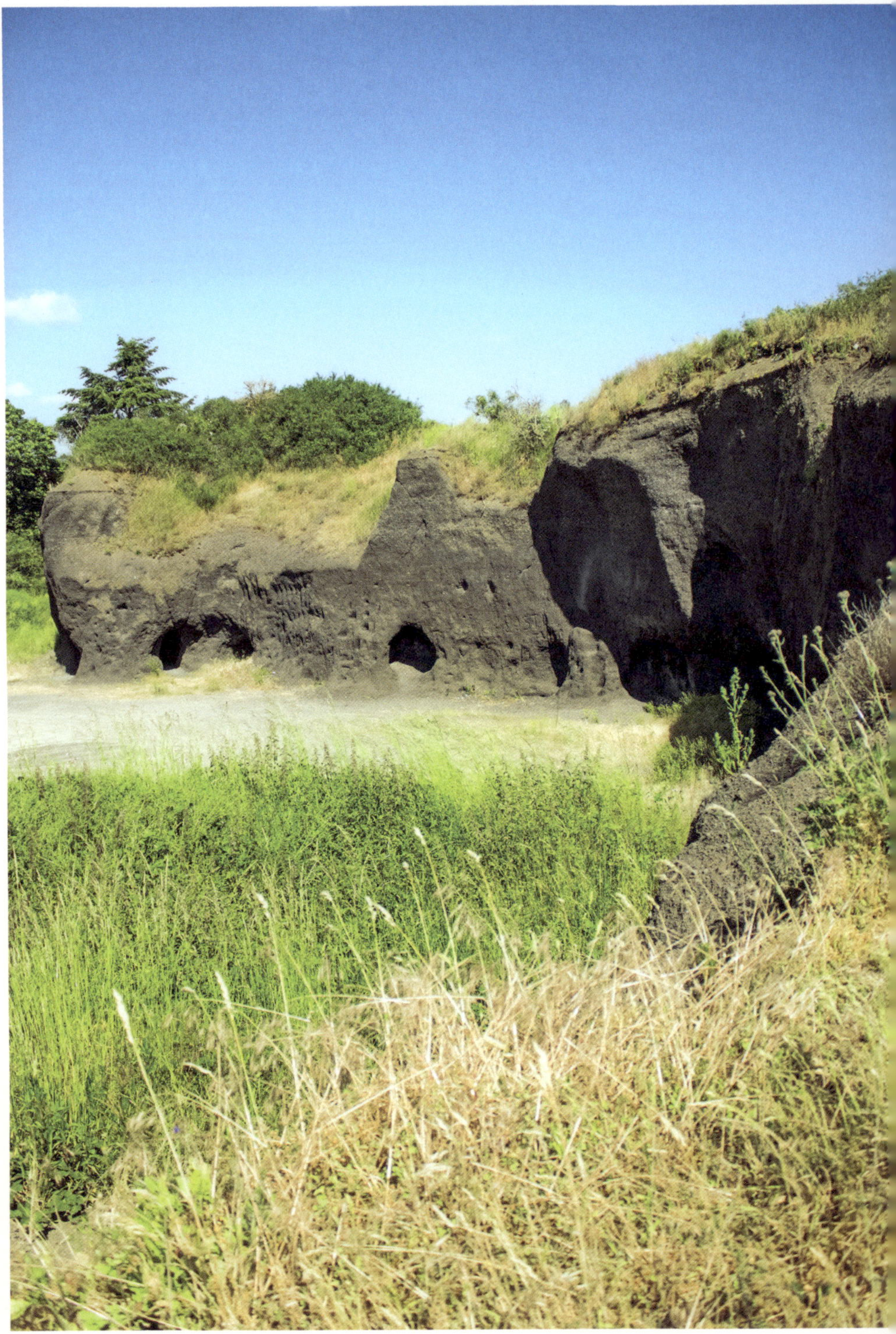

Vulkangeschichte zum Anfassen und Erwandern
an der Sandkaul

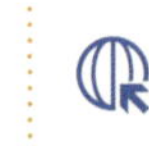

48 Explosive Lavawunder

Vier-Berge-Tour

Die *Vier-Berge-Tour* gehört zu den anspruchsvollsten *Traumpfaden,* denn gleich vier Vulkane mit den vielsagenden Namen Gänsehals, Schmitzkopf, Sulzbusch und Hochstein gilt es zu bezwingen und einige Schluchten zu durchqueren. Die Route garantiert einen guten Mix aus Waldpassagen, offenen Feldwegen und zahlreichen Aussichtspunkten.

Nicht direkt an der Strecke, sondern auf einem kurzen Umweg liegt die erste geologische Sehenswürdigkeit: Riesige Felswände ragen beim Massiv Rauhbuur in die Höhe. Der hitzebeständige Tuff wurde während des 19. und 20. Jahrhunderts im großen Stil abgebaut und zur Herstellung von Steinbacköfen verwendet. Nach einigen Höhenmetern wartet die Gänsehals-Hütte mit einem bemerkenswerten Panorama. Auch ein Abstecher zum Steinbruch Marxe Lay ist zu empfehlen, an dem sich ebenfalls ein schöner Fernblick öffnet.

An der Bundesstraße L82 taucht dann unerwartet eine Motorcrossstrecke und anschließend die Sandkaul mit ihren kleinen Höhlen auf. Das nächste größere Felsenloch lässt nicht lange auf sich warten. Dazwischen liegen aber einige Höhenmeter. Unterhalb der Aussichtsplattform am Hochstein befindet sich die Genovevahöhle. Der Sage nach soll sich hier die zu Unrecht wegen Ehebruchs verstoßene Pfalzgräfin Genoveva mit ihrem Sohn versteckt haben. Müden Wanderern bietet sie bei schlechtem Wetter und schweißtreibenden Temperaturen gleichermaßen Schutz. Von dort ist es auch nicht mehr weit bis zum Erlenbrunnen bei Mendig.

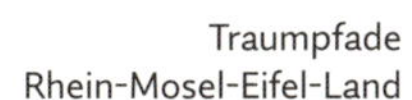
Traumpfade Rhein-Mosel-Eifel-Land

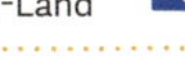
12,9 km, 4:45 h

504 Hm

schwer

69

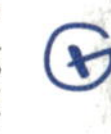
Startpunkt: Parkplatz Erlenmühle in Mendig 50°22'43.8"N 7°13'57.4"E (GMS)

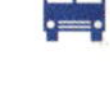
Zug bis Ostbahnhof Mayen → Bus 360 bis Kirche, Bell (Eifel) → 1 km Fußweg

Aussicht, Schatten, Kultur/Besichtigen, Geologie

Im Deutschen Vulkanmuseum *Lava Dome* in Mendig werden die schlummernden Vulkane zum Leben erweckt.

Im Biergarten der Vulkan Brauerei genießt man einen kühlen Bio-Gerstensaft. Als ausgewiesener *EIFEL Produzent,* eine Marke der Region, nutzt man überwiegend regionale Rohstoffe.

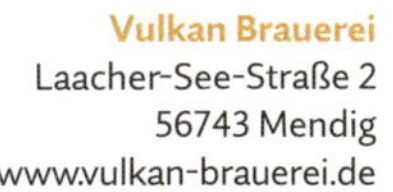

Vulkan Brauerei
Laacher-See-Straße 2
56743 Mendig
www.vulkan-brauerei.de

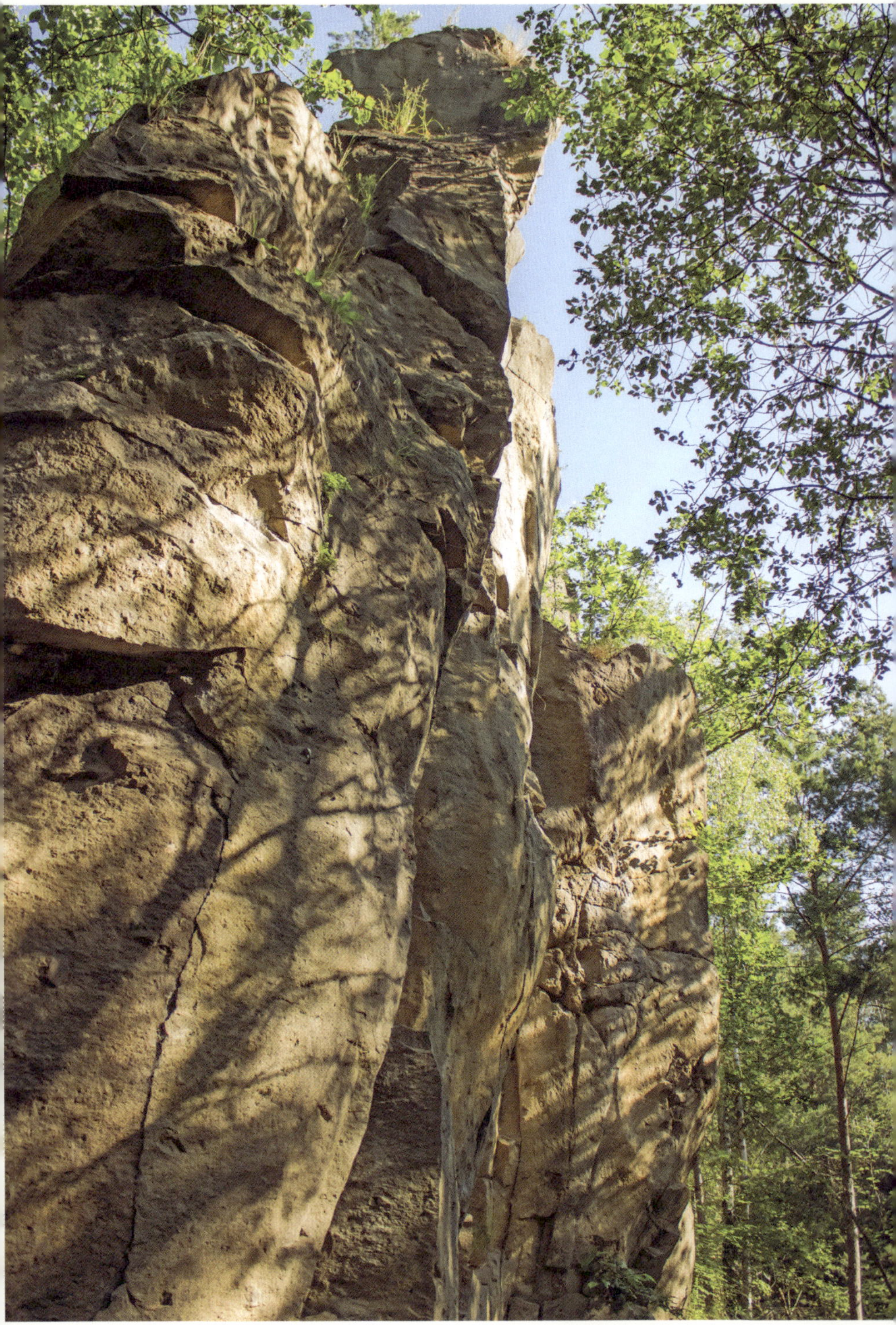

Das Kottenheimer Winfeld ist bei Wanderern und Kletterern gleichermaßen beliebt

49 Abenteuer im Zeichen der Lava

Vulkanpfad

Der *Vulkanpfad* ist eine kurze, abwechslungsreiche Tour mit vielen geologischen Besonderheiten. Zu Beginn führt die Strecke durch Ettringen und einen schmalen Pfad den Ettringer Bellberg hinauf, den höchsten Punkt der Tour.

Am Gipfel bietet sich ein atemberaubender Blick auf den Vulkankessel sowie die umliegenden Basaltkegel der Osteifel. Im Sommer konnten wir sogar unseren Lieblingsschmetterling beobachten, den Schwalbenschwanz. Weiter verläuft der Weg am Kraterrand entlang. Das an diesem Platz abgebaute Vulkangestein wurde schon vor Tausenden Jahren zur Herstellung von Mühlsteinen genutzt. Anschließend tauchen wir in den kühlen Wald des Kottenheimer Büden ein. Das großporige Gestein hat man sich zunutze gemacht und insgesamt sieben Höhlen gegraben, »Siewe Stuwe« genannt. Diese waren der Bevölkerung während des Zweiten Weltkriegs sogar Zufluchtsorte. Einen kurzen Anstieg später können wir auf einer Liegebank unter schattigen Kiefern die fantastische Aussicht auf das Basaltwerk und den gegenüberliegenden Bellberg genießen. Steil bergab wandern wir weiter, am alten Kompressorhaus vorbei und hinab ins Kottenheimer Winfeld. In diesem ehemaligen Steinbruch bringen eindrucksvolle Basaltwände uns zum Staunen, und Kletterer powern sich gerne an den schroffen Felsen aus. Über das Felsdenkmal Junker Schilling führt uns die Tour, vorbei an der sprudelnden Quelle Hartborn, zurück nach Ettringen.

Traumpfade Rhein-Mosel-Eifel-Land

6,7 km, 2 h

234 Hm

leicht

68

Startpunkt:
Parkplatz Hochsimmerhalle in Ettringen
50°21'21.1"N 7°13'51.2"E (GMS)

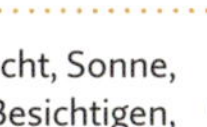

Zug bis Ostbahnhof Mayen → Bus 360 bis Kirmeswiesen, Ettringen → 900 m Fußweg

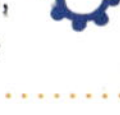

Kinder, Aussicht, Sonne, Kultur/Besichtigen, Geologie

Im Museum *Erlebniswelten Grubenfeld* können Wanderer noch mehr über die Geschichte des Basaltabbaus lernen.

Nicht nur die kreativen Beschreibungen in der Speisekarte, sondern auch die Gerichte im Max & Moritz in Ettringen wissen zu überzeugen.

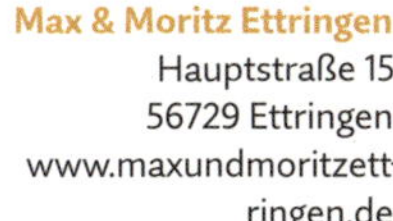

Max & Moritz Ettringen
Hauptstraße 15
56729 Ettringen
www.maxundmoritzettringen.de

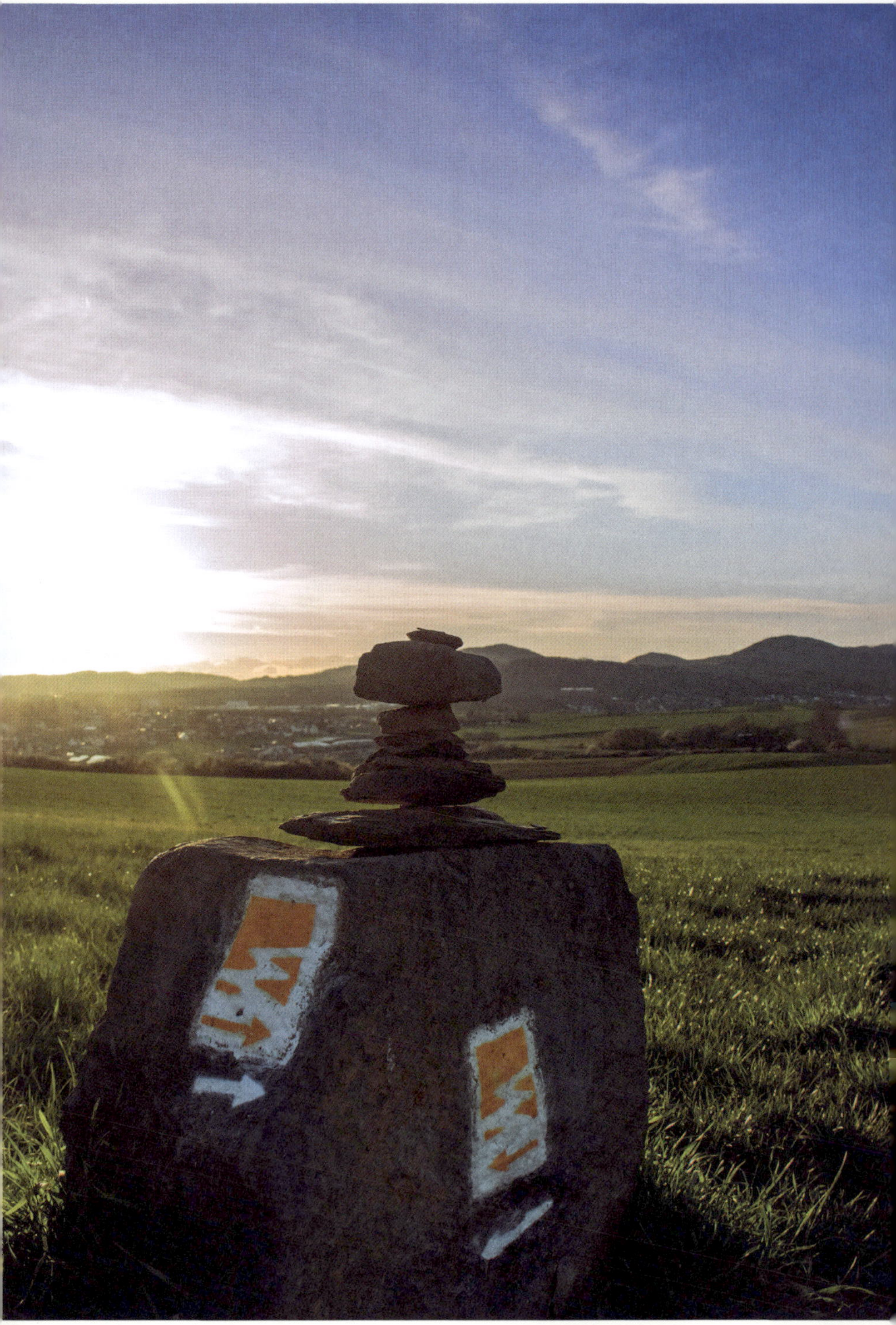

Vulkanische Fernblicke vom Nette-Schieferpfad

50 Rauschendes Wasser

Nette-Schieferpfad

Vom Parkplatz in Trimbs folgen wir dem rauschenden Fluss Nette, der sich durch das Tal der Trimbser Schweiz windet. Schnell verengt sich die Strecke zu einem Pfad, der im Frühjahr von duftenden Weißdorn- und Schlehenblüten gesäumt wird.

Oben auf dem Mühlenberg angekommen, können wir seltene Pflanzen wie Gewöhnliche Küchenschellen und sogar Kreuzenzian entdecken. Die Felsgebilde vermitteln Bergsteigergefühle. Nach einer Straßenquerung wandern wir zum Aussichtspunkt am Burberg. Hier sind Fernsichten auf die umliegenden Kegel des Laacher-See-Vulkans möglich. Der Gesang der Nachtigall begleitet den Abstieg über abenteuerliche Schieferpfade. Mauerreste erzählen Geschichten vom Weinbau in Trimbs. Schon kündigt das Rauschen den Nette-Wasserfall an. Neben der Kaskade bietet sich eine große Wiese perfekt für eine Rast vor dem schwersten Anstieg an.

Dieser führt zunächst zum Aussichtspunkt hinauf mit Blick auf das Nette Viadukt und weiter bergauf durch einen alten Eisenbahntunnel. Die schwach beleuchtete Röhre lässt einen regelrecht schaudern, da es in der Unterführung deutlich kühler ist als außerhalb. Auf dem Burgkopf ist der höchste Punkt der Tour erreicht. Das Panorama mit dem Örtchen Hausen, dem Pellenzer Land und dem tiefen Tal belohnt die Strapazen. Nun verläuft die Strecke bergab über das Judenpfädchen, vorbei an einer alten Ölmühle zum Ausgangspunkt.

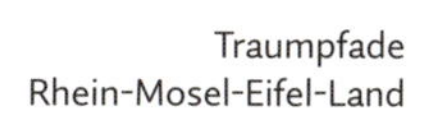
Traumpfade Rhein-Mosel-Eifel-Land

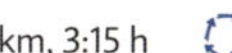
9,2 km, 3:15 h

295 Hm

mittel

79

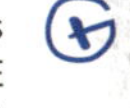
Startpunkt:
Parkplatz Auf dem Reusch in Trimbs
50°19'22.9"N 7°17'58.6"E (GMS)

Zug bis Ostbahnhof Mayen → Bus 360 bis Nettebrücke, Trimbs

Aussicht, Schatten, Kultur/Besichtigen, Wasser, Botanik, Geologie

Im späten Frühjahr kann der Weg am meisten zur Abendstunde überzeugen.

Im Alten Bahnhof Polch werden regionale Zutaten verwendet. Empfehlenswert ist der Tapas-Abend, immer mittwochs im gemütlichen Außenbereich.

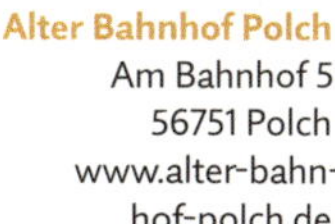
Alter Bahnhof Polch
Am Bahnhof 5
56751 Polch
www.alter-bahnhof-polch.de

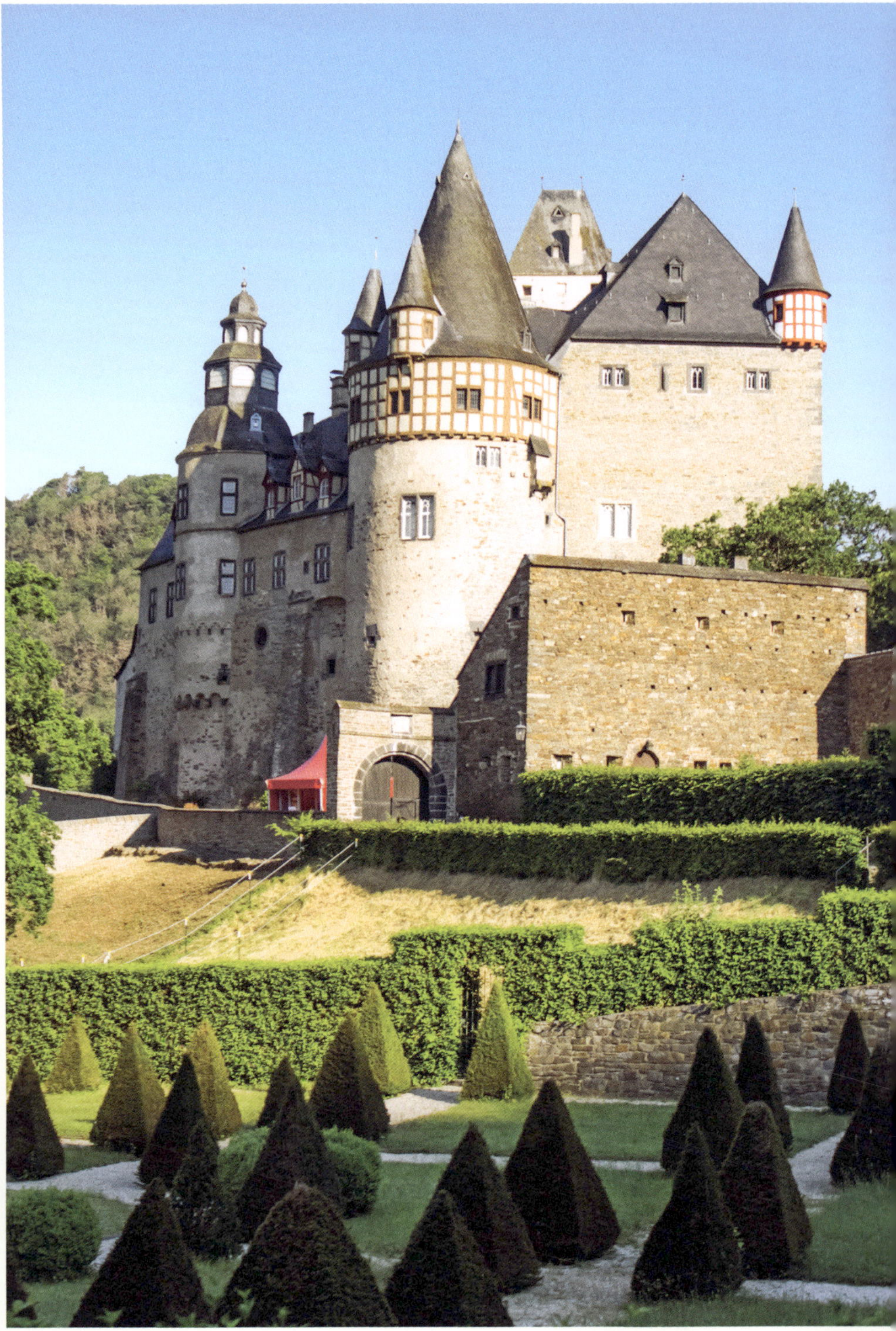

Eine Burg mit Filmgeschichte: Schloss Bürresheim

51 Aussichtsreiche Waldgeschichten

Förstersteig

Wasser müssen Wanderer auf dem *Förstersteig* nicht zwingend im Gepäck haben. Bereits nach knapp einem Kilometer können die Flaschen an der Narrenbornquelle aufgefüllt werden. Bei der Luisenplatzhütte kann neben dem Blick über die Festspielstadt Mayen auch das GPS-Gerät kontrolliert werden. An diesem Ort befindet sich nämlich ein trigonometrischer Vermessungspunkt, dessen Koordinaten genau festgelegt sind. Die Tour eignet sich vor allem für diejenigen, die Achtsamkeit und Entschleunigung suchen, aber dennoch sportlich gefordert werden möchten.

Würde man auf dem Wanderweg an jeder Ruhebank oder Pausenhütte anhalten, würde man vermutlich nie ankommen. Aber so findet jeder den passenden Platz für eine Jause. Etwa zur Halbzeit der Tour kommt das Schloss Bürresheim in Sicht, an dem unter anderem schon Indiana Jones auf seiner Suche nach dem Heiligen Gral vorbeigekommen ist. Auch *Rumpelstilzchen* wurde an diesem Schauplatz bereits verfilmt. Grund genug, sich das Märchenschloss aus dem Hochmittelalter genauer anzuschauen.

Im weiteren Verlauf eröffnen sich auf der Route schöne Aussichten auf die Eifeler Vulkanlandschaft und die Hauptstadt der Vordereifel Mayen. Weitestgehend unter Blätterdächern wandern wir zurück zum Startpunkt und lernen mit jedem Schritt die Geschäftsstelle der Förster näher kennen – den Wald.

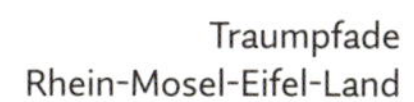
Traumpfade Rhein-Mosel-Eifel-Land 

14,7 km, 5:30 h 

509 Hm 

schwer 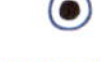

59

Startpunkt: Parkplatz Kletterwald Vulkanpark in Kürrenberg 50°20'15.7"N 7°10'11.6"E (GMS) 

Zug bis Bahnhof Kaisersesch → Bus 380 bis Bürgerhaus, Kürrenberg → 1 km Fußweg 

Aussicht, Schatten, Botanik 

Kulturprogramm nach der Wanderung? In Mayen finden in den Sommermonaten auf der Genovevaburg die Burgfestspiele statt. 

Schon seit über 30 Jahre steht das Caravella für gehobene italienische Küche. Hier weiß man, wie Italien schmeckt.

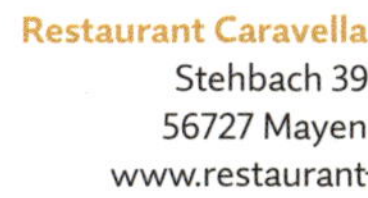
Restaurant Caravella
Stehbach 39
56727 Mayen
www.restaurant-caravella.de 

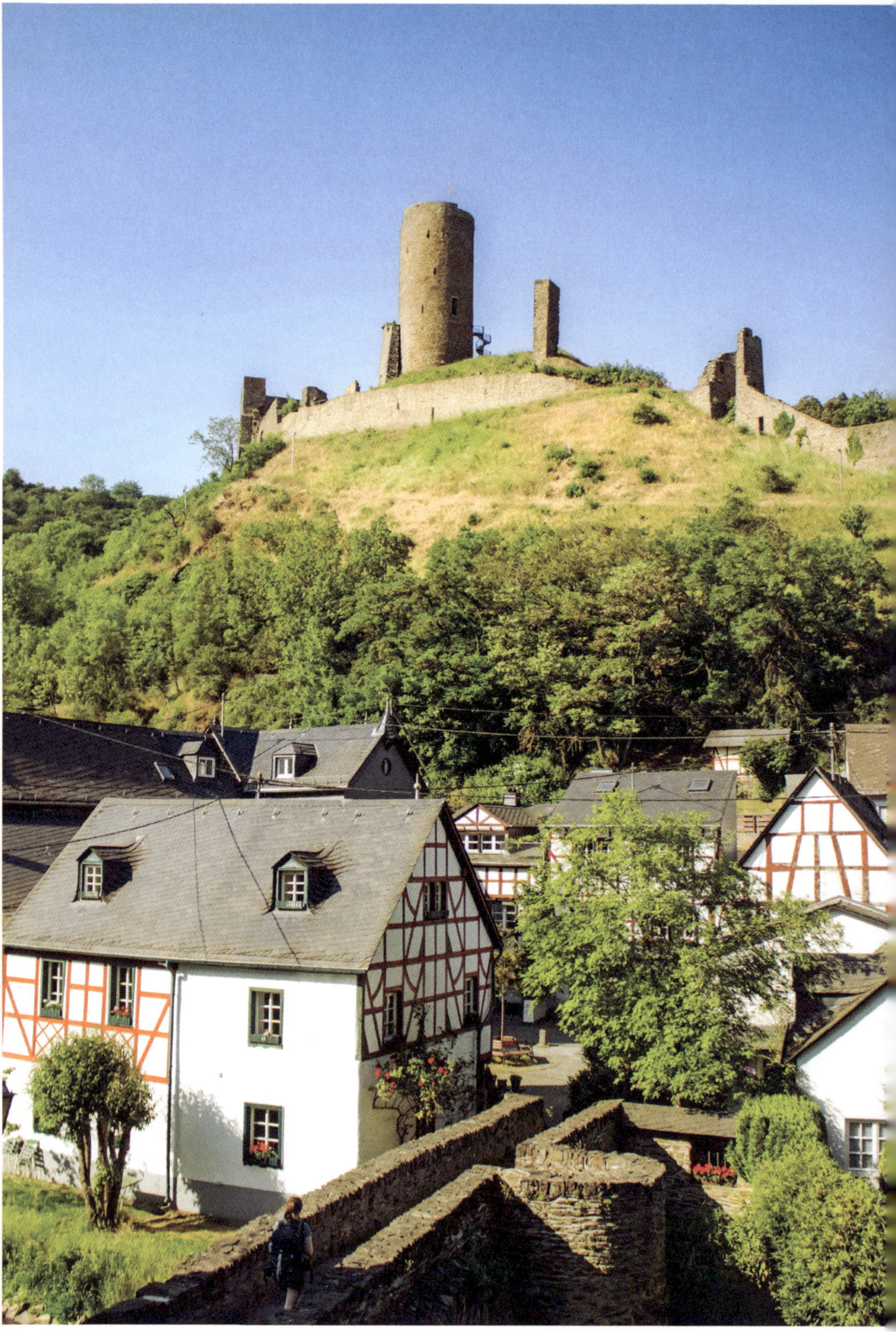

Fachwerkromantik und Burgenspektakel in Monreal

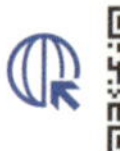

52 Der Hund von Monreal

Monrealer Ritterschlag

Wer diesen *Traumpfad* wandert, kommt an einen der fotogensten Orte der Eifel. Über Monreal thronen zwei Burgruinen, die den Grafen von Virneburg gehörten und mehrfach zerstört wurden. Das charmante Dorf verzaubert mit seinem roten Fachwerk und den verwinkelten Gassen, die ungewöhnliche Blickachsen entstehen lassen.

Nachdem wir den Burgenort hinter uns gelassen haben, führt der *Monrealer Ritterschlag* durch eine sehr abwechslungsreiche Landschaft. Auf Wälder folgen Wiesen, auf denen mal Kühe, mal Schafe weiden, und schon betreten wir den nächsten Forst. Am Zusammenfluss von Elzbach und Thürelz steht die St. Barbara Kapelle, und uns kommt eine schöne Sage in den Sinn: Die Grafentochter Hilde soll einen Hund mit schiefen Augen besessen haben, der ihrer Mutter so missfiel, dass diese dem Stallburschen befahl, das Tier im Wasser zu ertränken. Aus Faulheit übergab der Diener den Auftrag an einen Forstarbeiter, der in die treuen Hundeaugen schaute und entschied, den Welpen zu adoptierten. Der wuchs zu einem stattlichen Vierbeiner heran, und als Hilde eines Tages im Eis des Elzbachs einbrach, lobte der Graf eine reiche Belohnung für ihren Retter aus. Nur der Hund konnte die fragile Oberfläche betreten, rettete das Mädchen und wurde fortan zum treuen Beschützer der Familie.

Auf den Spuren des treuen Hundes von Monreal könnt ihr auf dieser Tour auch die Löwenburg und die Philippsburg besichtigen, ehe ihr in den Romantikort zurückkehrt.

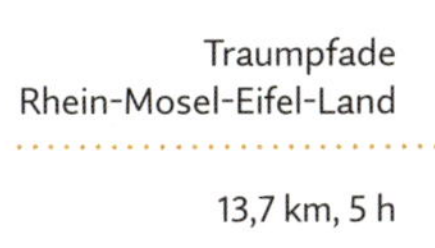

Traumpfade Rhein-Mosel-Eifel-Land

13,7 km, 5 h

508 Hm

schwer

71

Startpunkt: Bahnhof Monreal 50°18'01.2"N 7°09'28.6"E (GMS)

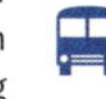

Zug bis Bahnhof Monreal → 900 m Fußweg

Kinder, Aussicht, Kultur/Besichtigen, Wasser

Ein Besuch in Monreal lohnt auch im Winter. Das rote Fachwerk ist beste Kulisse für Weihnachtsdekoration.

Wo Leidenschaft kocht oder Torten kreiert, schmeckt es am besten. Ob zum Frühstück oder zum Kaffee und Kuchen – das Plüsch Monreal ist ein Café mit Herz.

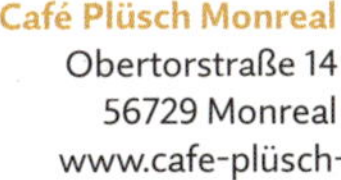

Café Plüsch Monreal
Obertorstraße 14
56729 Monreal
www.cafe-plüsch-monreal.de

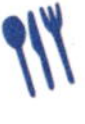

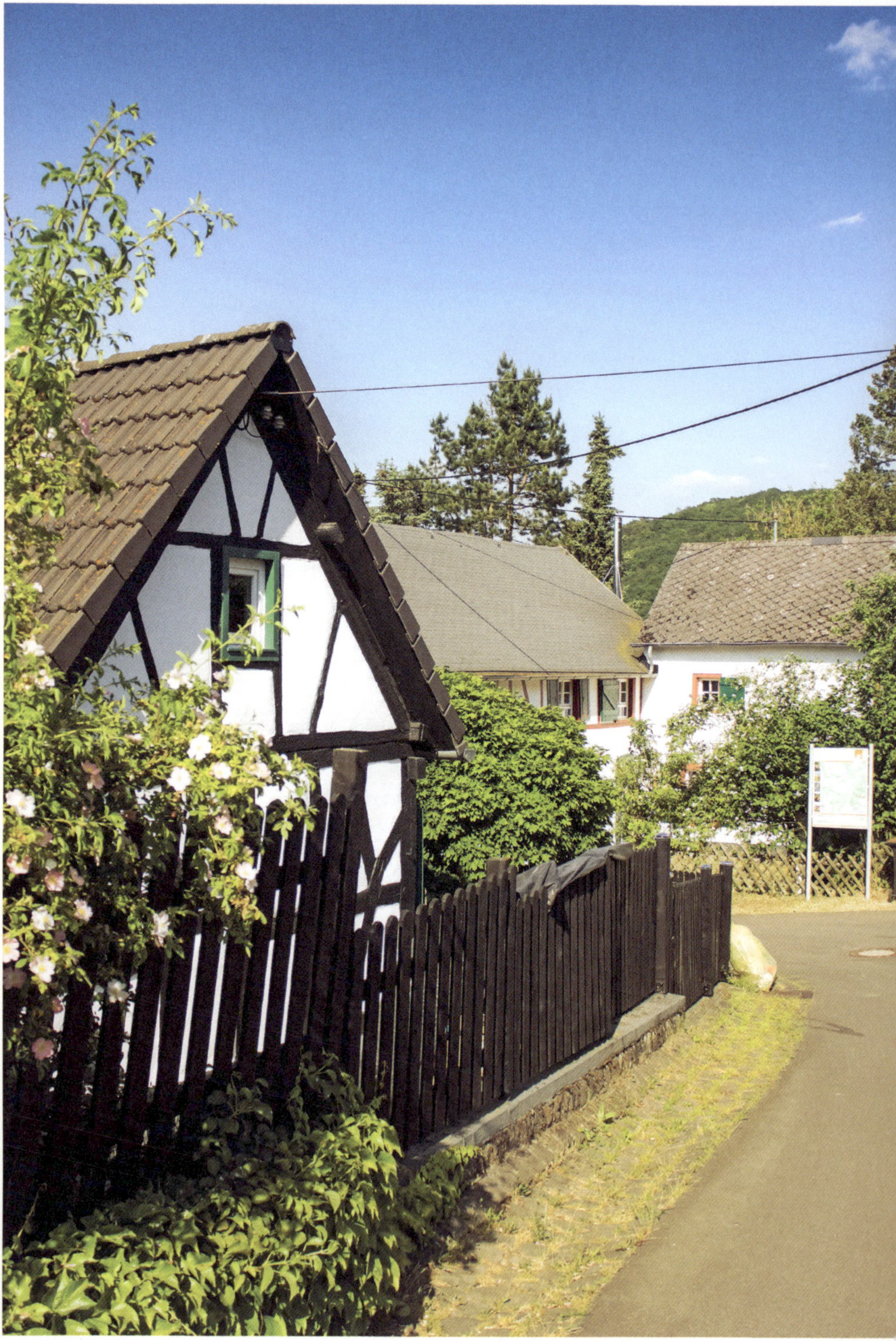

Ein Kleinod am Hochbermeler: das Örtchen Fensterseifen

53 Vulkanischer Gipfel

Hochbermeler

Der Premiumweg trägt den Namen des 570 Meter hohen und erloschenen Vulkans. Von seiner schönsten Seite zeigt sich der Wanderweg im Herbst, wenn die Bäume ihre farbenprächtigsten Kleider tragen. Im lichten Wald öffnet sich ein Blick bis in den ehemaligen Basaltsteinbruch, der als Naturschutzgebiet ausgewiesen ist.

In Fensterseifen versteckt sich ein kleiner Verkaufsstand für Eier von freilaufenden Hühnern. Aber ohne Pfanne oder Kochtopf im Gepäck müssen wir auf unseren eigenen Proviant zurückgreifen. Eine Einkehr direkt an der Strecke ist nicht möglich, dafür punktet auch dieser *Traumpfad* mit zahlreichen Rastplätzen. Somit besteht die Gelegenheit für eine längere Pause mit einem größeren Picknick.

Der Kumpelbach begleitet uns ein kleines Stück. Der Wasserlauf scheint sinnbildlich für das Sprichwort »steter Tropfen höhlt den Stein« zu stehen. Das mäandernde Bächlein hat sich tief in die Felder gefressen. Viele junge Buchen wachsen entlang der Route in die Höhe, und schließlich verrät uns die Köhlerhütte, dass in der hoch gelegenen Eifel früher mit der Produktion von Holzkohle Geld verdient wurde. Ein besonders hartes Geschäft, musste doch solch ein Meiler bis zu zwölf Tage lang brennen, bis das Holz sich vollständig in Kohle verwandelt hatte.

Zum Abschluss führt der Weg zum Gipfel des Hochbermeler und zu einer kleinen Aussichtsplattform an der Steinbruchkante mit einem phänomenalen Weitblick über die Vulkaneifel.

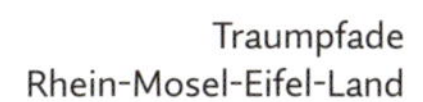

Traumpfade Rhein-Mosel-Eifel-Land 

10,4 km, 3 h 

360 Hm 

mittel

67 

Startpunkt: Wanderparkplatz Sportplatz in Bermel 50°16'46.1"N 7°05'19.5"E (GMS) 

Zug bis Ostbahnhof Mayen → Freizeit-Bus 377 (Apr.–Nov.) bis Wendeplatz, Bermel → 1,1 km Fußweg 

Aussicht, Schatten, Geologie 

Ein faszinierender Gang durch vulkanische Welten im Ulmener Maar-Stollen verspricht Begeisterung für Groß und Klein. 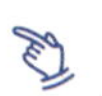

Neben leckerem Essen im Fachwerkambiente kann man in der Stellwerk Weinschänke in Monreal edle Tropfen erstehen.

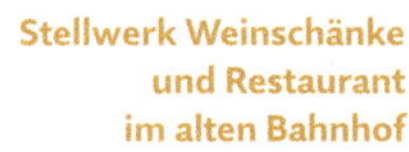

Stellwerk Weinschänke und Restaurant im alten Bahnhof
Am Bahnhof 5
56729 Monreal
www.stellwerk-monreal.de

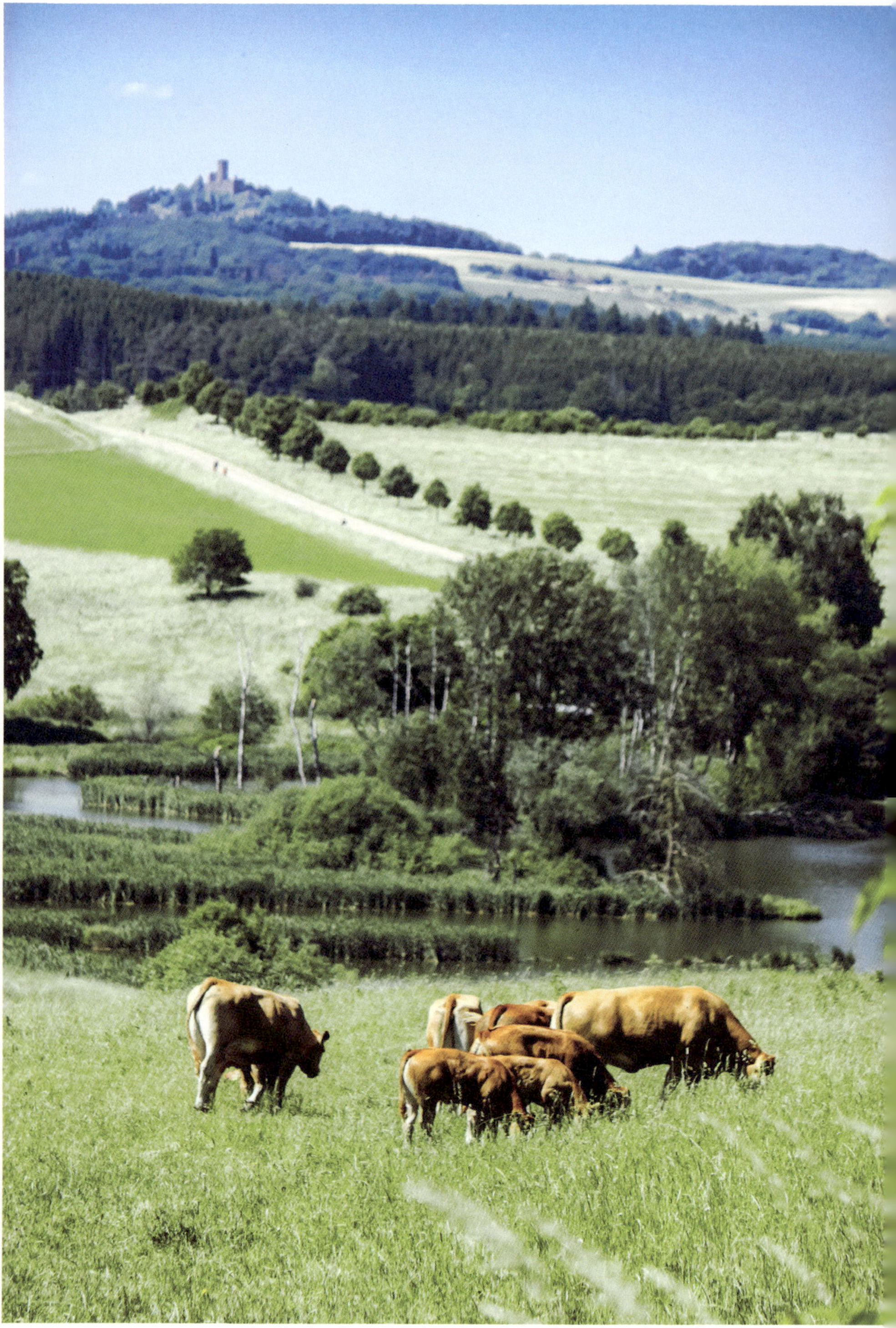

Burg Nürburg und das Booser Doppelmaar bilden eine idyllische Kulisse für Tier und Mensch

54 Maare im Doppelpack

Booser Doppelmaartour

Neue Perspektiven auf die Explosionskrater ermöglicht diese schöne Runde in der Vulkaneifel. Wo einst die Erde brodelte, liegt heute das Booser Doppelmaar, das – anders als viele Maare entlang des *Eifelsteigs* – verlandet ist. Lediglich ein kleiner Fischweiher innerhalb der westlichen kreisrunden Vertiefung ist mit Wasser gefüllt. Das Trockenmaar ist Teil eines der größten Naturschutzgebiete in Rheinland-Pfalz, in dem sich verschiedenste Amphibien, Vögel und Fledermäuse besonders wohlfühlen.

Nach einem kurzen Anstieg kommt ein weiteres Highlight der Tour in Sicht: der Eifelturm auf dem Schneeberg. Sind die 125 Stufen bis zur Empore des Holzturms erklommen, bietet sich eine ungestörte Aussicht auf die malerische Hügellandschaft. Von hier oben ist das Ausmaß der Maare gut zu erkennen. Sogar die Burgruine Nürburg, der Nürburgring und die Hohe Acht sind bei gutem Wetter zu sehen. Unterhalb des Turms fällt eine riesige graubraune Wand ins Auge, ein weiteres Relikt des einstigen Vulkanismus.

Die Infotafeln des Vulkanparks sind an dieser Stelle und an anderen Stationen des Wanderweges eine gelungene Ergänzung, denn sie erklären anschaulich die Entstehungsgeschichte der Maare und Schlackenkegel in der Region. Die restliche Strecke verläuft idyllisch durch schattigen Wald und entlang grüner Wiesen durch das Nitzbachtal.

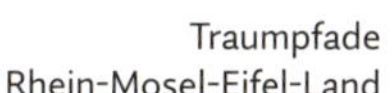

Traumpfade Rhein-Mosel-Eifel-Land

9,1 km, 2:30 h

146 Hm

leicht

76

Startpunkt: Vulkanparkstation Booser Doppelmaar (L94) 50°18'33.6"N 7°00'01.4"E (GMS)

Zug bis Ostbahnhof Mayen → Freizeit-Bus 377 (Apr.–Nov.) bis Doppelmaar, Boos → 250 m Fußweg

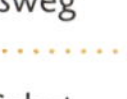

Kinder, Aussicht, Schatten, Botanik, Geologie

Mit einem Fernglas hat man auf dem Eifelturm den Durchblick.

Genuss im Restaurant des Eifelhotels Fuchs. Der Grillabend mit Livemusik am Donnerstag im Biergarten ist zu empfehlen!

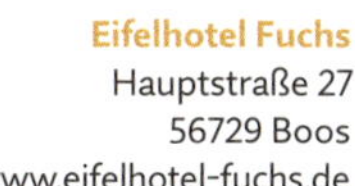

Eifelhotel Fuchs
Hauptstraße 27
56729 Boos
www.eifelhotel-fuchs.de

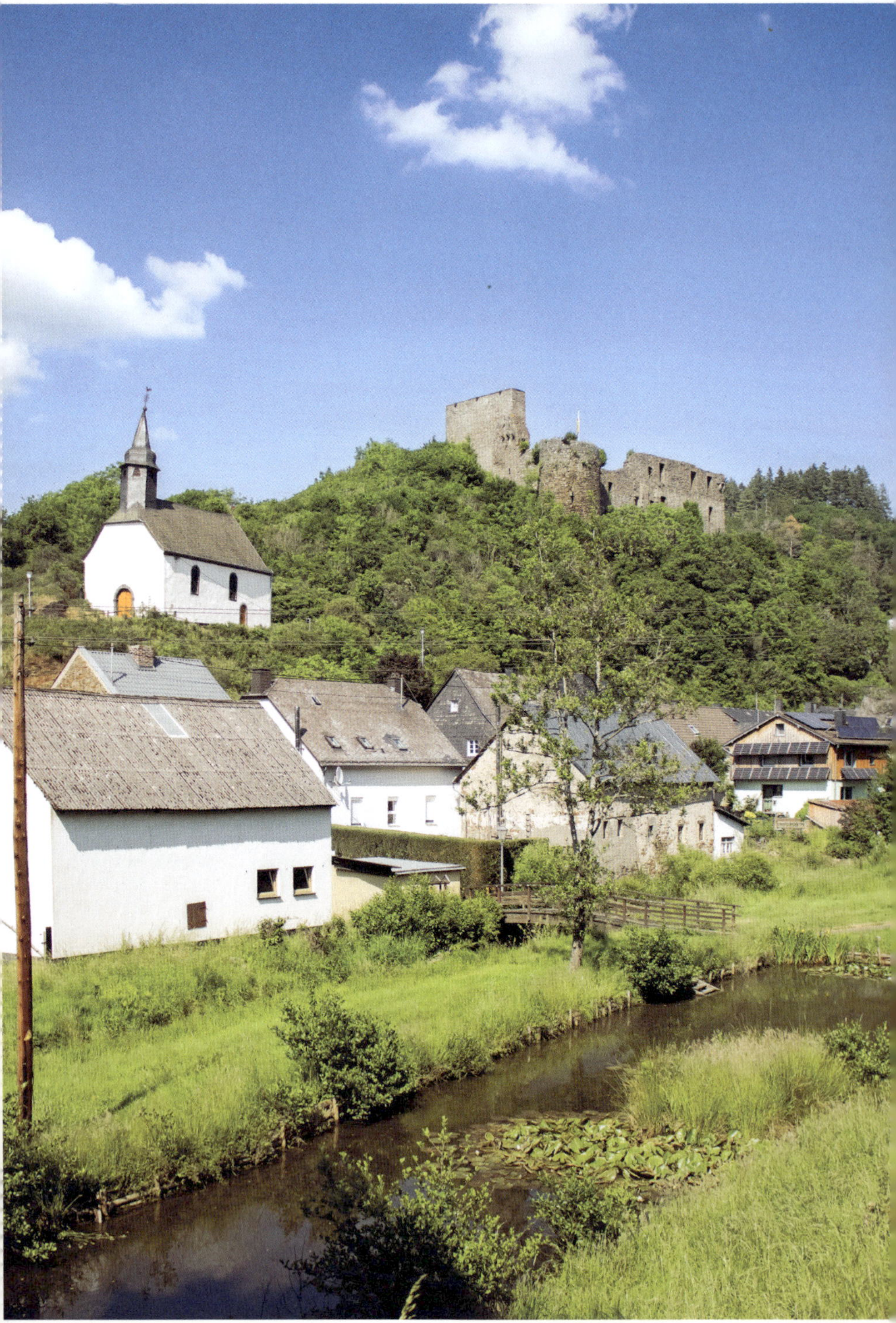

Geschichtliche Entschleunigung in Virneburg

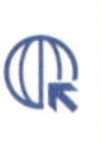

55 Paradies der Arten

Virne-Burgweg

Auf die Grafen von Virneburg trifft man schon auf der Route *Monrealer Ritterschlag*, aber natürlich sind sie auch mit dem gleichnamigen Luftkurort verbandelt. Ein Schild an der ehemaligen Burgkapelle teilt uns mit, dass diese nur mit der Erlaubnis der Grafen von Löwenstein-Wertheim-Virneburg erbaut werden durfte. Demnach haben die Burgherren von Silas' Geburtsstadt Wertheim in Tauberfranken ebenfalls ihre Hände im Spiel gehabt.

Zu Beginn wandern wir über die Festungsruine in einer weiten Schleife am Nitzbach aus dem Ort. Durch den Wald steigen wir bis auf über 500 Meter über Meereshöhe und genießen das bezaubernde Panorama. Der Weg entlang der Schafberger Wacholderheide ist ein echtes Träumchen und führt uns, begleitet vom Summen der Insekten, direkt zum nächsten botanischen Höhepunkt: zur Blumenrather Heide.

In den Sommermonaten sorgen Schaf- und Ziegenherden dafür, dass dieses Paradies auch in den nächsten Jahren bestehen bleibt. Schnell würde sonst alles verbuschen und ein neuer Wald entstehen. Heute sind hier seltene Tierarten wie der Neuntöter, der kleine Feuerfalter, verschiedene Bläulinge, der Brombeer-Zipfelfalter oder die Wald-Eidechse beheimatet. Also Augen auf, es gibt hier echt vieles zu entdecken. Durch den Wald verläuft der *Traumpfad* wieder hinab ins Tal und oberhalb von Virneburg zurück in den Ortskern.

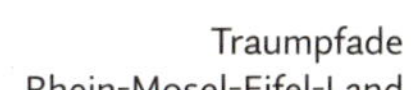
Traumpfade Rhein-Mosel-Eifel-Land
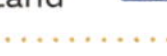

10 km, 3 h
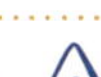

313 Hm

mittel
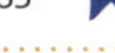

85
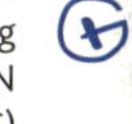

Startpunkt: Gemeindehalle Virneburg 50°20'30.2"N 7°04'37.0"E (GMS)
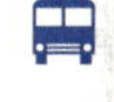

Zug bis Ostbahnhof Mayen → Freizeit-Bus 388 (Apr.–Nov.) bis Brücke, Virneburg →100 m Fußweg

Kinder, Aussicht, Sonne, Kultur/Besichtigen, Botanik

Motorsport wird in der Eifel großgeschrieben. Das Erlebnismuseum *ring°werk* gibt Einblicke in die Nürburgring-geschichte.

Ein Mix aus leckerem Essen, erfrischenden Getränken und schönem Burgpanorama sowie eine Zeitreise in die Motorsportgeschichte bietet das Restaurant Zur Burg.

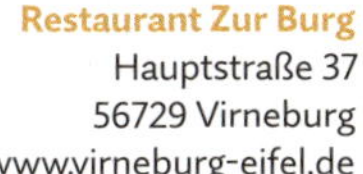
Restaurant Zur Burg
Hauptstraße 37
56729 Virneburg
www.virneburg-eifel.de

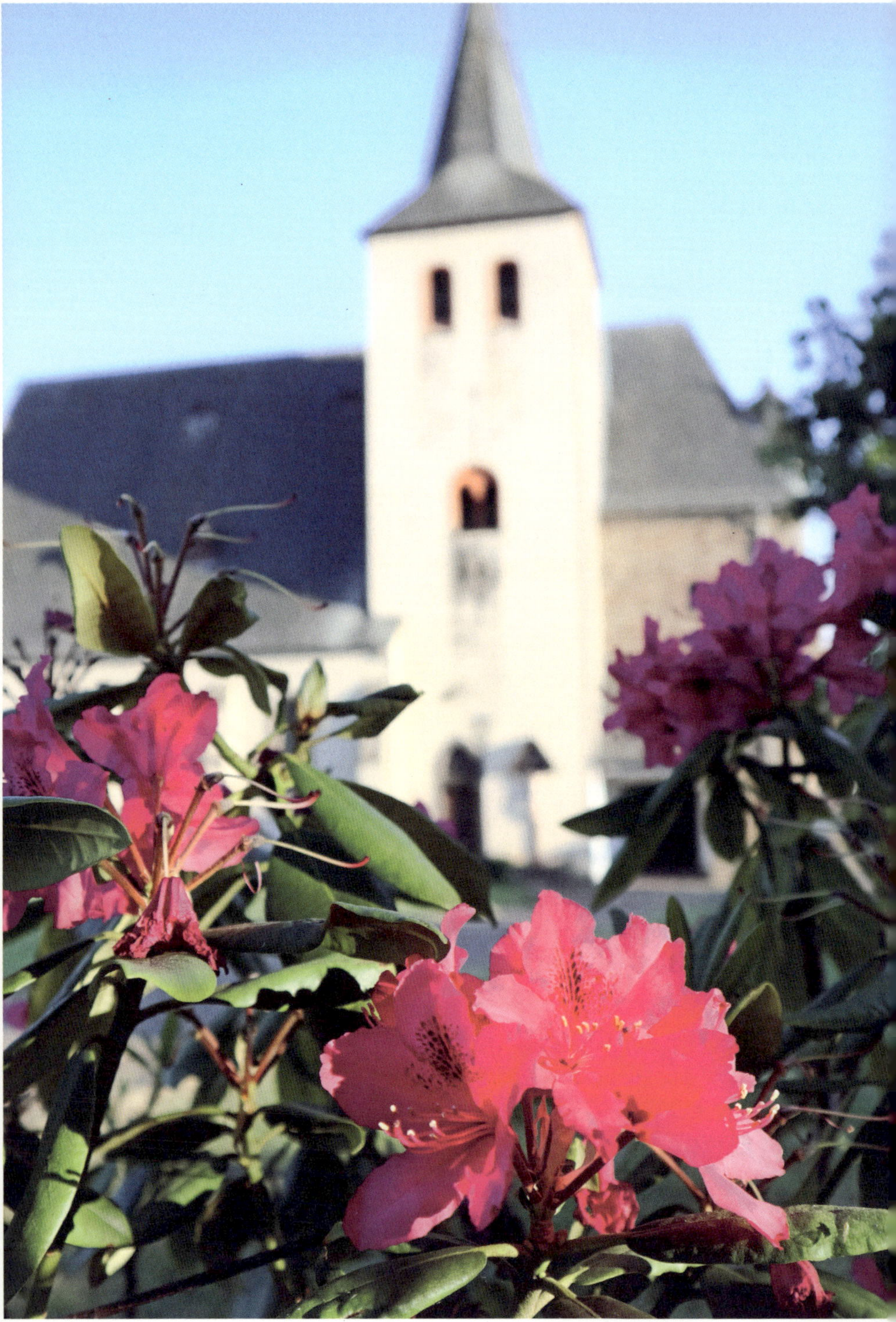

Seit Jahrhunderten ist St. Valerius
der geistige Zufluchtsort der Wanderather Bevölkerung

56 Ein erstaunliches Dorf

Wanderather

Willkommen in Wanderath oder vielleicht eher Wunderath? Der Ort, der heute knapp 500 Einwohner und einige Unterkunftsmöglichkeiten beheimatet, war lange kaum besiedelt. Bis weit ins 19. Jahrhundert hinein existierten nur ein Wohnhaus, eine Schule und eine Kirche. Aber solch ein großer Sakralbau für keine Bewohner, wie kann das sein? Darum rankt sich so mancher Mythos. Genauso erstaunlich scheint die Bauzeit für das heutige Gotteshaus St. Valerius, an dem der *Traumpfad* startet. Sie betrug gerade mal zehn Jahre weniger als die des Kölner Doms und damit stolze 621 Jahre.

Schnell passieren wir im Streckenverlauf die 500-Höhenmeter-Marke, weshalb dieser Teil der Vulkaneifel auch Hocheifel genannt wird. Immer wieder bieten sich erstklassige Fernsichten, und so manche Sinnesbank lädt zum ausgedehnten Entspannen ein. Öfter trifft man im Sommer auf Kuhherden, die auf grünen Wiesen grasen, und wir können nicht anders, als den Tieren etwas länger unsere Aufmerksamkeit zu schenken.

Der Achterbach plätschert am Weg entlang und speist drei Forellenteiche. Da meldet sich direkt der Magen. Pause machen lohnt sich an der Wallfahrtskapelle St. Jost, die dem Heiligen Jodokus, dem Schutzpatron der Pilger, gewidmet ist. Der Altarbereich strahlt eine besondere Mystik aus. Vom Nitzbach begleitet wandern wir wieder steil den Berg hinauf und können uns an den besten Panoramablicken der Tour erfreuen.

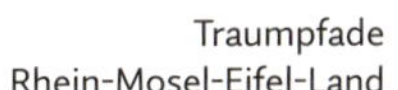
Traumpfade Rhein-Mosel-Eifel-Land 

12 km, 4 h 

304 Hm 

mittel

74 

Startpunkt:
Kirche St. Valerius in Baar-Wanderath
50°21'13.4"N 7°03'00.2"E (GMS) 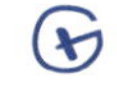

Zug bis Ostbahnhof Mayen → Freizeit-Bus 388 (Apr.–Nov.) bis Kapellenstraße, Oberbaar à 1,5 km Fußweg 

Kinder, Aussicht, Sonne, Kultur/Besichtigen, Unterhaltung/Event, Wasser, Geologie 

Drei Stollen führen unter Tage und können im Besucherbergwerk Bendisberg besichtigt werden. 

Mitten im Wald liegt die Bergmannshütte Grube Bendisberg. Hausgemachter Kuchen und eine kleine Auswahl Eifeler Speisen werden serviert.

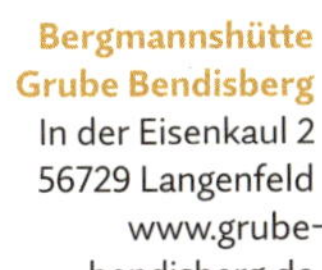
Bergmannshütte Grube Bendisberg
In der Eisenkaul 2
56729 Langenfeld
www.grube-bendisberg.de 

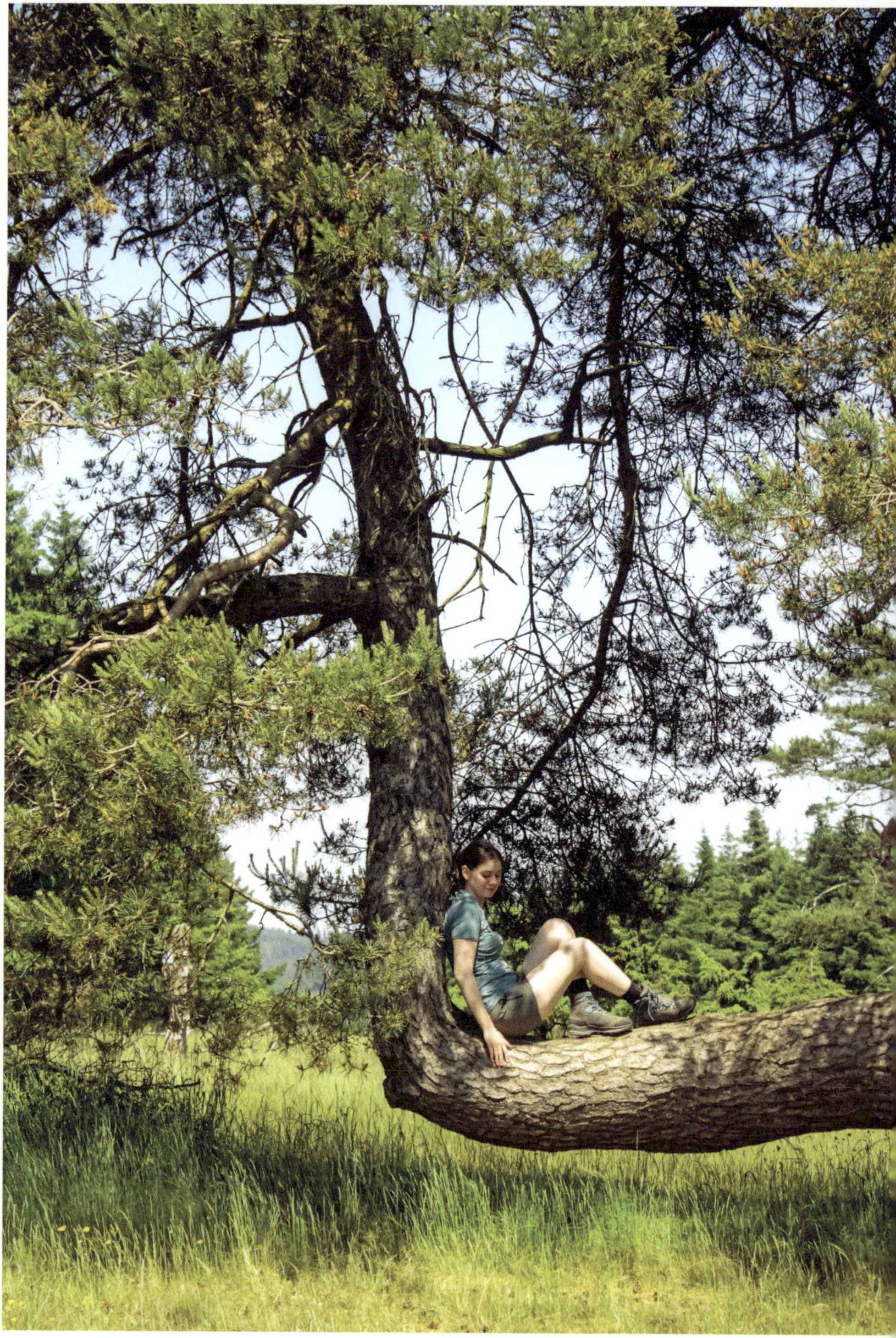

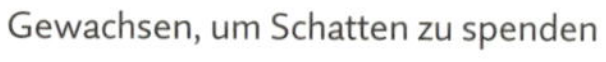

Gewachsen, um Schatten zu spenden

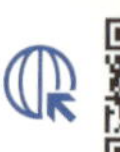

57 Wacholder, so weit das Auge reicht

Bergheidenweg

Die höchstgelegene Rundtour führt Wanderer rund um den Raßberg auf 664 Metern. In den Monaten August bis September blüht die Wacholderheide und taucht die Bergkuppe am Startpunkt der Tour in ein zartes Lila-Pink. Von Mai bis Juni leuchtet das gelb blühende Eifelgold, der Besenginster.

Nach dem Gipfel des Heidbüchels schreiten wir auf dem *Traumpfad* hinab ins Tal der noch jungen Nette, die im weiteren Verlauf mehrfach über Steine oder Brücken überquert wird. Der Fluss ist an dieser Stelle noch keine vier Kilometer alt und mündet nach 59 Kilometern bei Neuwied in den Rhein. Einen ihrer abwechslungsreichsten Abschnitte mitsamt dem Nette-Wasserfall kann man auf dem *Nette-Schieferpfad* erleben.

Am kleinen Selbach entlang wandern wir wieder bergauf, vorbei an ausgedehnten Wiesen. Im Sommer laben sich zahlreiche Kühe an den Kräutern auf den Weiden. Wir genießen von diesem Höhenzug die Aussichten auf den Eifelort Hohenleimbach und das weite Land der Osteifel. Nach acht Kilometern erreichen wir den Dr.-Heinrich-Menke-Park und damit wieder die Wacholderheiden der Hocheifel. Da sich Dr. Menke für den Erhalt und die Renaturierung der Flächen rund um die Eifelgemeinde Arft bemüht hat, wurde die für die Osteifel typische Landschaft nach ihm benannt. Von hier oben bietet sich auch ein hervorragender Blick auf den höchsten Berg der Eifel, die Hohe Acht mit 747 Metern.

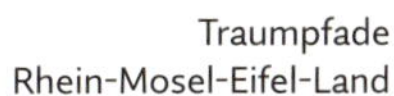
Traumpfade Rhein-Mosel-Eifel-Land

10,3 km, 3 h 

289 Hm 

mittel

69

Startpunkt: Parkplatz Raßberg in Arft 50°23'16.6"N 7°03'55.9"E (GSM) 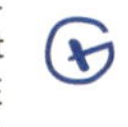

Zug bis Ostbahnhof Mayen → Freizeit-Bus 388 (Apr.–Nov.) bis Dorfstraße Arft → 1,5 km Fußweg 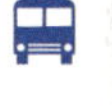

Aussicht, Sonne, Botanik 

Auch im Winter ein Erlebnis: Ein Skilift befördert Rodler und Skifahrer auf den Raßberg. 

In dritter Generation wird der Landgasthof Müller geführt, wo schmackhafte Eifeler Küche in persönlicher Atmosphäre lockt.

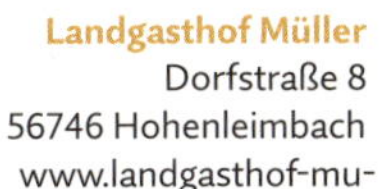
Landgasthof Müller
Dorfstraße 8
56746 Hohenleimbach
www.landgasthof-mueller.de

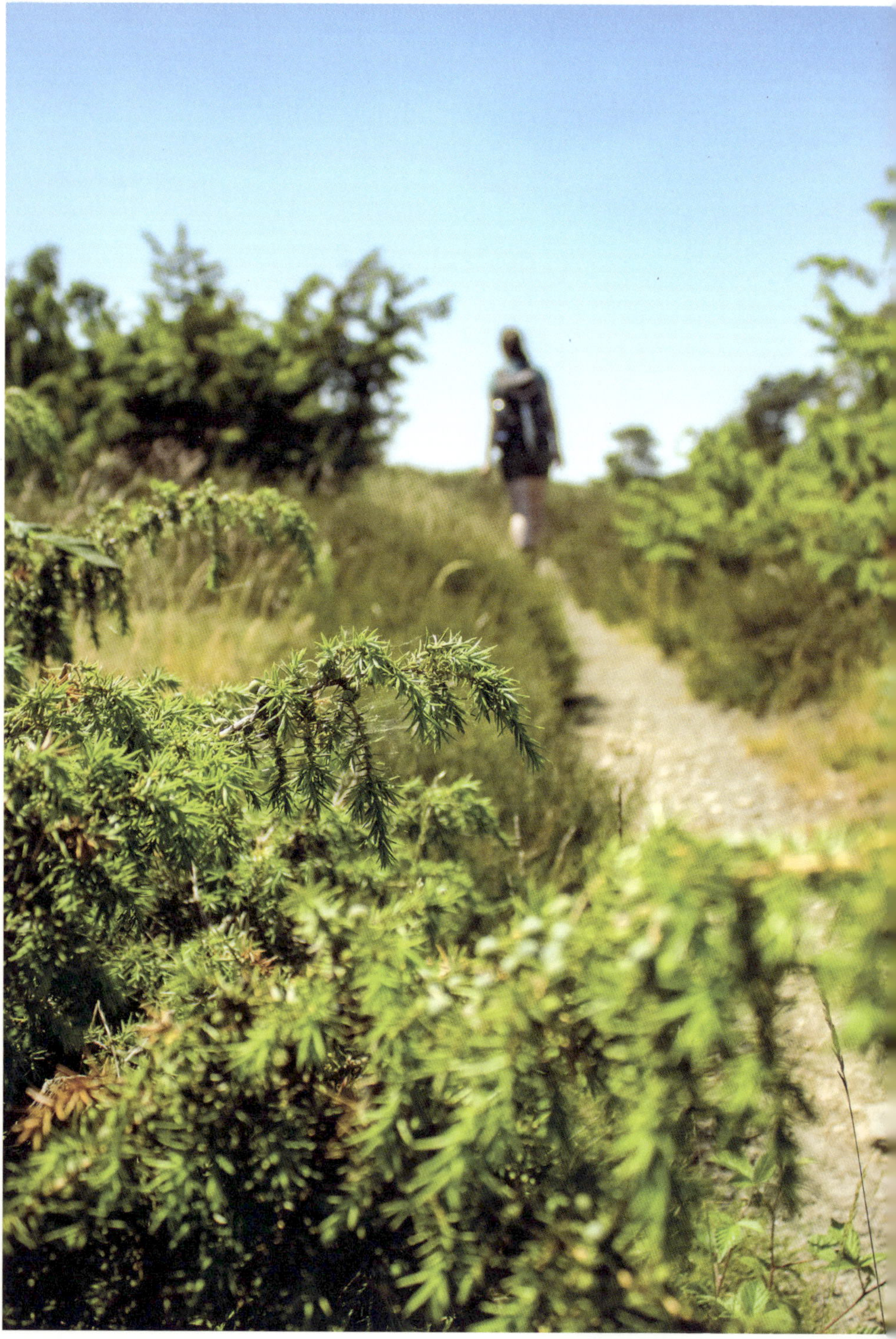

Wacholderduft und Heideblüten

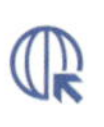

58 Berggefühle
Wacholderweg

Einen Steinwurf vom *Wacholderweg* entfernt liegt auch der *Traumpfad Bergheidenweg*, der sogar über einen Zuweg erwandert werden kann. Die Wabelsberger Wacholderhütte ist dafür der perfekte Ausgangspunkt.

Etwas kleiner als am Raßberg, aber dennoch wunderschön zeigen sich die Wachholdersträucher im Naturschutzgebiet rund um den 548 Meter hohen Wabelsberg. Die Heidelandschaft ist ein richtiges Eldorado für Bienen, Schmetterlinge und Insekten in allen Farben. Mit einem fantastischen Rundblick führt die Strecke über Wiesen und Wälder an verschiedenen Rastplätzen auf den Büschberg vorbei. Hier wurde ein großer Stein mit einer Metallplatte versehen, als Dank für die finanzielle Unterstützung der Europäischen Union zum Erhalt der Wacholderheiden.

Die kargen Wiesen und die ungehinderte Fernsicht vermitteln uns richtige Berggefühle. Ja, die Eifel ist ein echtes Mittelgebirge. Fast parallel zum *Bergheidenweg* verläuft der *Wacholderweg* auf dem gegenüberliegenden Bergkamm, und wären die Bäume nicht, könnte man die Naturliebhaber auf dem anderen Wanderweg aus der Ferne grüßen. Es reiht sich eine Bank nach der anderen, aber das schönste Plätzchen findet sich nach etwa sechs Kilometern. Mit Blick auf eine Wiese und ins Nettetal bietet sich ein Tisch für die Jause an. Vom Nettetal geht es dann zum Ende wieder bergauf zur Wacholderhütte, wo ein kühles Getränk wartet.

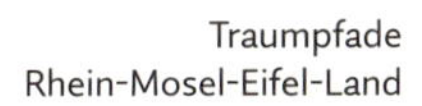
Traumpfade Rhein-Mosel-Eifel-Land 

8,6 km, 2:45 h 

264 Hm 

leicht 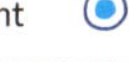

79

Startpunkt:
Wabelsberger Wacholderhütte
50°22'57.2"N 7°06'30.6"E (GSM) 

Zug bis Ostbahnhof Mayen → Bus 820 bis Klinik am Waldsee, Rieden → 5 km mit dem Taxi 

Aussicht, Sonne, Botanik 

Keine Jause dabei? In der Wacholderhütte gibt es gepackte Picknickboxen für Wanderer. 

Als Blockhaus versprüht die Wacholderhütte Alm-Feeling. Neben Kuchen werden auch kleine Gerichte angeboten.

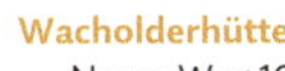
Wacholderhütte
Neuer Weg 16
56729 Langscheid
www.wacholderhuette.de 

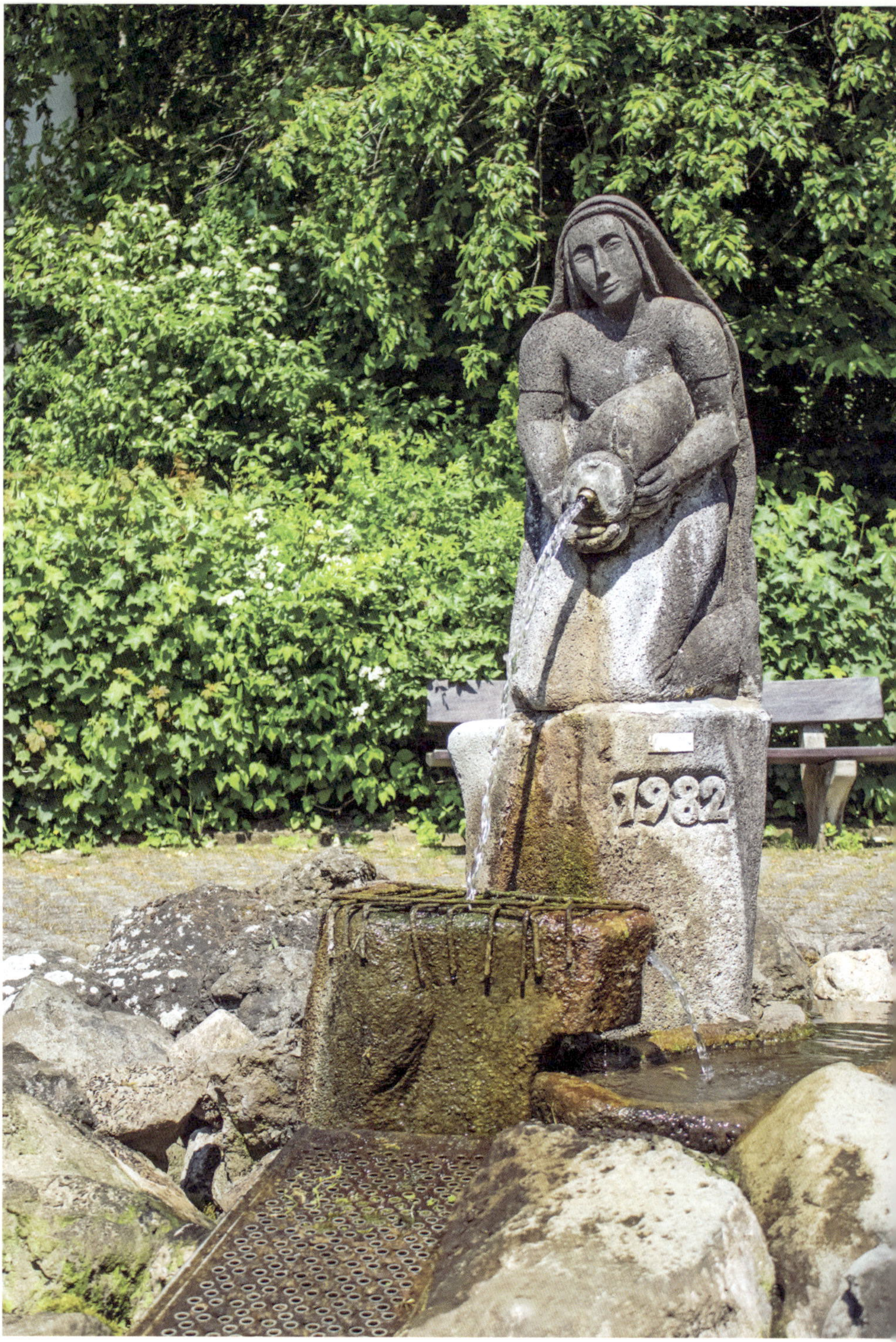

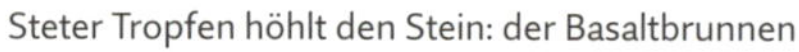

Steter Tropfen höhlt den Stein: der Basaltbrunnen

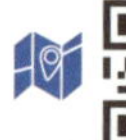

59 Heilsames Bergklima

Heidehimmel Volkesfeld

Auf diesem landschaftlich reizvollen *Traumpfad* mit zahlreichen Panoramaansichten kommen Wanderer dem Himmel im wahrsten Sinne des Wortes nah. Den Anfang macht der Aussichtspunkt am Riethelkreuz, umgeben von duftenden Wacholdersträuchern. Der herrliche Fernblick lässt sich auf einer der Bänke am besten genießen.

Kaum haben wir den Ort Volkesfeld hinter uns gelassen, kommt auch schon die Wabener Heide in Sicht. Die idyllische Landschaft ist geprägt von Heide und Wacholdersträuchern. Anstatt dem Streckenverlauf geradeaus durch die Heide zu folgen, empfehlen wir einen kleinen Schwenk hoch zum Noorkopf. Sowohl die Ruhe-Schaukel als auch die Schatten spendende Pilzhütte laden dazu ein, innezuhalten und das Panorama auf sich wirken zu lassen. Zur Abwechslung wandern wir anschließend ein Stück durch den Wald, begleitet vom Rascheln der Blätter und dem Zwitschern der Vögel. Der nächste Aussichtspunkt lässt nicht lange auf sich warten. Am Falkleyblick liegt uns das schöne Nettetal zu Füßen.

Zurück führt der Weg in einer Schleife wieder bergab Richtung Volkesfeld. Eine Abkühlung gefällig? Am Ende der Tour können sich durstige Wanderer auf die Volkesfelder Heilquelle freuen. Aufgrund des leichten Eisengeschmacks wird sie auch Sauerbrunnen genannt.

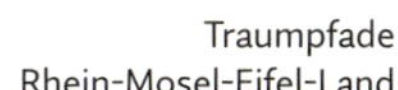

9,3 km, 2:30 h 

310 Hm 

mittel 

64 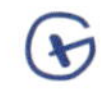

Startpunkt:
Parkplatz Heilquelle
50°23'04.2"N
7°08'40.7"E 

Zug bis Ostbahnhof Mayen → Bus 820 bis Klinik am Waldsee, Rieden → 600 m Fußweg 

Aussicht, Kultur/Besichtigen, Botanik

Der Campingplatz Falkleymühle lockt mit traumhaften Stellplätzen für Caravan und Zelt direkt am Fluss. 

Biker und Wanderer sind im Forsthaus Schlich willkommen. Geboten werden sowohl Eifeler Gerichte als auch internationale Kost.

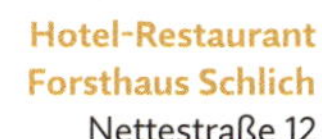

Nettestraße 12
56745 Volkesfeld
www.hotel-forsthaus.com

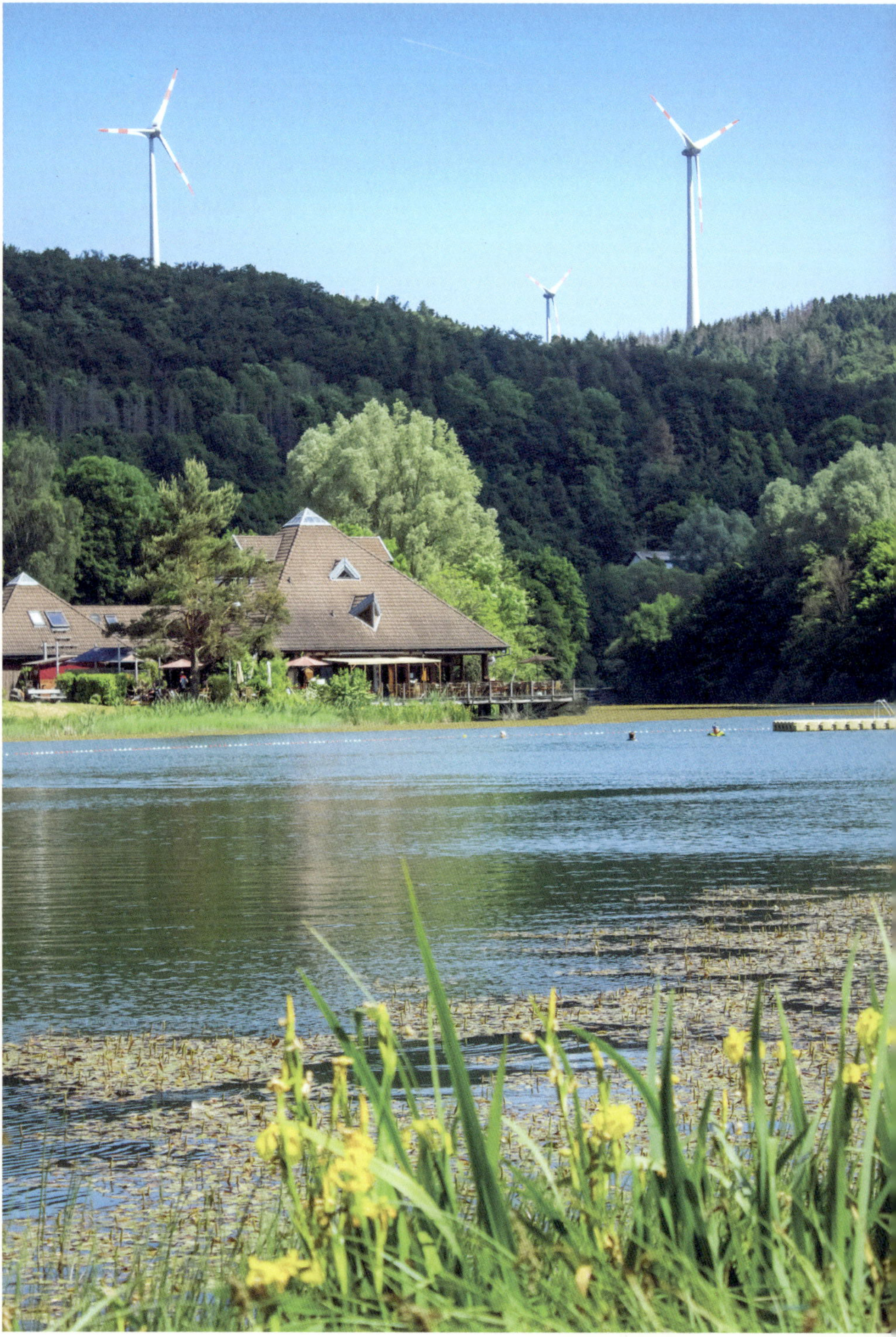

Wandern, Schlemmen und Schwimmen
kann man am Riedener Waldsee

60 »Seenswerte« Weitblicke

Waldseepfad Rieden

Am Riedener Waldsee kommen schnell Urlaubsgefühle auf. Mietbare Blockhäuser sind der ideale Ausgangspunkt für ein Wanderwochenende rund um den *Waldseepfad Rieden* oder die Vier-Berge-Tour.

Vom Feriendorf aus laufen wir auf der gegenüberliegenden Seite der Eifeler Seehütte am Ufer entlang. In den Morgenstunden ziehen Nebelschwaden über den See, der von Wäldern umgeben ist, und die Luft ist wohltuend frisch. Rieden ist für den Abbau des vulkanischen Tuffs bekannt, der sich gut für Steinmetzarbeiten eignet. Entlang der Strecke passieren wir einen von zahlreichen Sauerbrunnen der Region. Das austretende Wasser ist angereichert mit natürlicher Kohlensäure und vielen Mineralien und erreicht oft sogar Heilwasserqualität. Der Eisengeschmack ist gewöhnungsbedürftig, aber ein Schlückchen Gesundheit am Morgen kann ja nicht schaden.

Nach der Ortschaft verläuft die Route durch Wälder bis auf den Gipfel des Gänsehals. Am Wegesrand laden Ruhebänke mit Blick auf das Dorf und malerische Kuhwiesen zur Rast. Von Weitem zeigt sich schon der 74 Meter hohe Gänsehalsturm, ein Funkturm mit Aussichtsplattform. Diese bietet eine der schönsten Panoramen der Eifel über den Laacher See bis hin zum Siebengebirge und zum Bergischen Land. Ein Fernglas im Gepäck ist ideal, um die Fernblicke zu genießen. Aussichtsreich führt der Pfad zurück zum Riedener Waldsee. Auch auf dem letzten Teil der Strecke laden viele Ruheplätze zu einer Pause ein.

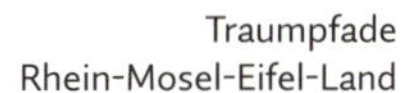

Traumpfade Rhein-Mosel-Eifel-Land

14,1 km, 4:30 h

464 Hm

mittel

55

Startpunkt: Parkplatz Am Waldsee in Rieden 50°23'22.0"N 7°09'50.5"E (GSM)

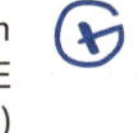

Zug bis Ostbahnhof Mayen → Bus 820 bis Waldsee Rieden

Kinder, Aussicht, Schatten, Kultur/Besichtigen, Wasser

Badesachen eingepackt? Im Waldsee kann man nach der Wanderung herrlich baden.

Auf der Terrasse der Eifeler Seehütte direkt am Riedener Waldsee kann man die Seele baumeln und sich kulinarisch verwöhnen lassen.

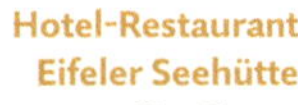

Hotel-Restaurant Eifeler Seehütte
Dr.-Georg-Klinkhammer-Weg 1
56745 Rieden – Am Waldsee
www.seehuette.de

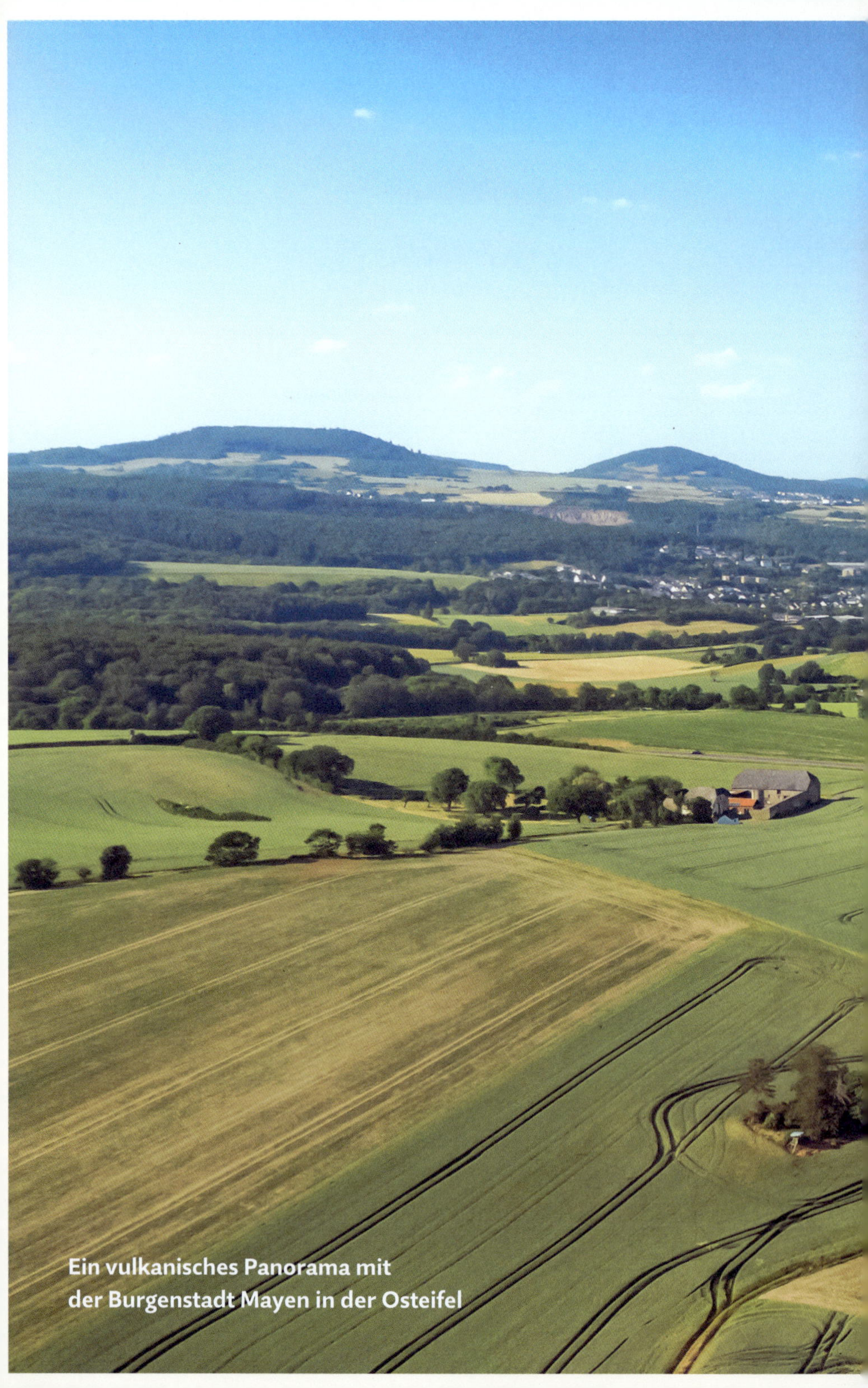

Ein vulkanisches Panorama mit
der Burgenstadt Mayen in der Osteifel

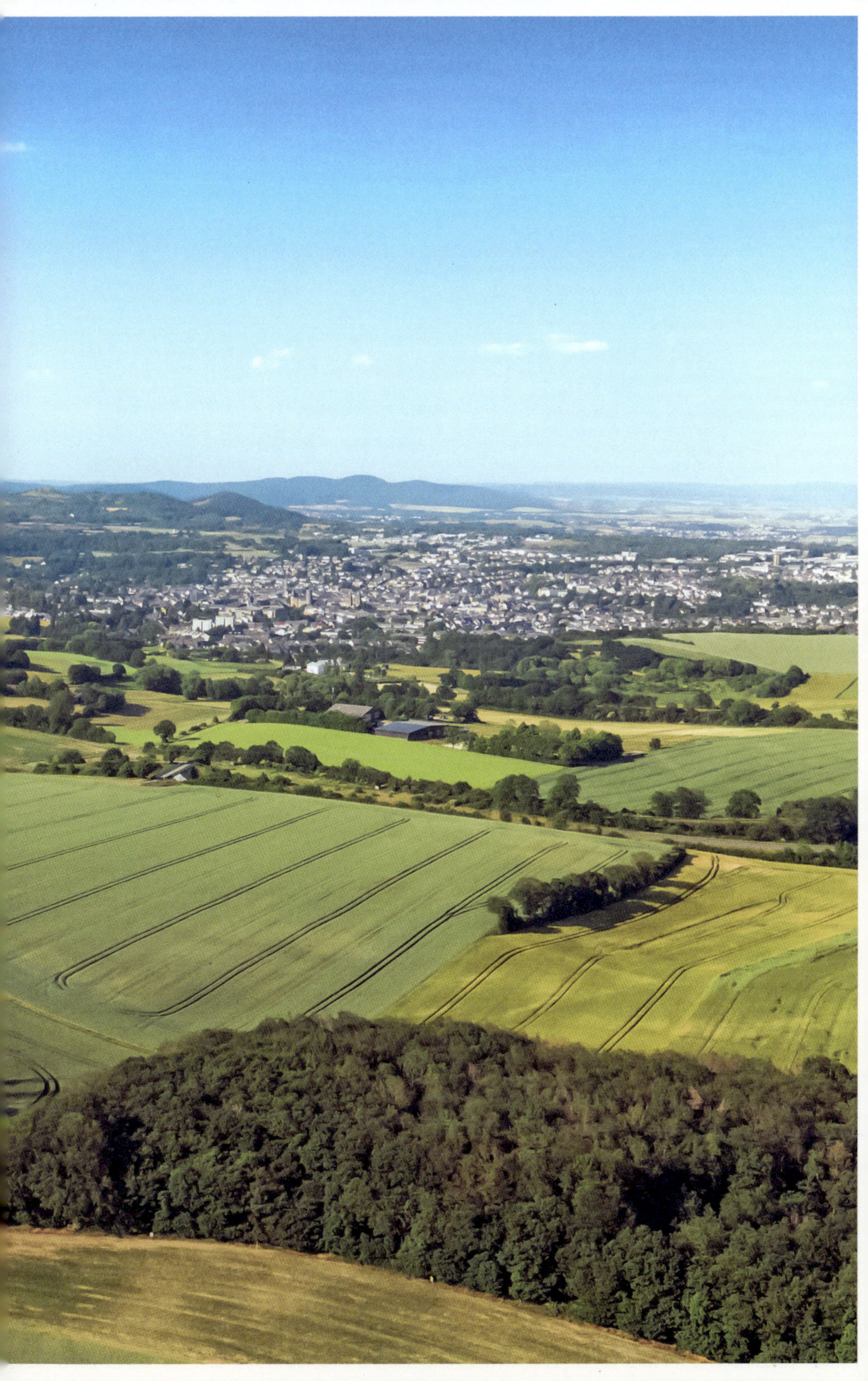

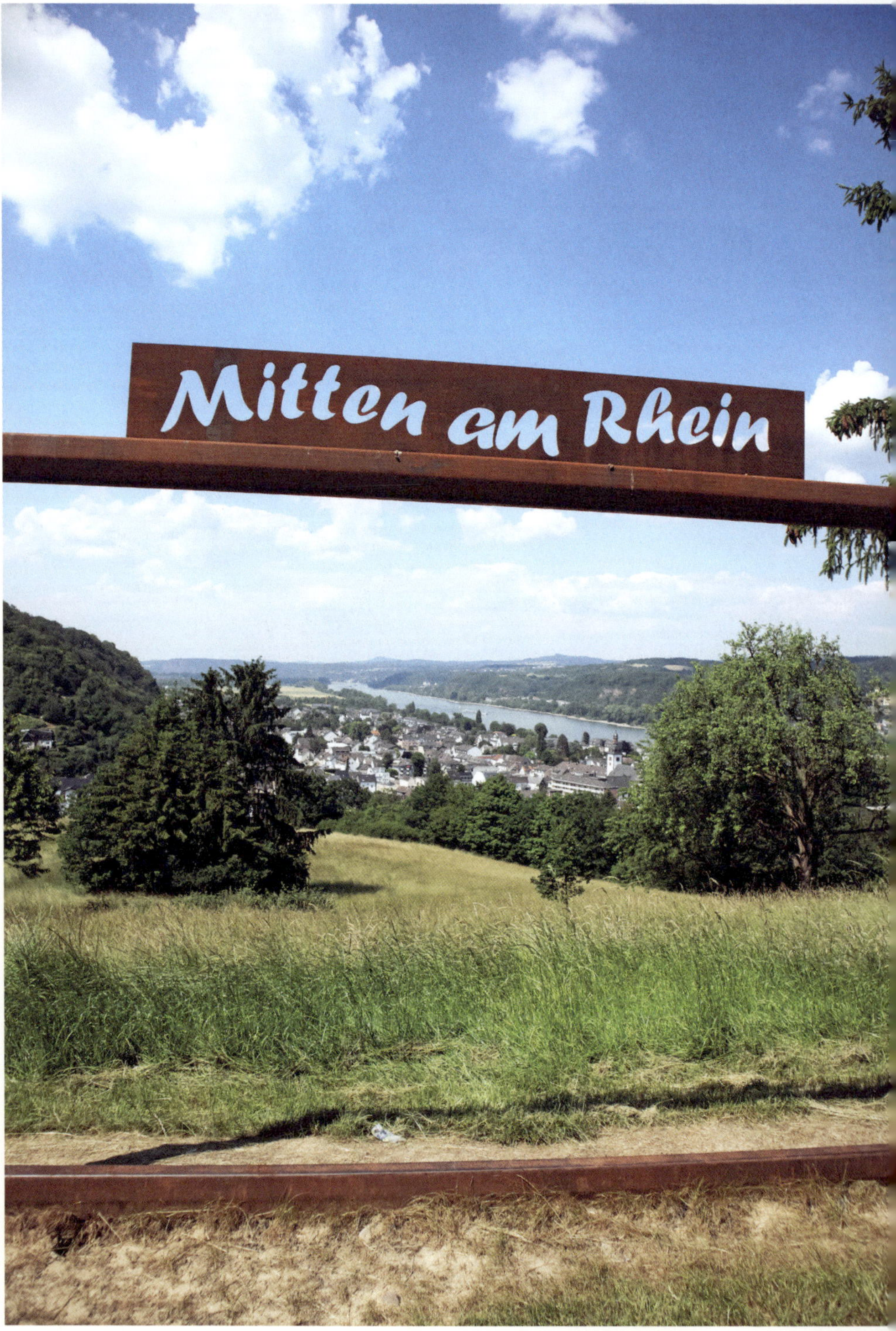

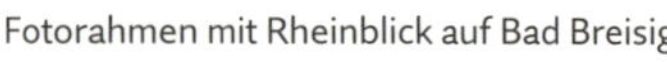

Fotorahmen mit Rheinblick auf Bad Breisig

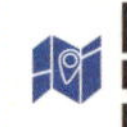

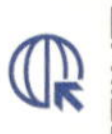

61 Landlust mit Rheinblick

Breisiger Ländchen

Ein Wanderweg, der weniger touristische Attraktionen aufweist, sondern vielmehr mit einer wunderbaren Landschaft überzeugt. Was uns positiv auffällt: Zahlreiche Sinnesliegen entlang der Route ermöglichen uns, zwischendurch die Füße hochzulegen und zu entspannen.

Nachdem wir die Innenstadt von Bad Breisig verlassen und die Serpentinen zum ersten Aussichtspunkt gemeistert haben, erwartet uns schon die erste Liege. Freut euch auf ein außergewöhnliches Panorama mit dem Rhein und der Goldenen Meile, so wird nämlich das besonders fruchtbare Gebiet zwischen Bad Breisig und Remagen genannt. Wir passieren den Waldfriedhof mit dem schönen Namen *RheinRuhe*. Ein weiterer schöner Blick öffnet sich wenig später auf Burg Olbrück mit ihrem markanten Bergfried, Gönnersdorf und das Vinxtbachtal.

Ungefähr zur Halbzeit kommt die kleine Schutzhütte Eifelblick in Sicht, die sich wunderbar für eine Pause eignet. Kurz darauf finden wir uns plötzlich in einem Wildgehege wieder, das durch eine schmale Drehtür passiert wird. Mit etwas Glück bekommt man die tierischen Bewohner zu Gesicht, diese sind aber leider recht scheu. Am Flugplatz Mönchsheide ist hingegen mehr los. Bei gutem Wetter könnt ihr Segelflugzeuge beim Starten und Landen beobachten. Dann endet die Tour, wie sie begonnen hat: In Schleifen schlängelt sich die Strecke steil den Berg hinab zurück nach Bad Breisig.

Extra-Tour/Eifelleiter

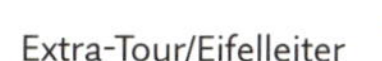

16,8 km, 5 h

540 Hm

schwer

51

Startpunkt:
Römer-Thermen
Bad Breisig
50°30'25.7"N 7°17'55.8"E
(GSM)

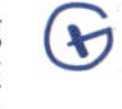

Zug bis Bahnhof Bad Breisig → 750 m Fußweg

Aussicht, Sonne

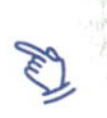

Die Römer-Therme Bad Breisig bringt mit Thermalwasser aus 600 Metern Tiefe euren Kreislauf nach der Tour wieder in Schwung.

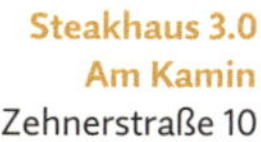

Steakhaus 3.0 Am Kamin
Zehnerstraße 10
53498 Bad Breisig
www.steakhaus-am-kamin.de

Auf dem Lavastein gegrillte Steaks gehören zur Spezialität des Restaurants Steakhaus 3.0 Am Kamin.

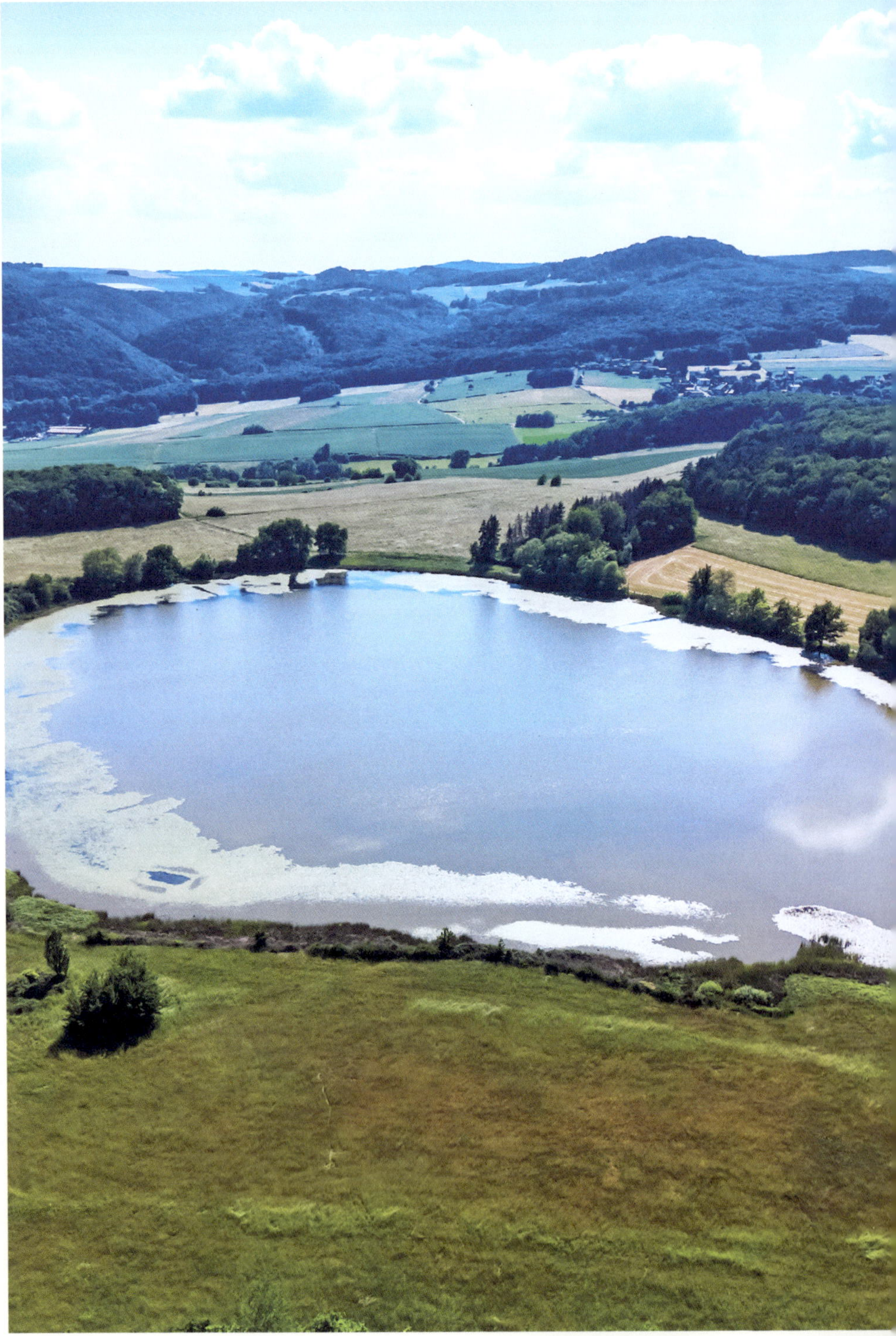

Spielplatz für Insekten und Reptilien: das Rodder Maar

62 Königliche Wanderung

Vinxtbachtal

Diese Extratour der *Eifelleiter* verspricht neben herrlichen Weitblicken einige Naturhighlights. Die Route führt, vorbei an einer einladenden Ruhebank, zunächst zum Königssee. Dort befand sich einst ein Basaltlava-Steinbruch.

Ab dem Spätsommer zeigt sich die Heide mit den Wacholdersträuchern rund um den Aussichtsturm Weiselstein von seiner zauberhaften Seite. In dieser Zeit verwandelt sich die Landschaft in ein lilapinkfarbenes Blütenmeer. Vom Turm lässt sich diese Naturszene am besten beobachten. Es heißt, bei guten Bedingungen soll man von hier oben die Turmspitzen des 60 Kilometer entfernten Kölner Doms sehen können. Also Fernglas einpacken!

In Königsfeld treffen wir auf den Namensgeber der Tour, den Vinxtbach. Anstatt dem Weg weiter zu folgen, zweigen wir erst mal in den Ort ab, denn Königsfeld kann hübsche Fachwerkhäuser vorweisen und belegte 2014 sogar den ersten Platz im Landeswettbewerb *Unser Dorf hat Zukunft*. Im Anschluss kehren wir auf die Route zurück, wo uns der Bach bis zu einer offenen Flur begleitet. Schließlich kommen wir zum idyllischen Rodder Maar, das so klein ist, dass es in kurzer Zeit umrundet werden kann. Obwohl es im Vulkangebiet liegt, kursiert die Theorie, dass das Maar durch einen Meteoriteneinschlag entstanden sein könnte. Eins ist jedoch sicher: Es ist ein bemerkenswertes Naturparadies.

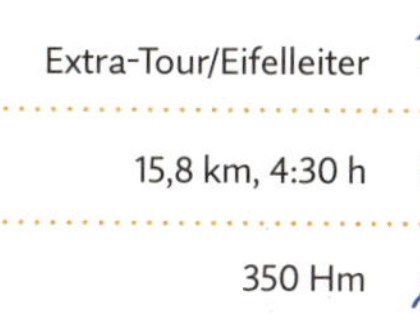

Extra-Tour/Eifelleiter

15,8 km, 4:30 h

350 Hm

mittel

56

Startpunkt:
Wanderparkplatz Rodder Maar
50°27'51.7"N 7°11'09.1"E (GSM)

Zug bis Bahnhof Bad Breisig → Bus 800 bis Abzweig Bächelsberg, Niederzissen → 1,6 km Fußweg

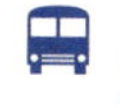

Kinder, Aussicht, Sonne, Kultur/Besichtigen

Die Burg Olbrück ist immer wieder von Weitem zu sehen und kann kostenfrei besichtigt werden.

Auf der sonnigen Terrasse des Neuen Maarhofs mit Blick auf die Burg Olbrück lässt es sich bei Kaffee und Kuchen gut aushalten.

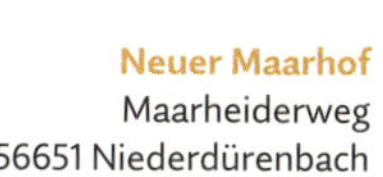

Neuer Maarhof
Maarheiderweg
56651 Niederdürenbach
www.neuer-maarhof.de

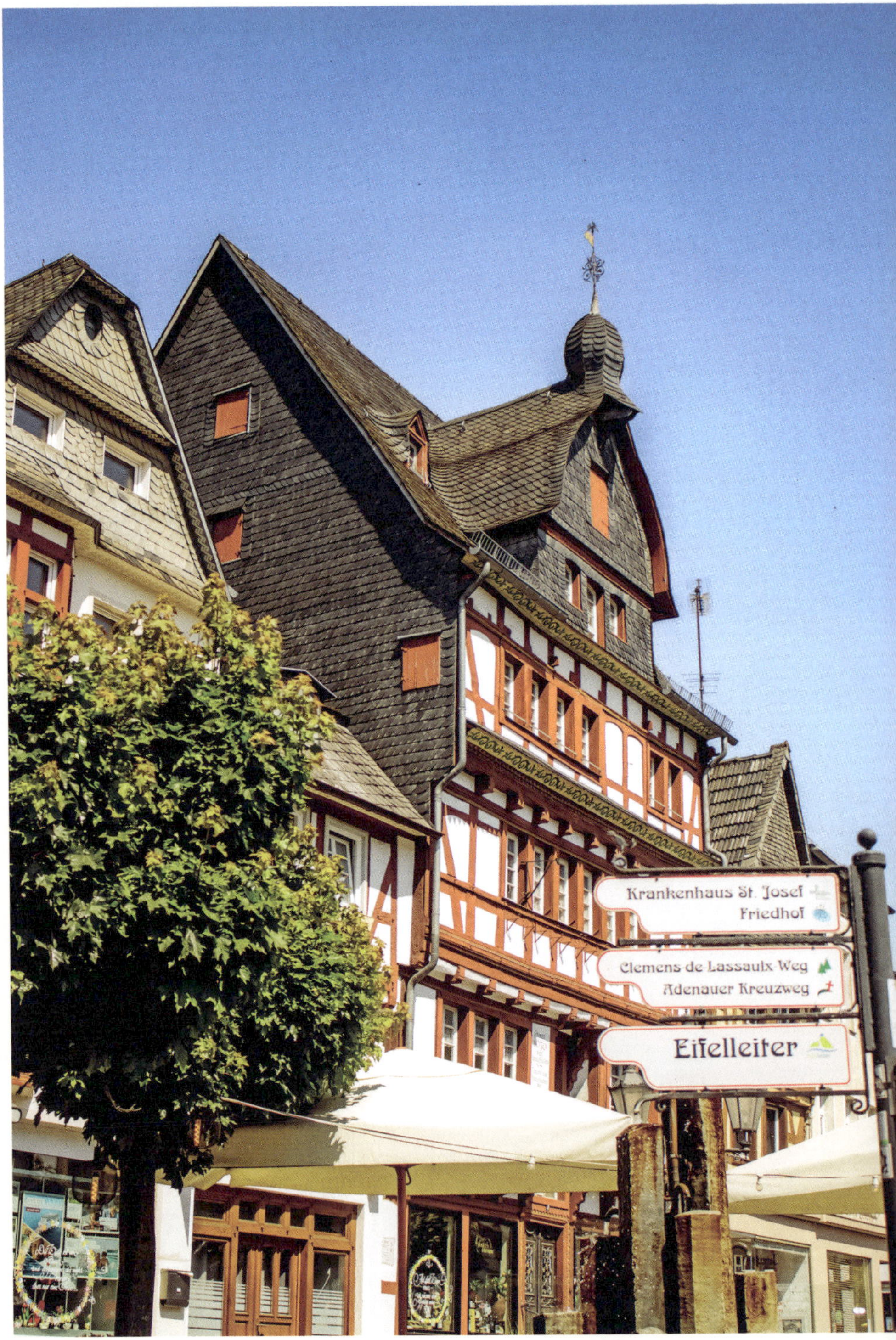

Der Marktplatz von Adenau
ist Ziel- oder Startort der Eifelleiter

68 Vom Ufer auf die Berge

Eifelleiter

Vom Rheinufer in Bad Breisig führt die *Eifelleiter* auf die höchsten Berge der Vulkaneifel. Nach knapp über 50 Kilometern krönen wir unseren Aufstieg auf die Hohe Acht am malerischen Marktplatz der kleinen Eifelstadt Adenau. Aber erst mal zurück zum Start. Die ersten acht Kilometer ist die Routenführung identisch mit dem Verlauf der *Extratour Breisiger Ländchen* und führt uns vorbei an der Römer-Therme hinauf zum Kesselberg. Von dort werfen wir einen Blick zurück auf die beschauliche Kurstadt und den Vater Rhein.

Ebenso wie sich die Segelflugzeuge an der Mönchsheide in die Lüfte schrauben, so werden wir auf den nächsten Kilometern hinter dem Ort Waldorf langsam, aber stetig in die Höhen der Hocheifel geleitet. Der Krater des 80 Meter hohen Bausenberg macht den Anfang. Die Burg Olbrück ist ein stiller Begleiter, denn immer wieder zeigt sie sich am Horizont und rückt erst etwa nach der ersten Hälfte der Wanderroute hinter dem Ort Spessart aus unserem Blickfeld. Wir passieren das Rodder Maar, das entgegen seinem Namen vermutlich keinen vulkanischen Ursprung aufweist. Die vielen markanten Gipfel in der Umgebung sind dennoch Zeichen der vulkanischen Aktivität dieser Region, was wir nicht zuletzt an vielen Basaltlava-Hängen entlang der Strecke erkennen können. Auch heute brodelt es noch unter der Erde. Davon zeugen aufsteigende Luftblasen im Laacher See, dessen Kraterrand in der Ferne zu erkennen ist. Wer die sogenannten *Mofetten* einmal von Nahem betrachten möchte, dem empfehlen wir eine Tour auf dem *Pellenzer Seepfad*.

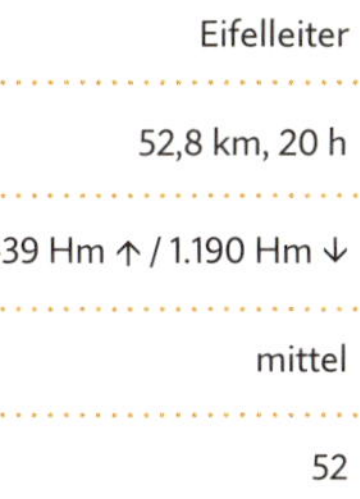

Eifelleiter 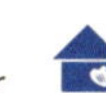

52,8 km, 20 h 

1.439 Hm ↑ / 1.190 Hm ↓ 

mittel 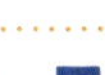

52

Startpunkt: Rheinpromenade in Bad Breisig 50°30'38.9"N 7°18'03.2"E (GMS)
Endpunkt: Marktbrunnen Adenau 50°22'57.9"N 6°44'71.3"E (GMS) 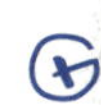

Zug bis Bahnhof Bad Breisig → 500 m Fußweg 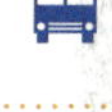

Aussicht, Sonne, Kultur/Besichtigen, Botanik, Geologie

Motorsportfans sollten das *Classic Race Museum* in Jammelshofen nicht verpassen. 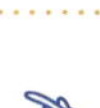 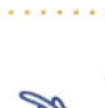

Außergewöhnlich schön gestaltet sich der folgende Abschnitt durch den Erlebniswald Steinrausch bei Kempenich, der uns auf spielerische Art den Forst erkunden lässt. An der einen Stelle sollen wir das Alter der Bäume schätzen und ein paar Stationen weiter werden wir animiert, uns mit den Tieren des Waldes im Weitsprung zu messen. Besonders mit Kindern ist der *Erlebniswald Steinrausch* einen Tagesausflug wert. Der Skilift von Jammelshofen markiert nach vierzig Kilometern den letzten steilen Anstieg. Voller Elan steigen wir auf zur Hohen Acht, dem höchsten Berg der Eifel. Die Vorfreude auf das atemberaubende Panorama vom Gipfel auf 747 Metern über dem Meeresspiegel weckt neue Kräfte und zieht uns förmlich den Berg hinauf. Eine Informationstafel am Wegesrand verrät uns, dass die Erhebung ebenfalls durch aufsteigende Lava geformt wurde. Der Kegel der Hohen Acht ist jedoch durch die umgebenden Wälder nicht mehr auszumachen. Anders sieht das beim Geschenk zur Silbernen Hochzeit des ehemaligen Deutschen Kaisers und seiner Frau Auguste Viktoria aus. Von der Plattform des 1908 erbauten Kaiser-Wilhelm-Turms können wir aber umso besser die Umrisse der umliegenden Vulkane entdecken. So zeigt sich bei gutem Wetter der Saberg, der nahe Raßberg, und in der Ferne sogar der Hochstein, der auf dem Traumpfad *Vier-Berge-Tour* bei Ettringen erwandert werden kann.

Obwohl wir ein ganzes Stück weit von der Motorsportrennstrecke am Nürburgring entfernt sind, dringt das laute Brummen der Motoren bis zu uns nach oben auf den Turm, und auch die Burg der Motorsportgemeinde ist am Horizont zu sehen. Im Wald verstummt das Surren der Rennwagen wieder, und die Natur dominiert den Abstieg.

An der De-Lassaulx-Hütte bietet sich eine ausgedehnte Pause an. Eine Sinnesliege und ein überdachter Sitzplatz erinnert an den Förster Clemens de Lassaulx, der die ökologische und nachhaltige Forstwirtschaft in der Region eingeführt hat. Dem »Vater des Eifelwaldes« ist es zu verdanken, dass insbesondere die Bestände der Hocheifel heute noch weitestgehend gesund sind. Von der Hütte sehen wir auch bereits den Zielpunkt der *Eifelleiter:* den Luftkurort Adenau.

Über einen der schönsten Kreuzwege, die wir bisher erwandert haben, steigen wir hinab ins Tal. Mit Moos bewachsene Felsen und sechseckige Basaltsteine säumen die Strecke in weiten Schleifen bis ins Städtchen. Malerisches Fachwerk erwartet uns in der Ortsmitte, und die Nähe zum Motorsport ist an den rotweiß gestreiften Bordsteinen unverkennbar. Ein Selfie mit der Karnevalsskulptur *Addene Jong* später können wir uns mit über 50 Kilometern in den Beinen erschöpft, aber glücklich zu jenen Wanderern zählen, die die *Eifelleiter* bezwungen haben. Nur die sportlichsten Wanderer schaffen es, die *Eifelleiter* in einem Stück zu erklimmen, daher empfehlen wir diese, in drei Etappen aufzuteilen. Besonders bequem kann die Mehrtagestour mit einer Pauschale der Vulkanregion Laacher See in Angriff genommen werden. Gepäckservice, Lunchpakete und vorab gebuchte Unterkünfte machen diese Route ideal für Einsteiger ins Fernwandern.

Seit 1578 wird im Fachwerkhaus Blaue Ecke am Marktplatz Gastfreundschaft gelebt, ganz gemäß dem Motto: »Bei Freunden zu Hause.«

Blaue Ecke Hotel & Restaurant
Am Markt 5
53518 Adenau
www.blaueecke.de

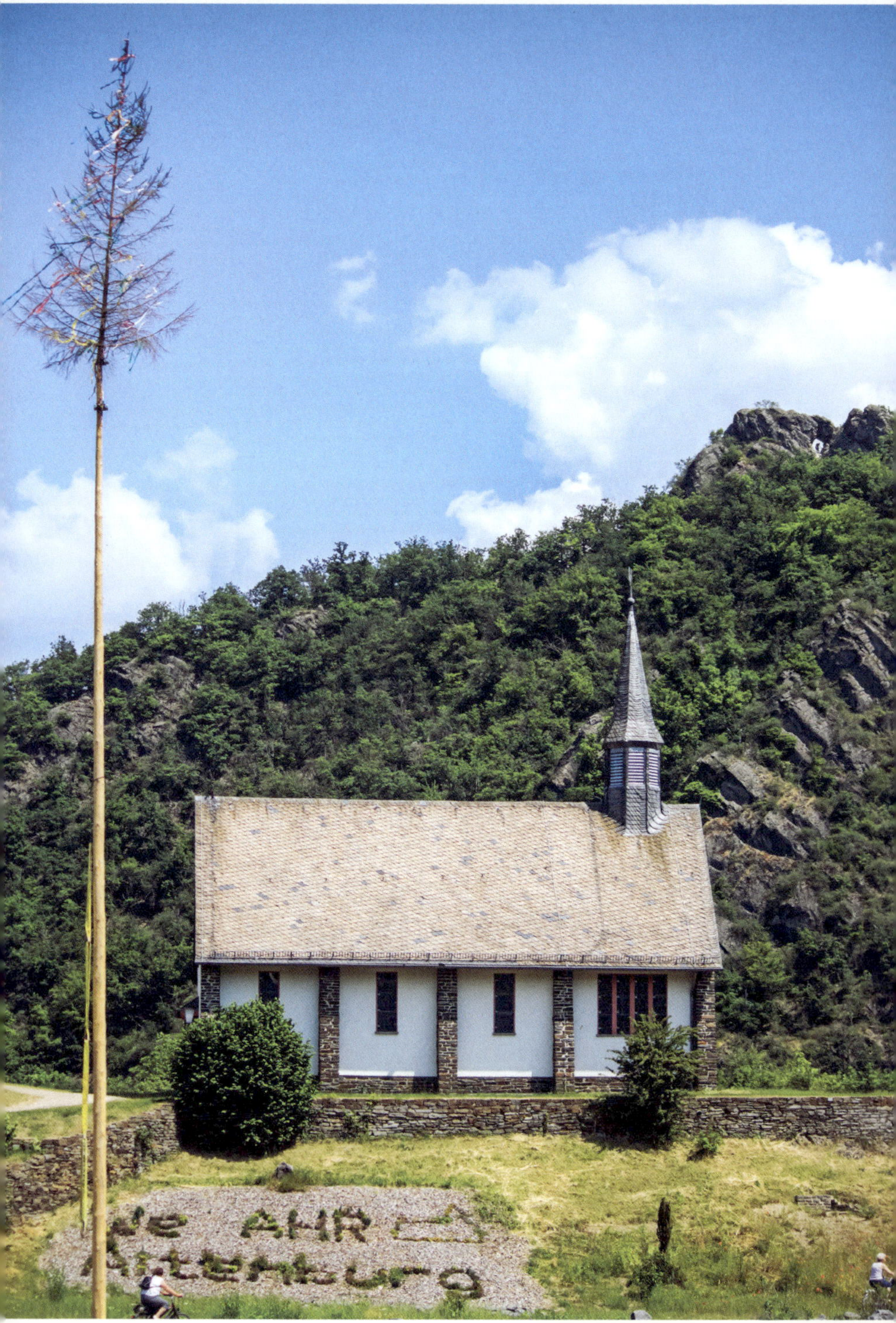

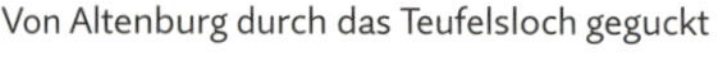

Von Altenburg durch das Teufelsloch geguckt

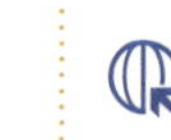

64 »WanderbAhres« Rotweinerlebnis

AhrSteig

AhrSteig

107,2 km, 33 h

2.985 Hm ↑ / 3.369 Hm ↓

schwer

–

Startpunkt:
Blankenheim
50°26'16.1"N 6°38'58.6"E (GSM)
Endpunkt:
Schloss Sinzig
50°32'47.8"N 7°14'58.7"E (GSM)

Zug bis Blankenheim-Wald → Bus bis Haltestelle Rathaus, Blankenheim → 200 m Fußweg bis Start

Aussicht, Sonne, Kultur/Besichtigen, Unterhaltung/Event, Geologie, Wasser

Sammelt mit dem *AhrSteig*-Wanderpass Stempel und zeigt den vollen Pass bei einer Tourist-Information vor. Dann erhaltet ihr ein kleines Geschenk.

Auf insgesamt 107 Kilometern, aufgeteilt in sieben Etappen, verläuft der *AhrSteig* von Blankenheim in der Nordeifel bis nach Sinzig am Rhein. Das Ahrtal ist das nördlichste Anbaugebiet für den vollmundigen Spätburgunder, weshalb Weinliebhaber diese Genussregion zu schätzen wissen. Warum sich diese Rebsorte im Ahrtal so gut anbauen lässt? Das ist den Schiefersteilhängen in bester Sonnenlage zu verdanken. Der Schiefer verleiht den Trauben eine charakteristische Mineralität und speichert die Sonnenwärme optimal.

Auf dem *AhrSteig* ergeben sich oft Gelegenheiten, sich von der Qualität des Weines zu überzeugen. Aber: Das verheerende Hochwasser im Juli 2021 hat ein Bild der Zerstörung hinterlassen. Die Naturkatastrophe hat den Menschen im Ahrtal im wahrsten Sinne des Wortes den Boden unter den Füßen weggerissen. Dennoch haben sie mit vollem Elan den Wiederaufbau ihrer Heimat in Angriff genommen. Wir sind der Meinung: Auch wenn noch nicht alle Spuren der Flut beseitigt sind, lohnt sich die Wanderung auf dem *AhrSteig* allemal, ganz gleich, ob einzelne Etappen oder die gesamte Strecke. Für uns ist das Ahrtal nach wie vor ein lohnenswertes Reiseziel mit einem zauberhaften Charme.

Aber fangen wir von vorne an. Die **erste Etappe** startet im historischen Ort Blankenheim, der zu Nordrhein-Westfalen gehört. Klimatisch ist die Gegend weniger für den Weinanbau geeignet, glänzt dafür aber mit zahlreichen Kulturdenkmälern verschiedenster Art. Zu entdecken sind die Überreste einer Römervilla, die Burg Blankenheim sowie die alten Fachwerkhäuser im Zentrum. Im Keller eines dieser Häuser sprudelt die Ahr hervor, bevor sie sich auf die Reise Richtung Rhein macht. Auf den ersten Kilometern folgen wir dem Fluss durch ausgedehnte Wälder und Wiesen, bis das Etappenziel, der Freilinger See, Abkühlung verspricht.

Auf der **zweiten Etappe** bekommen wir die Ahr leider nicht zu Gesicht. Dafür verläuft die Strecke durch eine schöne Wald- und Wiesenlandschaft. Vom Hühnerberg genießen wir eine herrliche Aussicht auf das Umland. Kurz hinter dem beschaulichen Dörfchen Lommersdorf passieren wir die Grenze zum Nachbarbundesland Rheinland-Pfalz und befinden uns in Aremberg schon am Ende des zweiten Abschnitts.

Mehr Abwechslung und vor allem Höhenmeter verspricht die **dritte Etappe** des *AhrSteigs*. Gleich zu Beginn steigen wir bergauf zur Ruine der Burg Arenberg, der höchsten Erhebung der Tour. Die Ahr schlängelt sich eindrucksvoll durch die Landschaft um die Hügel herum. Auf diesem Teil der Fernwanderstrecke dominieren Wald und beeindruckende Felsformationen.

Herrliche Panoramaansichten und abenteuerliche Felspassagen erleben wir auf der **vierten Etappe**. Einmalige Erinnerungsfotos lassen sich am besten an einem der schönen Holzfotorahmen am Wegesrand schießen. Das Etappenziel liegt in Kreuzberg, das Tor zum bekannten Weinanbaugebiet. Besonders praktisch für diejenigen, die nur eine Tagesetappe unternehmen möchten: Von April bis Oktober pendelt an allen Wochenenden der Wanderbus Oberes Ahrtal (Linie 899) zwischen Blankenheim und Altenahr hin und her und bringt euch nach einem erlebnisreichen Wandertag bequem wieder zum Ausgangspunkt.

Die **fünfte Etappe** ähnelt mit ihren schmalen Fels- und Kletterpassagen einer alpinen Route. Dabei kommen wir ganz schön ins Schwitzen. Wer sich einen der schönsten Blicke auf die Ahr nicht entgehen lassen möchte, sollte einen kleinen Umweg zum Teufelsloch bei Altenahr auf sich nehmen. Dort soll der Teufel aus Zorn seine eigene Großmutter durch den Felsen geschleudert haben. Zurück blieb ein Loch im Schieferfelsen, so will es die Legende. An Weinreben vorbei folgen wir dem Streckenverlauf weiter zur Ruine der Saffenburg – der ältesten Festung im Ahrtal.

Von Walporzheim wandern wir auf der **sechsten Etappe** durch idyllische Waldpassagen und die sonnengeküssten Weinberge zunächst zum Kloster Calvarienberg. Dabei genießen wir ununterbrochen die Aussicht auf die Stadt Bad Neuenahr-Ahrweiler und die zahlreichen Rebenhänge. Schön anzusehen ist auch die mit Blumen und Kerzen dekorierte Lourdeskapelle. Wieder führt der Steig bergauf und an geschnitzten Holzfiguren und einem Kletterpark vorbei, bis wir in Serpentinen ins im Tal gelegenen Bad Neuenahr-Ahrweiler absteigen. Es lohnt sich ein Spaziergang durch die Gässchen mit ihren historischen Fachwerkhäusern.

Die letzte, **siebte Etappe** des *AhrSteigs* führt größtenteils durch schöne Natur. Höhepunkte sind die XXL-Bank in Heimersheim sowie der Feltenturm bei Sinzig, an dem sich ein wunderbares Panorama des Ahr- und Rheintals öffnet. Der *AhrSteig* endet am Schloss Sinzig, erbaut im 19. Jahrhundert.

Gaumenschmaus auf höchstem Niveau bietet das historische Gasthaus Sanct Peter. Die Winzerfamilie blickt auf 400 Jahre Weinbauerfahrung zurück.

Brogsitter's Sanct Peter
Walporzheimer Straße 134
53474 Bad Neuenahr-Ahrweiler
www.sanct-peter.de